那一年，

天上为他掉下个“林妹妹”

慕秋 著

林语堂

和在一起的人慢慢相爱

中国长安出版社

图书在版编目(CIP)数据

林语堂，和在一起的人慢慢相爱／慕秋著．--北京：中国长安出版社，2014.10

ISBN 978-7-5107-0821-3

Ⅰ.①林… Ⅱ.①慕… Ⅲ.①林语堂（1895~1976）-生平事迹 Ⅳ.①K825.6

中国版本图书馆CIP数据核字(2014)第246112号

林语堂，和在一起的人慢慢相爱

出　版：中国长安出版社
社　址：北京市东城区北池子大街14号（100006）
网　址：http：//www.ccapress.com
邮　箱：capress@163.com
发　行：中国长安出版社　全国新华书店
电　话：（010）85099947　85099948
印　刷：北京时捷印刷有限公司
开　本：710mm×1000mm　16开
印　张：15
字　数：160千字
版　次：2015年1月第1版　2015年1月第1次印刷

书　号：ISBN 978-7-5107-0821-3
定　价：32.00元

前　言

林语堂（1895 年 10 月 10 日—1976 年 3 月 26 日），乳名和乐，名玉堂，后改为语堂，中国文学家、发明家。美国哈佛大学比较文学硕士，德国莱比锡大学语言学博士，曾任北京大学英文系主任、厦门大学文学院院长等职。所写《吾国与吾民》、《人生的艺术》等书，在美国登上畅销书排行榜，曾被译成多国文字。长篇小说《京华烟云》先后四次获得诺贝尔文学奖的提名。还以七十七岁高龄完成了《当代汉英词典》。

上天似乎十分眷顾林语堂，让他一生遇到三位心仪的女子：

初恋情人赖柏英，天真烂漫、俏丽淳朴、勤劳能干、善良孝顺；

才女陈锦端，美艳无双、聪敏高洁、温柔大方、秀外慧中；

妻子廖翠凤，聪慧贤德、豁达包容、不畏贫穷、勇敢坚韧。

“唯见鸿雁飞，令人伤怀抱”。

四山环抱的坂仔富饶秀丽，穿村而过的河流清澈见底，“鹭巢”下的山岩又被夕阳染成了玫瑰色，立在岩顶的少女如同“望夫石”一般纹丝不动，那冷风中久久凝视着远方的少女就是赖柏英，她与林语堂青梅竹马、情真意笃，可他们为何没有结成亲眷？

“盈盈一水间，脉脉不得语”。

在教堂礼拜时侧影散发出圣母玛利亚似的圣洁光辉，在上海外滩指点各国建筑风格时显露出超众的聪颖才华，在苏州河湾摸鱼放生时表现出天生的活泼顽皮，在画展室皱眉忍痛时显示出迷人的俊美妖娆，陈锦端已经深深地刻入林语堂的骨骼，融入林语堂的血液，可他们为何天河永隔？

“投我以桃，报之以李”。

未曾见面便已订婚，结婚三天就踏上旅途，生活拮据时去旧战场捡靴，一文不名时卖陪嫁玉饰度日，本是父母做主的旧式婚姻，为何竟发展到恩爱情深、相濡以沫？

“云发乱，晚妆残，带恨眉儿远岫攒，斜托香腮春笋嫩，为谁和泪倚栏杆？”多少痴男女，缠绵相思情！

本书将为你奏响林语堂与三位佳丽催人泪下、真挚感人、令人可叹可佩可敬的爱情乐章。

目 录 Contents

青梅竹马篇

才子佳人篇

目 录

金玉良缘篇

青梅竹马篇

1.1 大山之子

1895年10月10日清晨，朝霞刚刚给福建南部沿海山区的龙溪县坂仔村罩上了一层淡红色的轻纱，一声婴啼冲破了黎明的宁静。

“哇哇哇——”这婴孩的哭声特别响亮，好似在向人世间宣告他的一生将不同凡响。

婴孩的哭声阵阵响起，四周的山峦荡起阵阵回声，好似在襄助着他的宣告。而就在这婴孩啼哭和群山回响的和鸣中，大山悄然地将她的挺拔、她的品格、她的灵性注入了这一新生命之中。

坂仔的大山确实是富有灵性的。

坂仔村为四山环抱，秀美、富饶、充满灵气。南面，是一望无际的十尖山，无论晴天雨天，都笼罩在一片云雾之中，似隐似现，如梦如幻，空濛迷茫，神奇飘渺，如同降在人间的仙境一般。北面，是峻峭挺拔的石缺山，横空出世，高耸入云，巍峨嶙峋，郁郁葱葱。山巅有一裂缝，据说有一位神仙在山头漫步，被这里的秀丽风景所迷，一不留神将脚趾插入山石，所以留下了这条缝隙。每到冬季，寒风便从这条裂缝吹入，将大自然的冷峻和冬季的特有风光吹送进来。

坂仔村位于一片肥美的谷地上，一条清澈的河流从村中流过。因四外皆山，这水流就是通向外面世界的唯一通道。流激水浅，一对儿父女在水上驾起一只浅底的小舟运送人们出山。舟行到浅滩处，他们就跳入水中，高高地卷起裤腿，用肩膀顶着小舟前行。到达一个叫斜溪的地方后，这条河与另一条河汇合，河面展宽，人们就可以换乘正式家房船下漳州、奔厦门了。

坂仔的大山上、谷地里，树木葱茏青翠，荔枝、龙眼、朱栾随处可见，棵棵果实累累。尤其是漫山遍野的巨榕树，枝柯伸展，浓荫如盖，无私地为人们提供着纳凉避雨之所。这里四季都有花开，争鲜斗艳，芳香弥漫。春天是攀缘蔷薇；夏天是含笑花和鹰爪花，还有一种芳郁、浅蓝的小朵兰，香气飘逸，很是清幽别致；秋天是一串一串的木兰珠蕊，可以入茶添香；冬天则是漂亮的茶花和俏艳的腊梅花，馥郁淡雅，芬芳泛泛，令人闻起来真有飘飘欲仙之感。

随着一声响亮的啼哭，一生一世都对大山情有独钟的林语堂，降生在神奇灵秀的大山的怀抱里。

语堂的四个哥哥和两个姐姐此时已在门外守候多时，早就叽叽喳喳地等得不耐烦了。在婴孩的啼哭声中，听得母亲“唤你阿爸来”的一声呼喊，他们便一边喊着“阿爸”一边呼啦啦一齐向旁边的教堂跑去。

语堂的父亲林至诚是位朴实节俭的乡村牧师。他早年挑担做小贩，肩膀上都磨出了肉瘤。靠着勤快和聪敏，居然无师自通，学会了认字，进入了基督教的神学院，后来被分派到坂仔当牧师。

林至诚外出布道，感染了重感冒，没有及时医治，转成了肺炎。为了不传染家人，此刻正躲在教堂为妻儿做祷告。他前额很高，眼睛很亮，下巴微微先前突出，稀疏的胡须整齐地下垂着。听得婴孩出生便连忙赶过来，看到孩子额头宽大，高高隆起，两眼炯炯有神，心中十分喜爱。他给孩子取了个乳名“和乐”，之后便拖着病体到屋后小溪中为妻子清洗生产时的那些脏东西了。

一向是个“乐天派”的林至诚因和乐的出生给他增添了欣喜，病情逐渐好转。他又挺直那短小精悍的身躯，穿起宽大的黑色牧师服，摸着前突的下巴和整齐的胡须，带着一脸悠然的笑貌四出为乡民们布道了。

这天，太阳已经落下了西山，林至诚还未回来。

牧师太太有些担心，叫孩子们到村口去迎阿爸。不一会儿，几个孩子簇拥着牧师回来了。牧师太太看见他带着少有的一脸怒气，忙问：“你怎么了？出什么事了？”

“真气人！”林至诚一边把脱下来的牧师袍交给牧师太太一边说，“今天路过一个集市，我看到一个老伯，三天砍了一担柴，又走了20里路，才卖了200个铜子，税吏却要强行征收120文的税。我觉得岂有此理，我也当过挑夫，知道挣的那点儿钱全是血汗钱，我就找税吏理论，为老伯抱不平。税吏根本不把我放在眼里。但我据理力争，围观的乡亲们也都帮腔支持。税吏恼羞成怒，竟扬起拳头要动手打我。我正告他，他要是敢打，我就到县里告他，他才只好少收了点税银了事。”

“不是已经了事了吗，你还生什么气？”

正说着话，一个教友抱着一个四五岁的孩子来找牧师，后边跟着教友的妻子，手里拿着一件衣服。

“找我有事吗？”

“嗐！这孩子四处野跑，掉进了野外的茅厕，求牧师快给他驱驱冤鬼。”

原来乡间有个习俗，小孩子要是掉进了野茅厕，一定要请一位有道高僧帮他换套新衣服，然后用红绳打个小辫，最后，僧人再给他一碗面吃，才能保佑小孩子平平安安。

林至诚连忙换上传道用的牧师袍，脸色凝重地为小孩换衣服、打小辫，口中还念念有词，驱赶附在小孩身上的冤鬼。牧师太太则忙着煮了碗汤面，由林至诚端给小孩将面吃完。

“这下没事了！”林至诚告诉小孩的父母，他们满意地笑着走了。

教友走后，妻子调侃他：“你怎么连和尚的活也干？”

林至诚一本正经地说：“岂止干和尚的活，我还经常帮人祈福，保佑离家在外的亲人，让不孕的可怜农妇生个大胖小子。谁要想升官发财，我林至诚信仰的上帝也有这方面的能耐。在乡村传教，如果基督教的上帝不如寺庙中的佛爷本事大，谁还信你这个教？”

小和乐一天天长大，可以参加父亲为孩子们开设的“家庭学校”了。那时哥哥姐姐们都已放假回了家。学习很正规，每逢上课都先打铃。吃罢早饭，男孩擦好地板，女孩洗好碗碟，铃声一响，大家围着餐桌各就各位。待孩子们坐整齐，林至诚便开始教他们念诗、念经书、念古文，有时还对对子。他的教材很杂，既有四书五经、《声律启蒙》、《幼学琼林》等，也有林琴南翻译的西方名著，如《茶花女》、《福尔摩斯》等，林家院子里总是一片朗朗读书声。孩子们学得十分认真，特别是小和乐，两只不大的眼睛总是瞪得圆圆的。林至诚教得也非常认真，他能用很通俗的语言把深奥的道理讲解出来。

林至诚作为一家之长，从来不拿中国传统父父子子的那一套来压迫孩子，而是把自己当成家里普通的一员，平等地与自己的子女生活在同一个屋檐下。天性乐观的牧师很爱笑，他也教他的孩子们要多笑。林至诚笑的教育很成功，笑成了林家人的标志，笑使得这个多子女的大家庭和和睦睦。当然，也有后遗症。和乐走上社会以后不得不经常提醒自己，不要随便地以笑示人，那样显得太傻气。

林至诚最疼爱的就是聪明调皮的五儿子。每次布道回来，牧师太太总会专门给他准备一碗猪肝细面补身子，可他吃不上几口，就全数留给了和乐。和乐也心疼父亲，吃几口，又让给父亲。就这样，一碗面都凉了，父子俩还在让来让去，自有一番乐趣。后来和乐始终认为，猪肝面是世界上最美味的食物。

从不发脾气的林至诚也有生气的时候。和乐太调皮了，有一次竟偷偷撤掉了怀孕的大姐坐的凳子，挺着大肚子的大姐虽然摔了一跤但侥幸并无大碍，一家人都冒了一身冷汗。林至诚抄起一根棍子，作势要打和乐，平时无法无天的和乐吓得面无血色，最疼和乐的二姐赶忙用身子护住他，林至诚终究还是把棍子扔掉了。

有位名叫范礼文的英国传教士来到坂仔，向林至诚介绍了西方“新学”，还带来了许多关于西方世界及西方科学的书籍，引起他极大的兴趣。林至诚一边如饥似渴地学习西方“新学”，一边将他学到的新知识传授给孩子们，培养他们对“新学”的兴趣。他决心要他的儿子们个个读英语和争取受西方教育。在长子顺利进入鼓浪屿的救世医院医科学校之后，为了送次子到当时国内英语最好的圣约翰大学就读，他含泪变卖了在漳州的最后一间祖屋。

六七岁时，和乐上了村里的铭新小学。很快他就显示出超常的聪明，学习成绩一直优秀。不过他对没完没了的考试很反感，有时就借着写作文将这种情绪发泄出来。

有一天，林至诚布道回来路过学校门口，身穿灰布长衫、戴着小眼镜的小学教员正从学校出来，他拦住牧师请他进去坐坐。

“你看看你家和乐的作文。”待牧师坐定，那位教员拿起一个作文本翻开一页递给他。

牧师认得那歪歪扭扭的笔迹，正要一字一句地读那篇作文，教员走过来，一边在牧师的手中向后翻页一边说：“这篇作文完全文不对题，所以我给他批了个批语。”教员指着作文后面的红字。

牧师一看，教员的批语是：“大蛇过田陌”。

教员接着说：“我的意思是，你写的离题太远，走错路了。你家和乐居然给我对了个对子。”教员又指着红字下面那行歪歪斜斜的字。

牧师看到，和乐写的是“小蚓渡沙漠”。

教员又说：“他的意思我明白，他说自己不过是个小小的蚯蚓，正在沙漠中求索，不存在走错路的问题。公然顶撞我！不过对仗倒挺工整。真让人哭笑不得。”

牧师连连向教员道歉，表示回去一定要好好管教和乐。

回到家中，老牧师严肃批评了和乐，不过他同时在想，这孩子才思倒挺敏捷。

和乐八岁那年，大姐见他一个人总是拿着纸笔到教堂后面去，不知他鬼鬼祟祟地干什么。乘他不在，大姐翻他的床铺，翻出了几页纸。只见其中一页是插图，一页是文字。那文字是“人自高，终必败。持战甲，靠弓矢。而不知，他人强。他人力，千百倍。”大姐明白了他在模仿着课本编写教材。就把他写的东西传给兄妹们看。

小和乐从外边回来，大姐悄悄起了个头，几个哥哥姐姐齐声诵到：“人自高，终必败。持战甲，靠弓矢。而不知，他人强。他人力，千百倍。”

小和乐登时羞得满脸通红，滚到母亲的怀里去了。

林至诚知道了这件事。看着这篇儿子编写的课文，感到十分惊奇。文句虽很简单，也很幼稚，但出自一个八岁孩子之手，就十分难得了。特别是其中竟含着粗浅的人生哲理，而他从未给孩子们讲过哲理。这说明和乐具有惊人的悟性和才气，小小年纪就出手不凡。

林至诚将和乐拉到身旁，鼓励他说："阿爸希望你将来到德国柏林大学、英国牛津大学读书。"

和乐仰脸看着父亲，用一种十分坚定的语气说："将来，我要写一本书，让世界的人都知道我。"

说了这番话后，和乐的心情一直难以平静。他走到屋后的山坡上，久久地遥望着四周的群峰。

在淡淡的斜阳映照下，群峰更显得苍翠俊伟、灵异迷蒙，而且峰外有峰，重重叠叠，庞大之至，神秘莫测。山之伟岸，刺破青天依旧锐利；山之隽远，穷极目力不见其涯。

望着群山，和乐心里想：与大山相比，世间万物都显得那么渺小。我生长在山里，就是山的孩子，大山滋养了我的生命与精神，我就要像大山那样具有超然物外的品格。

一种以山峰为标准，淳朴、刚毅、宽容、超然的高地人生观已在小和乐的心灵里萌芽。

1.2 小佳人“橄榄”

八岁是林语堂很重要的转折点，他在这一年立下“要写一本书，让世界的人都知道我”的伟大志向，在这一年形成大山之子的高地人生观的胚芽。而且追溯他的情感故事，最早也得从他八岁说起。

那一年，天上为他掉下个“林妹妹”。

那天春和景明，春风习习。和乐早早就放学回家了，哥哥姐姐们都不在家，父亲正在装裱从漳州拿回来的一副一尺宽窄的大儒家朱熹对联的拓印本。装裱好之后就高高兴兴地拿去新教堂张挂。也只有林至诚这种具有“中西合璧”思维方式的牧师才会想到，在一个基督教的圣坛，张贴中国礼教卫士的手书。

和乐百无聊赖地躺在他所住的小小阁楼里。

房间里只有一张一翻身就咯吱咯吱乱响的木床和一张早已看不出是什么颜色的旧方桌。他平躺在木床上，阳光从小小的窗户上照射进来，起初让他感到懒洋洋的很是享受，但很快，阳光的温热加上室内空间的狭小使他烦躁起来，便爬起身窜出了他家所居住的那座二层旧牧师楼。

生性不安分的和乐在满山遍野的野草地里跑来跑去，累了就仰面躺在草地上，雪白的云在蓝天上飘过，一会儿像隔壁家的大黄牛，一会儿又变成了村口的卷毛狗。小和乐多希望它能变成阿妈做的卷饼啊，想着想着，口水就流了出来。

于是他便又爬起来，向牧师楼跑去。

牧师太太正将刚刚喂饱熟睡的小弟放到床上，两只硕大的乳房还露在衣衫外面，随着她的动作轻轻晃动。

和乐扑上床，牧师太太猝不及防，他已经抱着阿妈的大乳贪婪地吸吮起来。牧师太太嗔怪了一句，就爱怜地将他搂在怀里。

正在这时，一名教友领着孩子跨进了牧师的家门。牧师太太忙将儿子推下床，将大乳塞进衣衫。和乐红着脸低着头羞赧了一会儿，便抬头看着进了屋的一大一小两个人。

进屋来的是牧师太太的教女。她臂弯里挎着一个竹篮，里边放着她刚刚做好送来给牧师太太品尝的几块粿糕。她告诉牧师太太，她领着的是她的二女儿赖柏英。柏英是跟着阿公阿婆长大的，近日阿婆去世，阿公眼睛不好，她便将二人接来住了。今天是领着柏英来认认门。

赖柏英与和乐同般大小，穿着一条花色的连衣裙，身体瘦削，脸庞却是椭圆型，额前梳着刘海，两道黑眉又细又长，一双大眼睛黑白分明、闪闪发亮，一进门便注意地打量着屋内的一切。

这间作为客厅的房间还算宽敞，墙上挂了一张彩色的光绪皇帝画像。可在庄严的皇帝旁边，却是一个漂亮的西方姑娘的画像，她笑盈盈地，手里捧着一个草帽，草帽里装满圆滚滚的鸡蛋。这庄重与欢快，东方文化与西方文化，就那样迥异而又似乎和谐地并列在一起。

柏英的目光又落在牧师太太身上，只见她身材矮胖，相貌平平，而且每当笑时都要用手捂住嘴。这是因为牧师太太认为自己的牙齿难看，多年形成的习惯动作。

当柏英的目光落在和乐身上时，不禁皱起了眉头。

牧师家不随俗。牧师太太自小信教早就放足，改穿袜子。家中的男孩子不像别人家的孩子那样梳辫子，而是留一种童仆式的短发。大女儿为他们编了一种便帽，就像她在厦门大街上看到的法国水手们所戴的那一种。

此时，和乐并未戴帽子，头发随意地乱蓬蓬地乍着，像是冬日衰败了的乱草稞。瘦弱的身材穿着一件哥哥们传下来的对襟褂子，宽大得明显不合体，衣衫原本的蓝色早已褪成了似蓝似灰且数处泛白的色泽，肩肘处的两处补丁虽被牧师太太精心缝补，但总爱在草里土里打滚的和乐却使得衣衫沾满污渍。由于瘦削，额头更显凸出。只有一双眼睛，虽然不很大，但漆黑的眸子黑得发亮，透着精神。

和乐也一直在专注地看着柏英。除了两个姐姐他很少接触女孩儿，他只觉得面前这个女孩儿很美，比他漂亮的二姐还美，而且浑身透着灵气。虽然，这时的他对男女之情连懵懵懂懂都谈不上，但他对面前的这个小佳人却有一种亲切感，不错眼珠地看着她，很想带她出去玩耍。

这时，柏英的母亲轻声呼唤她，让她按照辈份，称呼和乐“五舅”。

柏英看着这个刚才还在吃奶、个子似乎还没有自己高、浑身都是污渍的和乐，嘴角立刻浮出讥诮的神情，将脸扭向一边。

柏英的母亲有点不悦，再次呼唤柏英，语音中带了些严厉。

柏英依旧扭转着头。和乐从侧面看过去，只见她的眼波中有泪光闪动。

一向没有等级名分概念的和乐，同情且略带歉意（姑娘的委屈因自己而起，谁让自己不像个舅舅呢）地挨前几步，轻声说：“不如就唤‘五哥’吧？”

柏英抬起衣袖擦了一下泪水，带着哭音说：“不！‘五哥’也不唤。”

和乐从父亲那里继承了乐天、幽默的性格，连忙说：“人长得丑连哥也做不得，就叫我和乐吧。”

和乐的话逗得柏英“噗嗤”一声笑了出来，方才扭过脸来，看着和乐说：“这还差不多。”

柏英的母亲看着他们恼又恼不得，笑又笑不得。牧师太太说：“和乐，带着柏英出去玩吧，我和柏英阿妈聊一会儿。”

一离开大人，孩子们便自然地恢复了活泼的天性。两人刚蹦蹦跳跳地跑出楼门，柏英马上被铺满墙壁的蔷薇花吸引住了。只见到处是一簇一簇盛开的蔷薇花，在绿叶的点缀下，把墙壁装扮得姹紫嫣红，生机盎然。在层层叠叠的花瓣间有嗡嗡的蜜蜂钻进钻出，有悠闲的蝴蝶飞来飞去，在春阳的金色光照下，就像是一幅淡淡的水粉画。

柏英向花丛伸出手去。和乐连忙喝住她：“别动！有刺的。”

柏英咯咯地笑出声来说：“胆小鬼！我在给蔷薇捉虫子。”接着她便眯起眼睛，捉那绿茎上的小虫，神情十分专注，显出兴趣很浓。

捉了一阵，她扭回头对不敢走近的和乐说：“你是不是怕花扎你？”

“我哪里会怕？”和乐昂起头走近几步，手却成习惯地背向身后，显然，他不止一次地吃过这花朵的苦头。

柏英走过来，猛地抓起他背在身后的手向蔷薇花伸去。和乐吓得身向后坐，慌急地把手抽了回来。恶作剧的成功，使柏英得意地笑起来。

和乐感到脸有点热，有点不快，还有点恼羞成怒，但又无法发泄。

柏英笑了一会儿，见和乐紧闭着嘴一副不高兴的样子，便找话问他：“你爱蔷薇花吗？”

和乐脖子一梗，哼了一声说：“男人怎么会爱花？只有你们这些没出息的女孩子才爱这些花花草草。”

在那时的农村，男孩子是不可以爱花的，不仅会被人说像个女人，还会被人嘲笑没出息、好色甚至被说成流里流气。

在表示了对花的鄙夷后，和乐找到了男人的自尊感，脸上的神色缓和下来。

柏英却笑着轻轻一点他凸起的额头，用教训的口吻说：“你错了！”

“错了？”和乐不解。

“花是上天给我们的恩赐。这个世界要是没有花，就没有了美。”

“谁说的？”

“我阿公说的。他还说，不要小看花，花也是有品格的。”

天性喜爱追求新知识的和乐，感觉柏英或者说是柏英的阿公将要给他打开一扇新的知识之门，眼睛一眨不眨地看着柏英，等待着从她的伶牙俐齿里流淌出他所渴求的新知识。

看着和乐认真的表情，柏英学着阿公的口吻说起来：“各种花都有各自的品格，而且品格的高低不同。比如茉莉，香味浓，性子烈；紫丁香，就淡淡的，比较文静；最文静雅致的，却是兰花。”

柏英抬起手臂指着遍野的各色花朵说：“花是最讲时令的，名贵的花可以说就是季节的代表。说到玫瑰和蔷薇，我们就会想到温暖的春天；说到荷花，我们就会想到炎炎夏日里凉爽的水池；说到桂花和菊花，我们就会想到秋收，想到中秋的圆月；说到梅花，我们就会想到冬天的寒冷。”

柏英的记忆力极好，而且口齿十分清楚，阿公教给她的知识，她一字不落地讲述出来，听得和乐频频点头。

“你知道最高贵的花是什么花吗？”

和乐歪头想了想说：“是牡丹吧？我好像听阿爸提起过，但我从来没有见过。”

柏英说：“牡丹主要显得富贵。生长在离我们很远的洛阳，我们这里种牡丹，只能盆栽。爷爷说，牡丹花还有一个故事：在唐朝女皇帝武则天当朝时，忽然下了一道圣旨，要百花同时在冬天的某一天里一齐开放。百花都不敢不按时开花，只有牡丹敢于抗旨，迟了好几个时辰才慢吞吞地开花。武则天大怒，就把牡丹从京城贬到洛阳去了。”

和乐听罢，不禁翘起大拇指大声说：“牡丹花真是了不起！”

柏英接着说：“牡丹花是很了不起，不过，最高贵的花是兰花。”

“兰花？为什么？”

“阿公说了很多称赞兰花的话，比如兰花高雅啦，不取媚于人啦，空谷幽兰啦，孤芳自赏啦，香味高洁啦，芝兰之室啦，我听得也不很懂。大概的意思是，兰花不开在闹市里，都在山谷中，要移栽兰花必须特别小心，稍不留神，它就会枯死。兰花的香味也非常特别，似乎很浓，又似乎很淡，闻过之后，让人久久忘不了。”

柏英对兰花的描述把和乐深深迷住了。他觉得兰花的品格和他向往的大山的品格有很多相通之处。他们都那么高洁，都从不取悦于人，这种绝尘的高贵品格，怎不令人敬佩？

看到和乐痴痴地一语不发，柏英推了他一把问：“你怎么啦？”

和乐回过神来，但思想仍然系在可贵的兰花上，他盯着柏英问：“咱们这里有兰花吗？”

“有啊，”柏英抬眼四望，手指着不远处一片浅蓝色的花朵说，“看那里，那片兰花就叫小朵兰。兰花有很多种，咱们这里最有名的兰花叫‘建兰’，花瓣只有一寸来长，颜色淡绿淡绿的，要是种在紫沙盆里，漂亮极了。还有一种叫做‘郑孟良’，颜色和水差不多，浸在水里时，竟然分不出水和花。”

“这些都是你阿公告诉你的？”

"是啊！我阿公懂得可多可多了。阿公特别疼我，阿公阿婆比阿爸阿妈对我好。可是现在阿婆没了，阿公的眼睛也快看不见了……"

柏英忽然打住话，眼圈微微发红。

和乐再一次细细打量着眼前的这位小佳人。她明眸皓齿，活泼伶俐，就像这万紫千红的原野里的一株初绽的春花。

看着她秀美的椭圆型脸庞，他头脑里忽然闪过某种植物的果实，他努力捕捉着那个影像，终于越来越清晰，不由得说了出来："橄榄。"

"你说什么？"

"我说，你长得就像刚刚成熟散发着甜香味的橄榄。"

"什么？橄榄？"

"以后，我就称呼你'橄榄'。"

"难听死了！"这个突然降临在自己身上的怪名字让柏英顾不上再忧伤，她挥舞着拳头向和乐这个坏小子打去。

和乐自然不愿被打，抬起脚向田野里跑去。柏英在后边追着，不时威胁着他如果不站住，将会得到更严厉的惩处。他们就像两只蝴蝶在春花和芳草里叫喊着、追逐着。终于，他们跑累了，扑倒在柔软的绿草地上，并排仰面躺着，望着蓝蓝的天空，大口大口地喘息着。他们身旁在春风中不停摇曳的，正是刚才柏英指给和乐看的那片小朵兰。

待喘息平定，和乐用父亲布道时的口气说："我们真应该感谢上帝的慷慨大方和常怀感恩之心，你看主赐予我们的世界多么美好。草是绿色的，天空是蓝色的，云是白色的，山是紫色的，黎明是桔红色的，夕阳是金黄色的。我们应当感激涕零。"

柏英指着教堂方向说："我家离教堂很近，为什么建在那里呢？我阿公过去信佛教，我的阿伯身体一直不好，阿公总是求菩萨保佑，结果阿伯还是很早就去世了。阿公认为信佛教不如信基督教，所以就在一眼能看得见教堂的地方为我们盖了几间房子，"她又转头看着和乐说，"你刚才说那些话，是想让我也入基督教吗？"

"我没有那个意思？我只是有感而发而已。"和乐赶忙解释，呆了一会儿他问道："你认识字吗？"

柏英叹了口气说："识字不多，阿公本来要教我，可是这几年他的眼睛越来越不济事。”

“你可以来我们小学上学。”

“家里活多，特别是阿公眼睛不好，一会儿也离不开人。”

“那我来教你，”也不管柏英同意不同意，他继续说，“今天我就教你学‘三字经’，先记住课文，再学习写字。”

和乐摇晃着脑袋教柏英背诵“人之初，性本善，性相近，习相远……”，没想到柏英早就会背，只是对其中有些词句的意思不大懂。于是，和乐便学着父亲的样子，用最通俗的话为柏英讲解起来。

和乐似乎天生就具备讲学的本领，很快柏英就弄明白了。她翻身俯卧着，边听讲解边看着和乐。

因为柏英不懂的地方并不多，和乐很快就讲完了。他问她：“你还有不懂的地方吗?”

柏英却端详着他说：“其实，你长得不丑。”

柏英的所答非所问让和乐愣了一下。很快他就追上了柏英的思路，自夸地说：“当然不丑了，在我们家，甚至在我们学校的男孩子中，我是长得最帅的了。”

“吹牛不显脸红！给你二两染料就想开染坊，你倒顺杆爬得快!”柏英撇着嘴说。

“别说我了。我觉得唤你‘橄榄’挺恰当的。”

柏英又生气了，她本来就俯卧着，就势趴在和乐身上，将两手伸向和乐腋下，使劲儿搔和乐的痒。

和乐天生怕痒，急忙告起饶来。

柏英却不依不饶，一边斥责着“叫你胡说”一边继续搔痒。

和乐痒得左右翻滚，终于挣起身来。

柏英也站起来，指着和乐说：“你再敢胡说，我就告诉别人，你好不害羞，那么大了，还钻在你阿妈怀里吃奶。”

和乐的脸腾地羞得通红，他大声说着“你敢!”就向柏英扑过来。

柏英咯咯笑了两声，翻身向山坡上跑去。两人又在花丛中、草地上追逐起来。

1.3 恋花之蝶

柏英家就在教堂后边的山坡上，距和乐家一里多地，举头望去，可隐约看到她家暗褐色的屋顶。柏英家四周是青青的荔枝林，每到荔枝成熟的季节，密密麻麻的荔枝压在枝头，那果肉饱实得似乎要涨出来。荔枝林下有一个突出的花岗岩构成的山岩，垂直壁立，从下边望上去，有七八十尺高，平日这山岩是浅蓝色的，当朝阳初升或夕阳西下时，山岩就会被染成玫瑰色，绚丽极了。山岩距地五十尺高处，有一丛密密的灌木，其上架着一个硕大的鹭鸶巢。和柏英相熟之后，和乐就亲切地唤她家为"鹭巢"。

自那日柏英走后，一连十几天没见她和母亲下山来，和乐觉得心里空落落的。放学回家后他片刻不想呆在家中，一会儿走出楼门去山坡下张望，一会儿又急忙赶回家怕柏英她们从别的小路下来已到了他家。牧师太太从没见过儿子这样六神无主，问他有啥事也不回答。

这一天是村里市集的日子，学校不上课，和乐终于把柏英盼来了。柏英母亲还是挎着那个小竹篮，给牧师太太带了点干果和嫩野菜。柏英穿着一件蓝色的粗麻衫，更显得苗条秀丽。还没等到母女俩坐稳，和乐就拉起柏英跑出去了。

"你怎么这么多天不来？"和乐说出几天来一直憋在心里的话。

"阿妈说山上有蛇，不让我乱跑。"

"她那是吓你呢！我们这里平时很难碰到蛇的。碰到了也都是些小翠青蛇，胆子很小，避人还恐不及，根本不咬人的。"

看着和乐急切的神情，柏英歪着头问："你想我了？"

和乐自然不能承认，男子汉怎么能想小女孩呢？他急中生智说："我说过，要教你写字嘛!”

“好哇，好哇！那天我跟阿妈说了，阿妈说是好事。”

和乐找了根毛笔粗细的树枝，又选了一片平平的沙土地。

“你认识哪些字?”

“很少的，就是‘人’‘手’‘刀’‘口’‘上’‘下’‘左’‘右’那些很简单的字。”

“都会写吗?”

“我从来没写过字。”

“那我们就从‘人’字写起。”

和乐在沙土地上写了一个工工整整的“人”字，就将树枝交给柏英。

柏英像抓捣蒜杵一样，把树枝满把攥在手里，憋着一口气，先犁出很像撇的一道斜沟，那笔“捺”却怎么也落不下去，手剧烈地抖动着，就是选不好落点，最后一咬牙写下去，却把“人”字划成了一个“×”。柏英长出了一口气，将树枝一丢，一屁股坐在了地上。

柏英写字的姿式和她划出的“×”把和乐逗得撅着屁股趴在地上，一边用手拍着地一边上气不接下气地笑。

柏英生气了，站起身，照着和乐的屁股就是一脚。和乐被踹得打了个滚。

柏英恨恨地说：“这么费劲！你还笑我？不学了。”嘟着嘴转身就走。

和乐赶忙爬起来，追上去，千言万语地赔不是，好不容易才把柏英又劝回来。这回他再也不敢嬉笑，认认真真地教给柏英正确的握笔姿势，认认真真地教给她如何像写毛笔字那样“逆锋落笔、中锋行笔”。

柏英终于能够写出一个间架还算合理、立姿还算稳定的“人”字了，俊俏的小脸上方才绽出了花朵般的笑容。

端详着那个“人”字，柏英说：“这‘人’字为什么只有腿没有胳膊？是个男人还是女人?”

对于“人”只有腿没有胳膊的问题，和乐自然回答不出。至于这个字的性别，和乐说：“那就是个人，不分男女。”

“可是人是分男女的呀!”

和乐在沙土地上分别写出了“男”字和“女”字，指着两个字说：“这个是‘男’字，上边是‘田’，下边是‘力’，是说男人要在田里干活出力。这个是‘女’字，很像一个人盘着腿在织布，是说女人要在家里纺线织布。”

柏英仔细地看着这两个字，先是点点头说：“有道理，”接着又摇摇头说，“不对不对，那女人也有在田里干活的呀！”

和乐一想，也是，那该怎么解释呢？以他现有的知识是无论如何也解释不出的。不安分的和乐从来不做无谓的事情，他伸手将那两个字抹掉，拉起柏英的手说：“今天就学到这里吧。咱们去河边捉小虾、捡贝壳吧。”

坂仔的水永远是那么清澈，一眼就能看到水中自由自在游动的鱼虾和水底的各种颜色的彩石。太阳光洒在水面上，光波粼粼，河面上就像飘浮着无尽的散金碎银。河水稍显落差，河面便截出一道小小的瀑布，瀑布下的水泛出欢快的层层浪花，发散出“哗哗”的悦耳的流淌声，就像唱着一支传之久远的欢乐颂歌。

二人一到河边，便立即被河水中机灵的小鱼虾们发现，他们彼此相告着，很快附近一带水中的鱼虾就销声匿迹。

二人在河边的大石上坐下来，脱掉鞋子，将脚伸入河中。

春末的河水早已不再寒凉，加之水浅光照又强，水温温的，让人觉得好舒服、好畅快。

和乐经常赤着脚板在草地上走，他看着自己的脚对柏英说：“你看我的脚趾，谁也不挤谁，就像和谐相处的好兄弟们。”

柏英扁了下嘴说：“臭美，你看人家的脚多秀气。”

柏英的脚确实很美，皮肤又白又嫩，脚踝和脚背鼓起的部位透出浅红的润色，整个脚型光滑而又饱满，十个脚趾的趾甲小小的亮亮的，就像是整齐编列的贝玉。

和乐忽然起了一种冲动，很想弯腰把那两只小脚握在手里。直到他们分手回家，这种冲动还怪怪地咬啮着他的心。

以后每逢赶集，柏英天蒙蒙亮就会下山坡来。

小学在赶集的日子不上课，和乐早早地就在坡下等她。

“橄榄，橄榄，在这儿!”林语堂不停地招手。

柏英已经习惯了他这样叫他，不紧不慢，哼着歌，蹦蹦跳跳地走下来。

他们在一起，有时和乐教柏英学习写字，有时二人一起去捞虾仔、扑蝴蝶、捉蚱蜢。有一次捉到一只很大的金甲虫，用一根红线栓住它的头颈，像放风筝一样放起，甲虫拉着红线在空中飞动，背部闪动着绿色和紫色的光。二人只顾玩耍，不小心一同绊倒在草地上，摔了个嘴啃泥，二人抱在一起，笑了好久。

有一天，柏英送来了满满一竹篮刚刚摘下的荔枝。

柏英跟和乐并排坐在门外的台阶上，剥吃着荔枝。

荔枝又大又圆，一圈一圈褪去那凹凸不平的紫红色外衣，晶莹半透的玉白色果实便渐渐显露出来，从那丰腴的肌肤里散发出的香甜气息就会直冲入人的嗅觉器官。如果一时性急碰破了果肉的膜，果汁就会流溢而出，宛如美人目中沁出的泪花一般。

和乐剥得满手都是果汁，荔枝的果肉一入口，他就合上眼睛，仔细品味它的甘甜和芬芳。

柏英乐滋滋地看着和乐享受的样子说：“你倒像是个吃荔枝的行家。我阿公说，吃荔枝就要吃刚摘下树的。荔枝就像个娇嫩的公主，离开树枝后，一天就会变颜色，两天就会变香气，三天就会变味道，要是过了四五天，色香味就全部失去了。”

停了一会儿，她用肩膀碰碰和乐说：“你睁开眼，看我给你表演个绝技。”

只见她把剥开的荔枝含在嘴里，不用手指，光是呶呶嘴唇，一粒清洁溜溜的果核就被她抿在红润的双唇之间，她又使劲儿一吐，果核直飞出去，击中了五尺外的一株小树的树干。

和乐立即效法，可是连连失败，不是抿不下果核，就是吐得太近，急得他摇着柏英的胳膊，让她快教教自己。

柏英站起身说：“今天教不成，阿妈带着姐姐给外婆家送荔枝了，家里只有阿公一个人，我得赶紧回去照顾阿公。”

和乐也站了起来说："我和你一起去吧，早想到你家看看，我们一块照顾你阿公。"

柏英拉起和乐的手说："好吧。正好让你尝尝我刚腌好的黄瓜。"

路上，和乐忽然想到一个问题："怎么从来没听你说起你阿爸？"

"阿爸在厦门做工，半年才回来一趟。打我记事，就没见过他几次。"

和乐想到自己一直在父亲的呵护和教导下长大，顿时产生出一种幸福感。他安慰柏英说："不过你有阿公和阿婆疼你。"

"是啊！阿公阿婆对我可好了，从来舍不得用重话说我，有了好吃的东西就全留给我吃，前年我发烧，阿公虽然眼睛不好，硬是背着我走了几十里山路去看大夫。"

和乐看到，柏英那双俊美的眼睛里噙满了泪水。

过了好一会儿，柏英才接着说："阿公以前在漳州做工，后来阿婆得了病，为了给阿婆看病花光了积蓄，连房子也卖了，只好回老家种地。他的眼睛几年前就看不清了，也顾不上医治。最后阿婆也走了，他的眼睛也坏了。"

路上有一段因雨水冲刷而沙石裸露的陡坡，柏英紧拉着和乐的手小心地向前迈着步。

度过陡坡后，柏英接着说："我要好好报答阿公，照顾他一辈子，"她忽然停住身，低声说，"我看得出，阿妈和姐姐都对阿公不太尽心，阿爸又顾不上，我要用我的全部能力来照看阿公，不能让他受一点委屈。"

和乐看到她脸色微微泛红，嘴唇紧闭，眼睛里透出坚定的神色。

说话间，二人已经到了鹭巢。

山坡上有一片平地，盖着一溜三间坯座草顶的房屋。房屋前围着半人多高的竹篱笆。篱笆墙上爬满了蔷薇花、牵牛花以及各色野花。

打开篱笆门，只见堂屋门前一把紫色的旧藤椅上坐着一位六七十岁的老人。老人穿着一身旧的洗得干干净净的黑色粗布衣衫，白发白须，面容清癯，额头上密布的皱纹显现出饱经沧桑。他一手搭着藤椅的扶手，一手缓慢地摇动着一把泛白的棕榈扇。听到有人进来，他放下扇子，身体前倾，微侧着头，两只眼睛茫然地前视着。

听到柏英“阿公”的叫声，老人脸上露出慈爱的笑容，他颤巍巍地站起来，迈步要上前迎柏英。

也许是老人坐得太久腿脚已麻，也许是藤椅不稳站起时失去平衡，他的脚步尚未迈出，便一下子扑倒在地。

二人急忙向老人跑过去，柏英哭着叫喊“阿公，阿公!”

二人扶着老人坐起身，老人一个劲儿地劝柏英：“阿公没事，没事。”

二人又一块搀扶着老人站起来。阿公发觉多了一个人，忙问：“这是谁呀?”

柏英收住哭声说：“就是我常跟阿公说的那个和乐。”

“我知道的，小和乐，”阿公伸手抚摸着和乐的头，“英子说你聪明过人，还教英子写字，好孩子，阿公谢谢你。”

和乐感受到阿公那真诚的慈爱，明白了柏英为什么决心要照顾老人一辈子。

二人搀扶老人走进堂屋，又进入东屋躺下歇息。

柏英与和乐从东屋退入堂屋，柏英轻轻掩上东屋的房门。

堂屋被隔成前后两间，前半间既是饭厅也是客厅，当地摆着一张没有漆过的白色木桌和几把同样没有漆过的白色木凳；后半间门上挂着半截颜色已经发黄的灰色布帘，里边是厨房。

柏英让和乐坐在白木桌旁，自己进厨房给他端来一碟酱油。

看着和乐不解的表情，柏英说：“荔枝虽然好吃，吃多了会上火。所以吃完荔枝要喝点酱油。”

和乐没再说什么。知道又是阿公教给她的。

柏英又将一碟腌黄瓜和一双筷子放在他面前说：“尝尝，我做的。”

柏英竟然会自己做菜，和乐又惊奇又佩服。看那盘黄瓜，都切成长条状，每一条都一般粗细、一般长短，说明柏英确是心灵手巧。黄瓜的颜色翠绿翠绿的，绝不像牧师太太腌出的那种土黄色。他夹起一根，放进嘴里咀嚼，竟是脆生生的，不仅咸淡适宜，而且透出一种黄瓜的香味。和乐不禁拍手叫绝：“真棒！我从来没有吃过这么好吃的腌黄瓜。”

柏英笑了笑说：“你爱吃，一会儿把这一盘都带走，也给你家的人尝尝。”

和乐忽然发现，柏英的牙齿非常好看，雪白雪白的，细碎而整齐，就像两排玉贝。他便问：“你是怎么刷牙的？”

柏英说：“先洗净手指，把手指浸湿在清水里，然后沾上盐巴，用手仔细刷每一颗牙齿。”

和乐说：“怪不得呢？你的牙就像书里写的：齿如排玉。”

他们闲谈了一会儿，柏英进里屋看了看阿公。出来后悄声对和乐说：“今天多亏有你在，要不，我一个人根本弄不动，真谢谢你。”

柏英那双亮丽的眼睛中充满了真诚的感激之情。

秋去冬来，冬去春来，转眼又是一个山花烂漫的春天。

这天，和乐正在河畔的草地上聚精会神地观赏柏英曾指给他看的那片小朵兰。

那兰花枝叶挺拔，素净端立，清香淡雅，花瓣微蓝，仿佛涂上了一层淡淡的蓝粉，显得玉肌翠骨，清而不艳。

这时，柏英打着赤脚小心翼翼地走到他的背后，忽然伸手蒙住他的眼睛。

柏英闭着嘴忍着笑等着和乐来猜。

和乐一摸那光滑圆润的手背，便大声说：“柏英！”

“真是的，你怎么能一下子猜到？”她放开手，撅起了嘴。

和乐回过头来，看着她踩在绿草地上的一双白嫩的脚，忽然想到了圣经上的一句话：她的脚在群山之间，是多么美丽。

和乐将这话告诉了柏英，柏英的脸微微泛出红色。

过了一会儿，她忽然神秘地对和乐说：“我想告诉你一个秘密，你不许跟别人说。”

她把和乐拉近身，让他向她的衣衫里边闻。

和乐闻到了一种甜甜的香味。他在二姐身上也闻到过，但远没有这般浓。他不禁使劲儿吸了一下鼻子说：“好香啊！”

柏英说：“你知道吗？蝴蝶落到我身上都不飞的。”

她摘了一朵七里香戴在头上，躲进了河边的树丛中，果然，一会儿时间，在河岸边飞舞的黑色的、白色的、桔黄色的蝴蝶以及又大又漂亮的蓝绿色燕尾蝶都向她藏身的地方飞过去。她慢慢站起身来，好几只蝴蝶在她的头上落着，还有一些蝴蝶围着她上下飞舞。她慢慢向和乐走过来，那些蝴蝶竟一直赖在她的头上，贪婪地嗅着七里香的花香和她的体香，直到它们发现了和乐的存在，才极不情愿地飞离开她。

和乐惊呆了。只听说过蝶恋花，没想到蝴蝶也会恋人。

当柏英走到他身边，他仍然在痴痴地一语不发地看着她。

“呆子！你又怎么了？”

和乐定定地看着她，猛地把她的两只手抓在手里，感叹地说：“太神奇了！你就像个花仙女！”

柏英的脸腾地羞得通红，甩脱和乐的手，便转身向“鹭巢”跑去。

“我说错话了吗？”和乐连忙追上去。

柏英脚快路熟，很快就跑到“鹭巢”顶上，站在那里看着他。

和乐望上去，只见她高高地站立在玫瑰色山岩上，背后是没有一丝云彩的蓝宝石一般的晴空，她英姿挺立，发丝随风飞舞，好一副绝美的图画。

这图画永远地印在了和乐的脑海中。

1.4 甜蜜的“鹭巢”

和乐十岁时，从坂仔的铭新小学转学到厦门鼓浪屿的寻源中学读书。

这是和乐第一次要走出大山的怀抱去往外面的世界，连续数日他都激动地睡不着觉。他自然早早将这消息告诉了柏英。柏英很为他高兴。她的眼中闪动着羡慕的目光。

当朝阳刚刚从东边的山头上露出脸来，在百鸟千虫欢送般的鸣叫声中，和乐跟着也要到厦门读书的三哥一起上了路。

兄弟俩坐上了那条扁长的浅底舟，船家女儿一声清脆而响亮的呼唤“开船啰——”，小舟便顺流而下。在河边玩耍时，和乐常常看到这一幕，总是堪羡不已，因为那就表明要出山而去。此时自己终于坐在了这条向往已久的扁舟上，他心里乐开了花。他转脸向“鹭巢”方向望去，隐隐约约看到山岩上站立着一个小小的身影，他立起身，向“鹭巢”挥动着手臂。

舟到斜溪，兄弟俩换乘了“乌篷船”，从这里到目的地还需四五天时间。“乌篷船”夹岸而行，水流平缓，漫江碧透。船家是个五十多岁的红脸汉子，他不停地摇着橹，悠扬地唱起只有水上的人家传唱的歌谣。和乐已经目不暇接了，船头供奉着的风浪女神妈祖的神龛，两岸数不尽的农家村落、禾田，都是他从未见过的，他不断转动着脖颈，贪婪地左顾右盼。看到岸边的山峦葱茏青翠、或高或低，比坂仔的山要温和得多，他心中想，这些山与坂仔的山相比，只能算作儿孙辈。

夜色渐浓，船家倦了，歇橹停泊，船舷直逼岸边的竹林。

三哥叫和乐躺下来，盖起毯子睡觉。

和乐如何能够入睡？他竖着耳朵，睁大了眼睛，感知着周围的新鲜世界。竹叶淅淅簌簌不断打在船篷上，那声音温柔得就像儿时母亲哄他睡觉时唱的催眠曲。交错行驶而过的船舶都悬挂着红红的纸灯，那船中的说话声、嬉笑声、吵闹声清晰可闻。

和乐翻了个身，整个船身也随着轻轻地荡了一下。这时，远处传来一阵箫声，那箫声乘风越波而来，悠长委婉，飘飘荡荡，如泣如怨，如歌如诉，不过听在兴奋不已的和乐耳中，感到的却是新鲜而神秘。

忽然之间有火光一闪，和乐扭头看去，只见在沉沉夜幕之下，独坐船头的船家点起了烟斗，火光忽隐忽现，烟丝滋滋作响。船家吐出一口长长的烟雾，轻声说："小家伙，睡不着吗?"和乐应了一声，船家便绘声绘色地给他讲起了慈禧太后幼年的故事。

如此良夜，如此美景，和乐将这绝美绝妙的画面深深留在了记忆中。

寻源中学是一所寄宿式教会学校，上学是免费的。但学校连个图书馆也没有，课程只有地理、算术、经典和一本薄薄的地质学，课本都很简单。课外活动也只是踢毽子，或者玩耍由一个哑铃上斫下来的两个木球，学生们都穿木屐，所以每逢木球撞到脚踝骨上，就疼得咧嘴。闲得发慌的和乐就和同学们一起玩些捉弄老师和夜间偷出学校的鬼把戏。

学校学费食宿虽然全免，但学生每个星期只能领到一个铜板的理发钱。和乐正是长身体的时候，整天都觉得肚子空空，饿得发慌。虽说变着法子省下理发费，可一个铜板只能买一个芝麻饼和四粒糖果，塞牙缝都不够。看着富人家的孩子津津有味地吃着可口的面条，和乐眼馋得不停吞咽口水。可是，最便宜的素面也需支付一个铜板。

和乐犯愁了。

他闭上双眼，默默地向上帝祈祷：仁慈的主啊，让我捡到一个铜板吧！

睁开眼睛，和乐仔细地看看四周的地面，空空如也！

和乐想，也许上帝没有听见，我再试试！

他试了又试，始终没有拾到。

和乐对上帝很失望，基督教的信仰有些动摇。

由于交通不便，加之家里没有办法负担多余的旅费，早就想家的和乐直到一年后才踏上归家之途。同行的除了三哥，还有一个村的同学甘才。

甘才比和乐大两岁，长得很壮实，个头比和乐略高一点，眼睛圆圆的，笑容诚实可爱。他脑筋有点笨，上小学时，和乐已经学会了乘法，而他算加法时还得扳着手指来算，而且最多算到二十。这样算法，七加四就比较难，他总是从一开始数，数到十，另一个手指却不知去哪里找。和乐不止一次地教他从八开始数，一转身他又“一、二、三、四”地数起来。

天高云淡，沿岸的风光还是那么旖旎，但和乐已经没有了心情欣赏。离家还有一二里路时，他们嫌那个扁舟太慢，一齐跳下船一路跑回去。

路上跟三哥计划着要给母亲一个惊喜的和乐，一进门便将那计谋抛之脑后，一头扑进了母亲怀里。

家里回来了两个外地求学的孩子，邻居乡亲都过来问候，一时人来人往，十分热闹。没出过大山的长辈们拉着和乐问长问短，和乐一直在耐心地回答着。

柏英是跟着最早的那批人来的，却一直躲在人后不近前来。人们走了一批又来一批，她一直站着不动，一句话不说，只是眼睛一眨不眨地看着和乐。人们走光了，牧师太太看柏英还在，就招呼她留下吃饭，柏英这时才开口说“我家里有事”，使劲儿看了和乐一眼后便转身离去。待和乐追出去喊她，她说了句“赶明儿来‘鹭巢’玩”，就快步跑走了。

两天过后，来探望的人少了，和乐决定去“鹭巢”找柏英。不知为什么，他有点不好意思一个人去，就叫上了甘才。

柏英一家如贵客临门一般热情地招呼着两个外地归来的“洋学生”，只有柏英，看到和乐还带着甘才来，有点不高兴。

甘才似乎一下子就被柏英迷住了，每当柏英的家人问起学校的情况，他都结结巴巴地抢着回答。不愿意抢话头的和乐和心情不快的柏英反而话都不多。

从柏英家出来，和乐邀柏英出去走走。甘才自然极力撺掇。

走在路上，起初和乐与柏英都不说话，一年的分别造成了明显的疏离感。只有甘才头上一句脚上一句地瞎侃着。

走出不远，柏英辫子上的红色毛线带子掉落在地，甘才连忙拾起，却握在手中痴痴看着，就像看着从未见过的宝贝，柏英催促后，他才慌忙递还她。

甘才的举动把柏英逗乐了，她斜瞟了和乐一眼，为打破尴尬的气氛，她抬头看着崖上的鹭鸶巢说："我家和鹭鸶做了这么久的邻居，我还没见过鹭鸶的蛋是什么样子?"

她本想逗着和乐说话，没想到甘才说了句"我去给你掏一个"，就向崖下走去。

"可别，"柏英赶忙说，"我不过说说罢了，不是真要看的。"

甘才似乎没有听见，已经开始攀起岩来。那鸟巢离地足足有五十尺，架在岩石缝中长出的一丛灌木上。甘才揪着岩缝里伸出的矮树，找着岩石表面的落点，一点一点地向上移动着。

和乐也紧张了，一边盯着甘才的动作，一边嗔怪柏英说："怎么想起要看鹭鸶蛋？真是没事找事。"

柏英白了他一眼，恨恨地说："谁让你哑巴了似的？我也是找话说，谁知甘才就当了真。"

和乐语气中带着酸味说："甘才对你的事真上心。"

柏英鼻子里哼了一声说："比你强!"

和乐和柏英屏着气息向上望着，甘才越攀越高，不断有被他揪断、踏断的枯枝落下来，让下边二人的心都提到了嗓子眼。终于到了鸟巢旁，他向鸟巢伸出手去，一只鸟惊叫着飞起来，他赶忙歪头躲过，手已伸进了鸟巢中。

"要一个还是两个？里边有三个蛋。"他向下边大声叫。

柏英将双手合拢在嘴上，大声说："一个就好！千万要小心啊!"

甘才开始向下爬，手上握着白色的蛋。

"别那样用手拿着！把蛋放进衣兜里!"柏英尖声叫着。

他将蛋放进衣兜里，双手双脚交替向下摸索。在离地二十尺的地方，他踩上了一块松动的石头，身子和石头一起溜了下来。

"啊!"下边二人同时叫出声来，一起跑过去。

甘才已从地上站起来，拍拍手说："没事，没事的。"

他伸手去衣兜里掏鸟蛋，忽然感到肚皮凉凉的。他的手从衣兜里伸出来，满手是黄黄白白的蛋液，撩起衬衣，肚皮都染黄了。

三个人笑成一团。

甘才羞赧地说："我再去掏。"

柏英连忙拽住他说："再掏，鹭鸶就会搬走了。"边说边掏出一块小花手绢，细心地给甘才擦着额头的汗。

甘才很享受地闭起眼，心里美滋滋的。

这一幕让和乐心里很不是滋味，他转过身，一声不响地走了。

这以后，和乐没上"鹭巢"来找柏英，柏英也没来找他。倒是甘才隔三差五地去柏英家，正值荔枝龙眼收获季节，柏英家爬树、摇果子的活都让他包了，帮了缺少劳力的柏英家一个大忙。

假期结束前，和乐鼓起勇气上了"鹭巢"，离老远就听得甘才正在，一家人和他有说有笑，他心里一酸，扭头走了。

这以后，每年和乐放假回家，虽然他也去找柏英，柏英也来看他，但已经没有了过去那种无话不说、两小无猜的情景。往往没见面之前各自都有一肚子的话想说，见了面却没说几句就都没有话了。这便加重了两人的互相猜忌：在和乐，觉得柏英人大了心也大了，自己只有像甘才那样总得上赶着她才高兴，而他天生性格执拗不愿去做低三下四的事；在柏英，觉得和乐已经成了"洋学生"，在外面的世界见多识广，已经不把她这个山里妹看在眼里，所以才对他没有甘才那么热情，既然和乐不愿搭理自己，自己也不会犯贱硬去上赶他。

就这样，岁月一年一年地过去。和乐结束了在鼓浪屿寻源中学四年的学习，又转入厦门寻源书院。寻源书院的学习生活依然很枯燥，不过这里多了西洋音乐，让和乐很着迷。书院的校长夫人毕牧师太太是美国旧式妇女，性格温静，说起话来抑扬顿挫，煞是好听，她组织的女高音合唱让和乐为之倾倒。

进入寻源书院后，和乐只回过一次家，而且很快又返校了。甘才已经厌烦了上学，中学毕业后就回坂仔了。

在厦门，和乐见到了更多的外国人。那些外国人大致分为三类：身着清洁无暇、洗熨平整的白衣的，是传教士，他们说话彬彬有礼、有条不紊；穿着水手服的是海员，他们经常喝醉酒，在大街上狂歌乱叫，行人唯恐避之不及；头戴白通帽，身坐四人轿的是外国商人，经常随意拳打脚踢街上赤脚的孩童。对传教士，和乐自有一种好感；对那些酗酒的外国水手和盛气凌人的外国商人，和乐非常讨厌。

外国人在厦门开设了俱乐部。俱乐部经常举办舞会。

同学中传言，外国人的舞会十分怪异，如同野人一般。一天晚上，和乐被同学拉着，去偷看那怪异的舞会。

从门缝里望进去，只见满屋的男男女女，半裸着身体，互相偎抱在一起，狎亵着，摇动着，简直不堪入目。

这次偷窥对和乐刺激很大。

已经懂得男女之情的他久久不能入眠，头脑里满是柏英俊俏的身影，已经有两年没见她了，他从来没有像现在这样想念她。

此后，在写给家人的信中他便经常询问柏英的情况，并请姐姐们代他向柏英问好。这一年的暑假之前，他忽然收到柏英寄来的一个包裹，里边有一块甜粿，甜粿四周围绕着几颗荔枝核。她的稚子之心似乎不减当年，仿佛是要勾起他对童年时游戏的记忆。

包裹中竟有一封柏英写的信，字体硕大，略显歪斜，有些字很好看，有些字的部首贴得太近或分得太开。和乐拿信的手有些颤抖。只见信中写着：

亲爱的和乐：

一切安好。阿公完全失明了，我一刻不离地在照顾他。甘才家两次来提亲，我都拒绝了。你的家人都想见你。我也想见你。

柏英

这封短短的信让和乐激动不已，他为柏英拒绝甘才的求婚而高兴，他明白，她把这件事告诉他，就是要打消他的猜疑；他为柏英一刻不离地照顾阿公而忧心，为她肩负的重担心疼；他为柏英“我也想见你”这句话而心中狂跳，他看得出在这五个字中包含着深深的情意。他恨不得立刻就飞到柏英身旁。

之后的日子让和乐真正体受到了什么叫作“度日如年”。

暑假终于到了。

终于踏上了回家的路。

“乌篷船”终于摇到了斜溪。

扁舟终于驶入了坂仔的河湾。

和乐进家和母亲打了个招呼，放下行李就向“鹭巢”跑去。

和乐的心一直在胸腔里激烈地跳动。他轻轻推开柏英家的篱笆门，慢慢走进敞开着门的堂屋，见屋内只有柏英一个人，她正坐在那张没有漆过的木桌旁，缝补一件黑色的布衫，从掩着门的东屋里传出柏英阿公均匀的鼾声。

柏英穿着一件浅蓝色的短袖细麻衫，头发向后梳拢着，清秀的脸盘侧影显出成熟的风韵，裸露的臂膀圆润而富有弹性，坚挺的胸脯，凹凸有致的身形散发着发育成熟的女性美。

柏英发现了进屋的和乐，一下子站起身来，怔怔地看着他，僵立在那里。

和乐看到，两年多不见，柏英已经出落成了一个俊美的大姑娘。那秋水横波般的眼睛，漆黑而细长的眉毛，玲珑而丰满的嘴唇，无不让人怦然心动。

柏英打量着和乐，只见他身材长高了许多，梳着偏分头，上身穿一件白色短袖衬衫，下身穿一件蓝色斜纹西裤，脚蹬一双白蓝相间的运动鞋。人偏清瘦，脸色白皙，双目炯炯有神，已经成了一个文质彬彬又透着帅气的青年。

他们相对着站立了半晌。和乐走近一步，想去牵起那双玉手。

柏英却后退一步，把手背在身后。

“你好吗?”

柏英点点头。

“你知道我想你吗?”

柏英又点点头。

“难道你不想见到我吗？“

柏英使劲儿摇摇头。她的眼睛渐渐变得亮晶晶的，两颗泪珠滚落到脸颊上。

和乐走上前，伸出一只手，把她挂在脸上的泪珠轻轻弹落。

和乐轻轻地抚摸她的头发，抚摸她的额头，抚摸她的眉毛，之后把她的脸庞托起来，想去吻她的朱唇。她似乎有点怕，迟疑了一会，然后就听任他的唇轻飘飘地吻在她的唇上。她满面羞红，一句话也不说，内心的情感完全战胜了理性，变得柔顺异常。

他把她紧紧拥入怀中，感觉到她浑身都在颤动。她把头依在他的肩膀上，说不出话来，含糊地呢喃着，真个身子都像要融化了。

和乐一边热烈地亲吻着，一边热切地倾吐着思恋之情。

“柏英，看到你真好!”

“你真傻!”柏英以前最爱随口说这句话，可此刻说来，却充满了深情和少女的娇羞。

为了不吵醒阿公，他们来到了屋外。柏英不再害羞了，把手紧紧环在和乐的腰上。

和乐心里热乎乎的。他感受到了爱情的甜蜜，比书上看到的、比听人说起的都更为强烈，更让人沉醉。

又是一个不眠之夜。和乐满脑子都是与柏英在一起的甜蜜情景，他第一次领略到，爱情是这样美好。

由阁楼的小窗望出去，可以看到“鹭巢”静静地卧在夜空之下。天上挂着一轮金色的月亮，疏星的夜空是神秘的幽蓝色，“鹭巢”轮廓分明，如同镶着银边。

和乐轻声呼道：好美的“鹭巢”！好美的柏英！好美的爱情！

1.5 裂 痕

和乐与柏英相爱了。两家人都非常高兴。牧师太太和柏英阿妈都说，他俩是最理想的一对儿。尤其是和乐的二姐，每次一见到柏英，就把她搂在怀里，一句一个“弟媳”地叫，羞得柏英满脸通红，作势要拧她的嘴。

和乐的二姐名叫美宫，长和乐五岁。她欢乐如雀，美如桃花，有一双灵活的眼睛和一口晶莹的贝齿，从小就被人们夸为美人。她曾就读于鼓浪屿毓德女子中学，是享誉全校的“校花”。

和乐和二姐的感情最为要好。林家的孩子多，母亲一个人根本照顾不过来，和乐出生后，二姐就充当了半个母亲的角色。说来也怪，父母亲常常管不住这个格外机灵而捣蛋的孩子，美宫的软硬兼施却往往奏效。

也有例外的时候。

一次，和乐又不听话，美宫就把他关在了门外，谁也不许给他开门。和乐又急又躁，不停地求饶。他一会儿说肚子疼，一会儿说天气冷，可美宫不是容易心软的牧师太太，坚决不上当。和乐没有办法，委屈地坐在台阶上，半晌没有动静。美宫还以为和乐知道错了，哪里知道他又打起了鬼主意。和乐捡了块石头，从窗外用力往里扔，说：“你不让和乐进去，石头替和乐进去！”气得美宫哭笑不得。

为了报复“狠心”的二姐，和乐也想了不少招术。按照林家的分工，美宫负责洗全家人的衣服。有一回两人闹别扭，和乐大发脾气，就躺在院子的泥洼里，像猪一样滚来滚去，得意地说：“哈哈，这下你可有脏衣服要洗了！”

美宫人很聪明，很爱读书。在父亲的家庭学校里，美宫是最认真的一个。可每到11点左右，邻居家燃起了炊烟，美宫只能放下手里的书，低低地对和乐说："我该去做饭了。"下午，太阳在天边染上红霞，美宫又放下手里的书说："我该去收衣服了。"

她还与和乐按照《福尔摩斯传》、《三个火枪手》、《撒克逊劫后英雄传》等小说里的情节编故事给牧师太太听，里边充满了令人毛骨悚然的逃亡和冒险情景，牧师太太以为是哪个大作家的作品，不断地追问："后来怎样了?"时间长了，牧师太太终于发现了是他俩胡编的，笑道："你们又在骗笨阿妈了！没有这种事情的。"

美宫的学习成绩一直很优秀，她渴望上大学，去外面的世界自由飞翔。林至诚只是个穷牧师，男孩子上学的费用就够让他头疼的了，哪里还顾得上女儿。美宫上大学的梦破灭了，等待着乡间女子的命运就是嫁人生子。倔强的美宫抗拒着父母，不愿嫁人，每当林至诚让牧师太太去劝她，她就把油灯吹灭，佯装睡觉。直到22岁时她才红着眼睛，答应了一位追求她多年的青年的求婚。

出嫁那天，美宫把和乐拉到僻静处，从新娘子衣服里掏出四角钱。她抹了抹眼泪，勉强挤出一丝微笑说："和乐，姐姐不能多给你了。姐姐没有福气上大学，你要替姐姐好好念书，不要糟塌了机会。要做个好人，做个有用的人，做个有名气的人。要记着姐姐对你的希望。"简简单单几句话，却像一块巨石压在了和乐心头。他再也忍不住，抱住心爱的二姐，哇哇地哭起来。

这年的秋天，美宫患了鼠疫，去世了。当时，她还怀着身孕。

和乐永远记得二姐对他说那番话时伤心欲绝的表情，二姐的话字字千斤，永远镌刻在了他的心上，他要替二姐好好读书，替这个可怜的女子完成未竟的心愿。

和乐从厦门寻源学院毕业了。父亲准备把他送到上海圣约翰大学读书，他希望儿子毕业之后出国到柏林大学和牛津大学深造。父亲绞尽脑汁为儿子凑学费。他每个月的收入只有二十元，倾其所有的积蓄，最后还差一百大洋。在无奈的情况下，他只得抹下脸皮去向自己的一个学生求助。那个学生在牧师门下受业时十分贫穷，林至诚曾多次周济过他，还送过他一顶帽子。那学生始终不忘恩师，那顶帽子烂到不能戴以后，他便发誓终生不再戴别的帽子。后来那学生在漳州致富。于是，牧师为了他的儿子，专程坐船去了漳州。没过几天，那学生便亲自送来一个蓝色包袱，里边包裹着林家急需的一百大洋。

林家个个笑逐颜开。和乐决定立即把喜讯告诉柏英。

他把柏英从“鹭巢”叫出，二人在山坡上漫步。

初秋的天空，一碧万里。

两个幸福的人肩并着肩，爱情的波浪在心中荡漾，柏英的手始终环在和乐的腰上。有时候，和乐走得快了，柏英就拉住他，依偎着他的胸膛，慢慢向前挪步。和乐就在她娇嫩的脸上印上一记亲吻，柏英妩媚地一笑，踮起脚将娇小而丰满的嘴唇贴紧在他的嘴唇上。

和乐搂住柏英的腰肢，轻轻地说：“阿爸已为我凑足学费，过些天，我就要去上海读大学了，而后还要出国留学。柏英，跟我一起走，好吗?”

柏英的笑容凝住了。她本以为和乐已经完成学业可以回家了，他们很快就可以成亲过幸福日子。没想到和乐还要去上海读书，还要出国留学！

她感到眼前出现了一片阴霾，她的心开始往下沉，一种莫名的预感让她十分恐惧。

“一定要去吗?”她的声音有些发抖。

“当然要去，”他没有发现她情绪的变化，继续兴致勃勃地说，“你知道吗？德国、英国不光拥有世界一流的大学，而且那里风光十分秀丽，还有法国，也是一定要去的，卢浮宫、凯旋门、香榭丽舍大道，总之，妙不可言。”

柏英的脸色惨白，几乎站立不稳，全身都倚在和乐身上，和乐却以为她已陶醉，更紧地搂着她。

“还有，那里物产丰富……”

“不要说了！”柏英再也无法忍受和乐的滔滔不绝，她猛地挣脱和乐的搂抱，大声说，“外国再美，能比我们的坂仔更美吗？外国物产再多，能和我们这里相比吗？我们有香蕉、甘蔗、桃子、桔子，还有吃不完的荔枝、龙眼，还有数不清的鱼、虾和青菜，而且，这里有你的家人，还有我，你还觉得不够吗？为什么你非要离开呢？”

柏英越说越气，竟大声哭泣起来。

和乐瞠目结舌了，他万万想不到柏英竟会有这么激烈的反应。

柏英哭着，哭着，又扑上来，双拳捶着和乐的胸脯说：“你为什么这么狠心？为什么要抛下我？”

和乐不敢躲闪，不敢去抓她的手，只是辩解说：“我说要带你走。”

柏英停止了捶打，伏在和乐的胸膛上又哭起来，边哭边说：“你明明知道这是不可能的，我走了，谁来照顾阿公？”

和乐不假思索地说：“我们可以带着阿公一起走。”

“可以吗？”柏英仰起脸，她满眼满脸都是泪水，美丽的眼睛已经哭成了红色，她接着说，“你能走哪儿都带着阿公吗？能带着一个瞎眼老人一起出国吗？你这是异想天开。”

说罢，她又伏下头抽泣起来。

和乐方才明白，他把问题想得太简单了。带着阿公出国是绝对不可能的。不带阿公柏英就走不了，他俩就得分开，想到要和柏英分开，他心里一阵酸苦，不由得又紧紧抱住哭得浑身颤抖的柏英。

和乐拼命地想避开那个结果，他努力着说：“不是有你阿妈吗？”

“那怎么行？”柏英抽噎着说，“我发过誓的，一定要照顾阿公一辈子。交给阿妈，我怎么放心？”

和乐继续努力着说：“那你在家等我，我 定回来娶你？”

“可能吗？”柏英又抬起红红的眼睛说，“你上完大学还要出国，等你到什么时候？就是你回来娶了我，你就不出国了？到时候我怎么办？”

和乐安慰说：“我再想办法？我会想到办法的。”

柏英一抹眼泪说：“有什么办法？除非你不走！你行吗？你阿爸行吗？还有你忘了你二姐说的话了，你可是替你天上的姐姐在完成心愿呢！”

说罢，柏英一转身，留下愣在那里的和乐，一个人边摸着泪水边走了。

柏英的话重重捶在和乐的心头，聪明的柏英太懂得和乐了，就像柏英不能扔下阿公不管一样，和乐也不可能不走。

怎么办？怎么办？和乐想得头都要炸了。回到家，他饭吃不下，觉睡不着，阿爸阿妈问他话也不搭理，整天一个人抱着膝盖坐在他的小阁楼里发呆。

怀着满腹烦躁，和乐踏上了上大学的路程。行前他曾去找柏英，柏英却对他带答不理，他走时柏英也没来送行。登上扁舟之后，他曾回望“鹭巢”，蓝幽幽的沉沉山岩上，杳无人迹。他知道，她一定万分伤心、万分灰心。

圣约翰大学在当时很有名气，因为这里一连出了三位中国驻美驻英大使。

心情烦乱的和乐却没有一般人进入这所大学的兴奋，他眼前总浮现着柏英那梨花带雨般的泪容。他曾给柏英写过几封信，但都石沉大海，没有回音。他写信问过家人柏英的情况，家人说，柏英就像变了一个人，走路总是低着头，很少说话，更听不到了她惯有的银铃般的笑声，林家几次请她来家吃饭，每次都被她婉言拒绝。

想到柏英，和乐的眼睛就会湿润，心中就会隐隐作痛。

他的烦乱很快影响到学业。特别是在神学课堂听课或阅读基督教典籍时，他满脑子都是疑问：耶稣是童女所生，肉体复活，这些都是不可能的；原罪、赎罪、地狱这些理论在逻辑上完全讲不通；信教的人上天堂，不信教的人下地狱，这也是没有道理的。

他在给朋友的心中说：

“一切神学的不真，对我的智力都是侮辱。我无法忠实地去履行。我兴趣全失，得的分数极低，这在我的求学过程中是很少见的事。”

第一个学期结束，他急急忙忙赶回家乡。

一进家门，牧师太太就抓着他的手，喋喋不休地告诉他柏英的变化。

“孩子，你们到底怎么了？”母亲急切地问。

和乐这才告诉了母亲他们之间出现的裂痕。

牧师太太摸着儿子的头说：“柏英是个好孩子，是个好媳妇，不能错过的。你去跟她说，你们先订了婚，赶明儿就搬到咱家来住，你一毕业就给你们完婚。”

和乐觉得这是个好办法，高兴地说：“我这就告诉柏英去。”

去“鹭巢”的路上他又兴奋了，甚至还哼起了校园里传唱的新歌。

“鹭巢”里很静，柏英的阿妈和姐姐去农田了，柏英一个人在家，神情呆滞地坐在白木桌旁。

看到和乐的一瞬间，她的眼睛一亮，但很快那光亮就熄灭了，只淡淡地说了句“你回来了。”

“柏英，我好想你。”和乐知道柏英的阿公在东屋，压低声音说。

柏英抬头看他一眼，便站起身来说：“我该给阿公捶背了，没事你就回去吧。”

和乐忙说：“我有话跟你讲。”

柏英一边拉开东屋的门，一边示意他走吧。

东屋的门一关，剩下和乐一个人愣怔怔地站在那里。他感觉就像一盆冷水当头浇下，心里冰凉凉的，周围也是冰凉凉的。他仄转身，悻悻地走出“鹭巢”，垂头丧气地走下山坡。那时他如果回头的话，就可以看到柏英正依着篱笆门，双眼目不转睛地看着他，低低地啜泣。

和乐沮丧地进了家门，牧师太太忙迎过来，关切地问：“柏英怎么说?”和乐摇摇头，上了他的小阁楼。

吃午饭时，已经知道了情况的牧师，拍拍儿子的肩膀安慰说：“慢慢来，”为了调动起儿子的情绪，他提议说，“下午有一场布道，你替替我，让教友们看看我的儿子有多出息。”

十几岁时，和乐就已经开始帮父亲布道。牧师作为父亲的虚荣心也让他很喜欢让爱演讲的儿子出出风头。

和乐这次选的讲题是《把圣经当文学来读》。他合上圣经，侃侃而谈：耶和华是一位部落之神，他帮助约书亚消灭了亚玛力人和基奈人，而且耶和华的观念不是一下子形成的，它由部落所崇拜的偶像一步步进化成独一无二的真神。他越讲越兴奋，即兴发挥说，应该把《旧约》当成不同体裁的文学来读：如《约伯记》是犹太戏剧，《列王记》是犹太历史，《雅歌》是情诗，而《创世记》和《出埃及记》是犹太神话和传说。

乡村的基督徒们听得大眼瞪小眼，完全不知道和乐在讲什么。

林至诚吓坏了。他想起以前认识的一个厦门人，会讲英语，却不相信上帝。他的五儿子莫非也成了无神论者？

吃晚饭的时候，林至诚一边扒饭，一边时不时地瞟上和乐一眼，想发现点蛛丝马迹。和乐却神情自若，仿佛什么事都没有发生过。

虽然有离经叛道的演讲，和乐却没有抛弃基督教。一个没有上帝的世界？在他是不能想象的。

第二天中午，柏英姐姐忽然来找他，说家里想请和乐过去吃饭。和乐和母亲对视一眼，眼睛里都流露出欣喜的神色。

和乐进了柏英家，只见那张白木桌上已经摆满了饭菜，有一碟翠绿的腌黄瓜，一碟一破两半、蛋黄都已出油的咸鸡蛋，一碟从集市上买的豆腐乳，一碟刚采下的拌竹笋，一碟冒着热气的豆豉剁肉，围在当中的是一盆泛着油光、透着香气的炖子鸡，盆上架着两双竹筷，两边的两个蓝花瓷碗里，已经盛满了白米饭。

和乐此前过来吃饭，从没如此丰盛，他心里一怔，再看柏英的阿妈和姐姐，和往常一样笑吟吟的，并无什么异样。

柏英阿妈热情地招呼和乐坐下，和以往一样地说："我们和她阿公都吃过了。柏英正在做黄瓜汤，一会儿柏英陪着你吃吧。"说完柏英的阿妈和姐姐就进了西屋。

这时厨房的布帘一挑，柏英端着两碗热腾腾的汤走了出来。和乐赶忙盯着柏英的脸看，见她没有任何表情，也没有看他一眼，放下汤碗后说了句"吃吧"，就低头吹那汤面上袅袅升腾的热气。

"柏英，我已经想到办法……"还没等和乐说完，柏英抬头瞪了他一眼，眼睛又斜视了一下西屋。

和乐注视着柏英，见她眼睛发红，眼皮也有点红肿，心里一酸，就伸出手轻轻按在她扶着汤碗的手背上。

柏英任由他握了一会儿，便轻轻推开他的手说："赶紧吃吧，都凉了。"

和乐心中有事，一桌子菜肴只夹了几筷子，尤其是那盘柏英精心制作的子鸡，他动也没有动，看着柏英木讷的神情，他味同嚼蜡地勉强吃完那碗米饭就放下了碗筷。而柏英，饭菜一口没吃，只喝了两口汤。

柏英并没有像以往那样劝和乐吃饭，待他吃罢后，她也放下了碗筷。

柏英定定地看着和乐，平静地说：“明天我得去新界催一笔已经欠了一年的甘蔗款。本来应当姐姐去，但她从开春以后就一直腰腿疼，走不了长道。你能陪我去吗?”

“当然能。”和乐立即回答，此时此刻柏英邀他一起远足，他有些激动，甚至有些感激。

1.6 泪 别

第二天一大早，柏英就来到和乐家。从她淡紫色条纹窄袖细布衫与豆青色长裤的搭配，额前齐整的刘海以及系在发辫上的玫瑰色毛线看，离家之前一定精心做过一番打扮。她挎着一个黑布包，还带了一根用桔木做成的本来是阿公所用的多节手杖，说是外乡人进入人家的村子，可以用它做“打狗棍”抵挡恶狗。

和乐也打扮得很齐整，还带着一个小小的白绿相间的猪皮箱子，里边装了些衣物，因为新界离得远，如果赶不上回来的船，可能会在新界住宿。

“我们坐船去，还是步行?”走出家门后，和乐问。

“时间还早，走着去吧。”

“认得路吗?”

柏英指指河边一条迤逦伸向远方的小路说：“就是那条路，只要顺着河水向前走就成了。路上还可以问人。”

二人上路了。和乐提着箱子，柏英把“打狗棍”架在肩上，黑布包袱挑在木棍尾端。

碧蓝的晴空上一只老鹰在展翅翱翔，前方的山脊上漂浮着朵朵白云，阳光艳丽，秋高气爽，十分适合远足。

两人都避开那烦恼的话题不提，以青年人特有的步伐快步前行。一片片将要成熟的玉米田、一堆堆秋色绚丽的树丛、一个个炊烟缭绕的村落不断被他们甩在身后。

柏英长于走路，经常走在和乐的前边。和乐看着她轻快的步伐和摆动的臀部，好想把她抱在怀中，又怕会刺激得她哭起来。

每当他们并排行走时，和乐就讲一些笑话和传闻逸事给她听，她有时会莞尔一笑，但并不多说什么。

走着走着，小路从河流右岸弯向了左岸。秋天的水量较大，踏脚石已经没入水中。二人只得脱下鞋袜，涉水过河。

到达对岸后，柏英把“打狗棍”一扔，一屁股坐在地下，说了声“吃点东西再走”，便打开布包，取出两个芝麻饼递给和乐。

他们并排坐在一块巨大的圆石上。

太阳已经升在当空，天气热起来。柏英依然高高卷着裤腿，那皮肤细白的大腿，让和乐想起厦门大街上穿着超短裙的洋妞。

柏英跳下大圆石，来到河边的石滩，在浅水中走了几步，就回头叫他：“下来吧。”

和乐作势要跳下去，柏英忙过来伸手接他。他紧紧抓住她的手，两人手拉着手走在浅水中，柏英脸上显出欢快的笑容。

柏英提议说：“来，我们像小时候一样打水漂。”

二人在河边寻找着片石，将片石甩出去，互相数着看谁溅起的水圈多。

柏英又提议说：“来，我们来找鲦鱼和蚌壳。”

二人搬开一块石头，扒开一堆沙石，仔细寻找着鲦鱼和蚌壳。

“我抓到了！”柏英惊喜地尖叫，两手和叠着，捧着一条小小的鲦鱼。因为不断有水从指缝中流出，她连声叫着和乐过来帮忙。

和乐用双手捧住柏英的双手，柏英抖动了一下，鲦鱼跑了，二人的脸却无意间贴在了一起。

和乐紧紧捧住柏英的手不松开，动情地说：“我们一生一世在一起，好吗？”

柏英深深叹了口气，说：“你知道这是不可能的。”

“只要你肯等我。”

“我快十八了，也不知道你会走多少年？”

“我阿妈昨天说，我们可以先订婚，我走以后你就搬到我家来住，你知道，我们全家都很喜欢你。”

“这也不是办法呀！且不说我要照顾阿公不可能搬去你家，就说订了婚以后你难道就不出国了？那时候我们一个在坂仔，一个在国外，这日子怎么过？”

和乐又怔住了，他实在无言以对。

柏英直视着他说：“你难道就非出国不可吗？”

“那是注定的。”

“看来我们的分开也是注定的。”

和乐一把将柏英抱在怀中说：“柏英，你知道我有多爱你吗？”

柏英说：“和乐，我也爱你，而且这一辈子都会爱你，但是我知道，我们做不成夫妻了。以前，你说要走我非常烦恼，所以就气你，不理你。现在我想通了，这就是无奈的事，命里注定的事，所以也不再恨你了。”

他二人的眼中都噙满泪水，但谁也没有怨恨对方，他们已经彼此道出了真情，而且彼此深知对方对自己的真情，他们明白对方、理解对方、谅解对方。他们知道，人们的头顶上都悬着一把命运之剑，谁也没有能力与这把剑抗争。

此后，他们行进的速度慢下来，不像是去办事，分明是一对儿情侣在漫游。柏英的手又环在了和乐的腰间，和乐则紧揽着柏英圆润的臂膀。柏英不时地甩一下头，侧脸望向和乐，用伤感的语气断断续续地说着：“你走吧，我不会拦你了……我敢打赌，你不会快乐的……将来你会娶一个洋妞回来……到时候，我也已经嫁人了……”

太阳快落山时，他们到达了新界。

这是一个小镇，两条宽而不深的河流在这里交汇。河上有一座木桥。桥的一端是街道较为平整宽阔、房屋较为整齐、开着几家店铺的主街区。桥的另一端地势较低，房屋高低错落，一条忽宽忽窄、坎坷不平的道路一直延伸到乡下。

他们很快就办完了甘蔗款项的事。

“今晚我们到哪里投宿？”和乐问。

“我不喜欢那些又气味难闻又不干净的客栈。反正天气也不凉，我们顺着山边走走，找个合适的地方，不花钱歇它一夜。”

“好啊!”年轻人自然喜欢露宿，和乐拉着柏英的手走上山边的路。

夕阳已经变成一个有红又大的圆盘，正在恋恋不舍地向西山滑下。漫山遍野被夕阳染成了淡淡的粉红色，绚丽得如同梦境。早秋的气候虽然有些温热，但有晚风拂面吹来，令人十分舒适惬意。

他们走了半个钟头，看见一座山顶上有一间墙壁涂成红色的小庙。他们向小庙爬去，一会儿你走到前面拉我，一会儿我走到前面拽你，欢快的笑语声洒满山坡，不时有小鸟被他们惊起，喳喳叫着煽动着翅膀飞向宝石般碧蓝的天空。

到了山顶，他们才发现原来那只是一间烧毁的破庙残垣。焦黑的梁柱横躺在已生出野草的灰砖地上，屋顶破了好几处大洞，墙壁是黑黄色的，未倒的香案上有几个陶土香炉，几个泥菩萨身形歪斜地坐在上面，有一个竟没了头颅，一片残破、荒凉的景象。

“扫兴！没想到竟是这么个鬼地方。”柏英泄气地说，

“还好啦，可以挡风避雨。”和乐安慰她。

两人选了块还算干净的砖地坐下来，就着带来的水吃了几块麦饼。

天气还早。两人走出破庙，在山坡上坐下，遥望着下边的村镇。天渐渐黑下来，灰白色的河面上稀稀落落地静卧着一些灰暗的船舶，船里透出星星点点的微光，在这微光的点缀下，夜色中的渡口透着几分神秘。偶尔传来几声狗吠，不时有人点着火把，从木桥上行过。

他们换成仰躺的姿势，仰望着夜空。天空很快由幽蓝变为漆黑，星星相继亮起来。东山上渐渐升起一弯新月，灰蒙蒙的月光洒在山坡上，周围的一切又变得朦朦胧胧。

月光的到来让柏英心情快活起来，她望着天空轻轻地说：“满天的星星，真美啊!”

和乐用手指着北方的星空说：“看到了吗？那七颗像勺子一样的星星。”

“我知道的，那是北斗星。”

“他们还有一个名字，叫大熊星座。”

“没听过，是外国人起的吧？”

“是的。”

“外国人真荒唐，这哪里像只大熊？”柏英并没有见过熊的样子，她之所以要骂外国人荒唐，主要是因为和乐要离开他去外国。

和乐继续指着天空说：“你顺着北斗星的勺口向前看，看到那颗最亮的星叫北极星，它是天上唯一不动的星，天上所有的星都围绕着它转。”

柏英顺着他的手指看过去，果然找到了北极星。

“你再从北极星向下看，能不能看到一个小的北斗星，那是小熊星座。”

柏英仔细辨识，果然看到了几颗星排列成一个勺状，和北斗星很相似，只是这个勺要小很多，她高兴地说：“嗯，我看到了。”

“你想知道大熊星座和小熊星座的来历吗？这里还有一段很感人的故事。”

“那你快讲讲。”

“在古希腊的神话传说中，有一个名叫卡力斯托的美丽少女，她很喜欢跟着狩猎女神在森林里追逐野兽。后来被天上最大的神宙斯看到了，宙斯爱上了她，她为宙斯生了一个小男孩儿，取名阿卡斯。宙斯的太太赫拉知道后非常生气，她就来到树林里把少女变成了一只很丑的大狗熊，还抢走了她的孩子。过了十五年，阿卡斯长成了一个英俊的少年，赫拉就把他带到树林里。卡力斯托一下子认出了自己的儿子，便张开双臂去拥抱他。阿卡斯看到一只大狗熊向自己扑来，就张弓搭箭要把她射死。危机时刻，宙斯赶来拯救了他们。他把阿卡斯变成一只小狗熊，阿卡斯也认出了母亲。为了不让赫拉再加害他们母子，宙斯把他们升到天上，变成了现在这两个星座。

和乐讲完了，柏英却一声没吭。和乐侧转脸看她，只见她眼中泪光闪闪，忙问：“你怎么了？”

只听柏英愤愤地说：“那个天神爱她，为什么任由她被别人加害？为什么不在身旁保护他们母子？爱她就不应该离开她！”

这句话触动了彼此的心病，两个人都不再说话。山坡上又变得很安静，只有秋夜的昆虫在草棵中时时鸣叫。

过了不知多久，和乐怕柏英睡着了，便说："咱们还是进庙里去吧，这里湿气太重。"

他把柏英拉起来，揽住她的腰，柏英半倚在他的身上，二人又回到庙中。

柏英从布包袱里取出一块单子，扑在那块干燥的地面上。又取出一块毯子，招呼和乐躺下。她让和乐将手臂伸直，自己就枕在和乐的手臂上，将毯子盖在二人身上。

和乐心头滚过一阵热浪，他把手臂弯回来，将柏英搂在自己怀里。柏英忽然低低地哭起来。

和乐轻拍着她，像安慰孩子一样说着："不哭，不哭！"

过了好一会儿，柏英才止住哭声说："知道吗？这次出来包括昨天请你吃饭都是我计划的。我知道你是非走不可的。我要好好给你送行。"

和乐很感动，低头去吻她，她也主动迎上来，两人热烈地亲吻着。起初是两个火热的嘴唇紧紧挨在一起，不断嘬出动情的声响。忽然间，一方的舌头滑入另一方的口中，舌尖感受到对方口中蜜汁一样甘甜的液体，贪婪地吸吮着，舌尖努力地深入，去感觉对方柔软的舌，去探寻对方口中的每一个角落。对方被这滑嫩的舌尖刺激，甜液源源不断地渗出，口腔自然而然地缩紧，去感觉那柔软光滑的舌尖。猛然间，两条柔舌缠在一起，在口腔中摩擦翻滚，两个人全身同时都悸动起来，更紧地搂抱在一起。此后，一方的舌将另一方的舌送出，自己乘便进入了对方的口中，演绎着新一轮舌的缠斗。

不知过了多久，他们才慢慢停歇下来。柏英紧偎着和乐，羞怯地说："知道吗？我从来没有这样和一个男人过夜。"

和乐心中充满了感激之情，连连说："谢谢你，谢谢你！"他抚摸着她的秀发，感觉黑夜里睡在自己身旁的这个女人，不是"鹭巢"里那个长得像橄榄、性格也像橄榄一般坚硬的柏英，而是一个温和、柔弱、多情的少女。他触到她的脸颊，湿湿暖暖的。她一句话也不说，只是静静地、柔弱地、舒服地靠在他的胸上。

夜渐渐深了，月亮已升到当空，银灰色的月光从屋顶的大洞洒进来，照在这一对儿相恋相依的青年男女身上。

柏英示意和乐平卧着，自己成侧卧姿势，将一条腿搭在他的身上，头枕在他的肩膀上，伸出一只手抚摸着他的脸颊，轻轻地说："今夜就是我们分别之夜。今夜过后，你去上你的大学，出你的国。我依旧留在阿公身边。过些年，你会娶妻生子，你将来的媳妇一定有很高的文化，配得上你，或者就是个外国女人，才合了你的心愿。我要好好伺候阿公。我也会嫁人，嫁一个我能带着阿公一同过去的人家，我会给人家生孩子……"

她忽然打住话，又委屈地哭起来。

和乐心乱如麻，想安慰她却不知说什么好，只得紧搂着她，任由她哭泣着。

柏英哭了一阵又接着说："今夜过后，你不能再找我，我也不会再找你，我们各自走各自的路，谁也别打搅谁。既然不能在一起，就彻彻底底地分开，不能拖泥带水，那样对谁都不好。你不要给我写信，也不要向你的家人打听我，我们要变成两个从不认识的人。"

和乐再也抑制不住内心的伤痛，突然哭了起来。这次柏英又像哄孩子一样哄起和乐来，连连说着"不哭，不哭的。"

和乐抽着鼻子说："那我想你怎么办？"

柏英说："就把这种想念放在心里，放在心的最里边。我当然也会想你，我也会把你深深藏在心里。"

和乐又说："我做不到的。"

柏英说："所以今天我们就要好好地爱一场，免得将来后悔，"停了一下，她接着说，"不行，光这样还不够！"

她像下了决心，忽然一翻身爬在了和乐身上，把他的衣衫解开，她俯身在他赤裸的胸膛上亲吻起来，从上到下，从左到右，一下一下地吻着，好像生怕放过一寸地方。吻罢了，她坐起身，迅速地脱掉自己的衣衫，露出坚挺的双峰，她又伏下身，把双峰紧紧挤压在和乐的胸膛上。

在柏英做这些大胆的举动时，和乐一句话没有说，泪水溢满他的双眼，而后又顺着两侧的脸颊流下来，他一任柏英亲吻着，一任自己的泪水无声地源源滴落。

当那白皙、坚挺、丰满、颤动的双峰紧紧贴上他的胸膛后，他顿感全身的血液在沸腾。他幸福地、迷蒙地连连唤着“柏英、柏英!”

两人再一次热烈地亲吻起来，一阵紧似一阵地相拥，好像彼此都迫切地想融入对方的身体，两颗年轻的心都在激烈地跳动着。

这一阵亲吻比前一次来得更为猛烈，久久才平静下来。

柏英嘤嘤叮嘱着：“记着，今夜过后我们就永久地分别了。天明以后，我就找船一个人回去。你可以乘坐下一班船回，”她哭着说，“和乐，你知道我有多么难受吗？你知道我的心有多疼吗?”

和乐感觉到：大颗大颗冰冷的泪珠滴落在了他火热的胸膛上，就像敲击着他的心脏。他的泪水又溢出双眼，顺着脸颊源源流下。

1.7 守望崖头的俏影

第二天，二人很早就醒了。柏英匆匆收拾好包袱，拿上那只拐杖，就一言不发地走了。

和乐站在破庙前，看着柏英顺着山坡走下，在河边简单洗漱后，向木桥方向走去。她越走越远，身形越来越小，最后消失在木桥旁边候船的人群中。从始至终，她没有停过一次脚步，没有回过一次头。她又恢复了橄榄那坚硬的性格，与昨天那个温柔多情的女人判若两人。

按照昨夜的约定，直到第一批船离开木桥之后，和乐才换了衣衫，开始下山。

这时，太阳升起来了，但很快就被一大片灰黑色的云彩掩蔽，天色变得有些灰暗，晨风吹来，让他不禁打了个寒战。和乐的心情十分压抑，就像那被云层遮蔽的太阳，他对着空旷的山坡大声呼喊了几声，发现这样做根本是徒劳的，心扉依旧郁结着无法打开。

昨日他曾同恋人手牵着手欢笑着登上山坡，此刻他却已身单影只。他忽然想起了唐代诗人崔颢中的诗句：

“昔人已乘黄鹤去，
此地空余黄鹤楼。
黄鹤一去不复返，
白云千载空悠悠”，

他顿时体会到了诗人那种怅然若失、黯然神伤的无奈感受。

和乐怀着悲苦忧郁的心情回到家中。对于牧师太太的询问，他只回答了一句“分手了，结束了”，就登上小阁楼一头栽到床上。

牧师太太连连叹气说："再也找不到这么好的媳妇了。"

直到返回圣约翰大学，和乐的心绪都一直处在苦闷之中

梦幻一般的初恋就这样结束了。

为了医治初恋的创伤，他除了上课以外，便整天泡在图书馆里。圣约翰大学的图书馆中有五千册藏书，和乐从来没有见过如此多的书籍，他近乎贪婪地阅读着。

那青涩的初恋永远地留在了和乐心中，甚至于，连柏英赤着足奔跑在草地上的情景都成了他永远不能割舍的"情结"，赞美赤足之美成了他的偏好。他专门写了篇《论赤足之美》，他说：

"要是问我赤足好，革履好，我无疑地说，在热地，赤足好。……赤足是天所赋予的，革履是人工的，人工何可与造物媲美？赤足之快活灵便，童年时快乐自由，大家忘记了吧！步伐轻快，跳动自如，怎样好的轻软皮鞋都办不到，比不上。至于无声无臭，更不必说。"

他还精心地画了一副图画：夕阳照耀着"鹭巢"，将那块巨大的花岗岩染成玫瑰色，花岗岩的裂缝中有灌木生出来。下面是斜坡的边缘，一个男孩和一个女孩坐在那里，大约十二三岁，背向人们，一起望着晴空下的远山。

每当思念柏英时，他就取出图画久久凝视，那甜蜜的岁月便一幕幕重现出来。

和乐有知识的营养为他治愈创口，柏英却没有这个条件。而且女性天生更重情感。所以柏英在分手时虽然表现得十分决绝，和乐离家时她也努力地淡然以对，但是随着时间的延长，她的决心逐渐开始松动，要忘却和乐的努力逐渐失败，到后来，她对和乐的思念越来越强烈了。

每当闲暇下来，她就跑到"鹭巢"崖顶，望着教堂旁边的牧师楼，望着扁舟出山的方向，望着看不见的远方。那俏丽的身影久久地站立着，一动不动，任由凉风吹着她的衣衫。那身姿，就像是矗立在武昌北山，等候着从军的丈夫归来的望夫石。

她无数次地跑到他们曾一起摸鲦鱼、捡贝壳、打水漂的河边，计算着他们一起来过的次数，回想着当时的情景，每一次谁摸的鲦鱼最多，每一次谁捡的贝壳最大，每一次谁打的水漂最好。

她无数次地跑到他们一起躺过的草滩，回忆着他们每次来草滩的情景，回想着当时谈论的话题，哪一句话曾让他们一同大笑，哪一句话曾让他们一同忧伤，回忆着当时和乐的一举一动、一颦一笑。有一次，她实在无法排解对和乐的思念，就独自去了和乐的家。

牧师太太一个人在家，正伏在桌子上切着和乐买给她的肥皂。桌上摆放着一个古香古色的篮子，里边有顶针、各种颜色的绣花线和一本美国的家庭杂志。

过去牧师太太洗衣用的是豆渣做的豆饼，没有什么泡沫，洗起来很费劲。和乐看在眼里，用省下来的钱买了母亲最需要的东西。牧师太太高兴极了，偷偷藏起来舍不得用，实在要用时，就切下一小段来，放在太阳下面晒晒，使它结实一些，以便可以用得更久。

柏英进屋时，牧师太太正在一边“啧啧”地惋惜着，一边小心翼翼地收集切碎的肥皂粉末。听得有人进屋，她慢慢抬起头来，当看清来人是柏英时，她大吃一惊。

她看到，柏英十分瘦弱，面容憔悴，暗黄无光，椭圆形的脸已经瘦削成瓜子脸，两只眼睛围着黑眼圈，眼睛里布满血丝。

牧师太太看到一个鲜活水灵的大姑娘竟然变成了如此模样，连忙问：“孩子，你怎么成了这样？”

柏英跨前一步，一下子扑入牧师太太怀中，呜呜地哭起来。

牧师太太明白了，一边哭着一边轻拍着她的背说：“孩子，我可怜的孩子！”

哭了一会儿，柏英央求说：“我想去看看和乐的房间。”

牧师太太连忙点头，把她送到了阁楼门口说：“你自己进去看吧。”

柏英进了阁楼，在那张老旧的咯吱作响的木床上坐下，抚摸着那张已看不出颜色的方桌，她的心似乎平静了许多。这是和乐生活的小天地，这里到处都是他的印迹，她感到亲切极了，就好像和乐就在自己身旁。她在木床上躺下来，感觉着和乐的休憩情景。她从床上的被褥中嗅到了一种熟悉的气息，他们曾多少次紧紧相拥，她知道那就是他的气息，激动得眼泪又涌了出来。

柏英在阁楼里坐了很久很久，直到听见了牧师回家的声音，才慌忙从阁楼走出，和牧师打过招呼后匆匆离开。

柏英迷迷怔怔地顺着山坡往家走，忽听有人唤她，一抬头，竟是多日不见的甘才。只见他一改过去邋里邋遢的样子，变得有些斯文起来，上身穿了一件淡紫色花格衬衫，下身穿着轧别丁斜纹西裤，脚蹬一双锃亮的黑皮鞋。

柏英很吃惊地说："都认不出你了，这一阵去哪里了?"

"跟我阿爸去厦门跑了两趟生意，"甘才憨憨地笑着说。他两次提亲都被柏英拒绝之后，情绪非常低落，他父亲接连带他出外搞了两次买卖，他的情绪才渐渐缓过来。这次回村听说和乐与柏英分手使柏英受了很大打击，便急忙来找她，没想到在半路上遇到了。

甘才兴奋地说："我正要去找你。"

"有事吗?"

"没啥事，就是想看看你。"甘才用手摸着后脖颈说，柏英的冷淡反应使他有些尴尬。

柏英虽然心里很烦乱，但不忍扫他的兴，便随口问道："生意谈得顺利吗?"

"还行吧，"甘才一抬头，正好看到了岩壁上的鹭鸶巢，便说，"柏英，你还记得那次掏鹭鸶蛋吗?"

柏英也抬头看看鹭鸶巢，眼前浮现出那天甘才攀岩掏蛋的情景，特别是破了的蛋液染得甘才手上、衣服上、肚皮上到处都是，脸上不禁显出笑容说："你那时真傻，如果从山岩上掉下来，将是什么后果？我后来想着都害怕。唉！都怪我当时多了那么一句嘴。"

看到柏英情绪好转了，话也多起来，甘才心里很高兴，不善言谈的他搜肠刮肚想出了一句说："你这样多好，"呆了一下，又蹦出了一句，"你笑起来真好看。"

甘才的话让柏英有点感动，她看着眼前这个老实巴交的朋友，看着他关切的眼神，点点头说："谢谢你，甘才，"停了停，她又说，"看到你，我的心情好了很多，真的。"

甘才咧嘴一笑说："是吗？那我以后常去找你，行吗?"

柏英明白他的心意，忙说："我现在啥事都不想考虑。"

甘才近前一步说："还在等着和乐吗？你才真傻。"

柏英的眼圈红了，她转身想走。

甘才拦住上山的路，脸憋得发红，终于艰难地说："你就不考虑跟我吗？"

柏英向旁边错开一步，声音提高了一点说："我不是说了吗？我现在不想考虑别的事。"

甘才憋在心里很久的话一下子涌了出来："我会一辈子对你好的。跟着阿爸出了这两次门，我已经学会了做买卖，我会赚很多很多钱来养你，让你过上最好的日子！"

柏英不想听了，绕过甘才往家走。甘才追上去，再次拦住她说："你放心不下阿公，就把阿公接来咱们一起住。我喜欢你阿公，你阿公也喜欢我，我和你一起给阿公养老送终。"

甘才的话再次让柏英有些感动，她直视着甘才说："我很感谢你能体谅我，很感谢你对阿公好，但是，甘才，我现在真的是不想考虑这些事！"

说罢，柏英大步向山上走出。

甘才还不甘心，在柏英身后大声说："你好好想想，我等你！"

柏英扔下一句"以后再说吧"，就头也不回地走了。

甘才看着她瘦弱的背影，重重地叹了口气。

天气已是深秋，柏英还是天天站在崖头上，久久地望向远方。母亲和姐姐一次次劝她不要长久地站在崖头上，会被冷风吹出病的，但柏英不听，依旧每天都去。母亲和姐姐只好暗自垂泪。

有一天，实在难以压抑对和乐的思念，柏英一大早乘船去了新界。下船时天尚未正午，她沿着山边向前走，拾取着留在山路上的记忆。她一步步登上山坡，模拟着那天上山的情景，一会儿跑前几步，一会儿退后几步。看到那间破庙后，她几步奔进去，扑倒在他们曾热烈相拥、尽情亲吻、紧搂入眠的干燥地面上，嚎啕大哭起来。这一场痛哭，哭得凄凄惨惨，天昏地暗，她几次差点昏厥过去。直到晌午过后，她觉得哭够了，哭累了，才撑起软软的身躯，一步步挨下山来。

柏英拖着疲惫的身子回到"鹭巢"，却见母亲和姐姐正神色惊慌地等她。一见到她，母亲一把拉住她的手说："快去看看你阿公，整整一天不吃不喝了。”

柏英感到头“轰”地一响，三步并作两步冲进东屋。

阿公静静地躺在床上，眼皮和嘴唇紧紧闭着，雪白的长眉紧紧皱着，颧骨愈显凸出，两腮愈显塌陷。

柏英扑在阿公身上，哭着说：“阿公，你怎么啦？你可不要吓我呀！”

阿公听得柏英回来，眉头方才展开，两只盲目茫然的大睁着说：“是英子吗？是阿公可怜的英子回来啦？”

柏英见阿公醒了，说话的声音很大，一颗心才落进肚里，她坐在床边问：“阿公，你怎么不吃东西啊？哪里不舒服？我们赶紧去看大夫。”

阿公要坐起来，柏英劝他躺着说话，但阿公还是固执地坐了起来。

“英子，来，让阿公摸摸你的脸。”

柏英凑过去，阿公仔仔细细地摸着她的额头、颧骨、脸颊、下颏，最后说：“可怜的英子，你瘦多了。都怪阿公人老糊涂，眼盲心也盲，你们又啥也不和我说，阿公刚刚知道，是没用的阿公拖累了英子啊！”

柏英扭转脸，瞪着母亲和姐姐。她早就告诫过，和乐的事绝不能让阿公知道，阿公曾几次问她为何不见和乐来家，她都搪塞说和乐在外地上学顾不上。一定是自己走后，母亲和姐姐告诉了阿公。

柏英母亲神情不自然地低下了头，姐姐却说：“你别误会，不是我们有意告诉的，我们在西屋说你去新界的事，没想到这屋开着门，可能被阿公听到了，我们也是刚刚才知道阿公为啥不吃饭的。”

柏英知道姐姐说的是实情，既然已经如此，责怪她们也没有用，再说纸里包不住火，迟早阿公会知道的。

阿公把柏英的手拉过去说：“和乐是个有出息的孩子，有才气，有志向，听他说话就能感觉得出，将来他必有一番大作为。这样优秀的人不容易碰到，难得你俩有缘分，这是一段好姻缘啊！”

听到“这是一段好姻缘”这句话，柏英心中一阵酸痛。

阿公又说：“我想好了，阿公绝不能拖累你，要是因为我拆散了你们这段大好姻缘，阿公就生不如死了。”

柏英明白了阿公的心思，连忙问：“阿公不吃不喝，是不是不想活了？”

阿公没说话，但意思已很明白。

柏英抱住阿公说："阿公可不能那样做，阿公对英子的养育之恩我还没有报答。你要这么走了，我也不活了。"

阿公的盲目中流出了两滴浊泪，他哽咽着说："英子对阿公的孝心阿公明白。刚才我已经想通了，阿公不死了，我还要看着我的英子出嫁，还要抱重外孙呢！你去跟林家说，你就嫁过去吧，跟着和乐出国，我有你娘照顾着就行。"

柏英母亲忙说："我会好好照顾阿公的。"

姐姐跟着说："再说还有我呢！"

柏英暗自摇摇头，把阿公交给谁自己也不会放心，自己是发过誓的，要照顾阿公一辈子。可是，怎么劝服阿公呢？她脑子里飞快地转动着。

她终于想到了劝说阿公的办法，于是说："阿公，我实话告诉你吧！其实是和乐变了心。"

一家人都愣了。

"他上了大学，见多了，识广了，看不起我这山里妹了。"

阿公摇摇头说："不会的，那孩子不会那么浅薄。"

"真的！每次回来他都对我淡淡的。"

"可是你阿妈和你姐不是这么说的。"

"我怕被人们笑话，人家不要我了，多丢人，所以连阿妈和姐姐都没告诉。我想他一定在外边有了相好的了。"

姐姐急了，大声说："这还了得，我现在就去找林家算账！"

柏英转过脸对阿妈和姐姐使了个眼色。她俩才长出了一口气。

阿公又抓起柏英的胳膊说："英子，你可别骗阿公。"

"我没骗你。我已经想好了。他不要我，有的是人要我。"

柏英转向母亲说："阿妈从现在起就帮我留心着点，看有没有合适的人家，我的条件就两条：一是要有文化，最好是个大学生；二是要对阿公好，同意我带着阿公一起过去。"

母亲怔怔地看着柏英，对这个自小不在自己身边的倔强女儿她实在看不透，不知她说的话几分是真几分是假。

1.8 为了忘却的纪念

青梅竹马的初恋是最刻骨铭心的。

和乐虽然按照与柏英的约定，将她深深埋入心底，不再与她发生任何联系，可是，每当夜深人静时，柏英就会从他的心底走出来，引领他重回风光秀丽的坂仔，重温少儿时期的天真烂漫，重温青春阶段的依依相恋，重温分别时刻的炽热爱情，一桩桩，一幕幕，令他热泪盈眶，令他心中滴血。

他决定写一本书，将梦回萦绕的初恋记述下来，让他与她在书中得到一个归宿，给这场爱情画上一个句号。

他为这本书起名《赖柏英》。这本书可能很早就写成了，或者说很早就在他的头脑中完成了，但是直到他晚年时才发表。究竟他是因为书中的主人公还在世，不愿意她的生活受到这本书的影响，还是怕对自己的家人特别是对与他相濡以沫的妻子造成影响，这就不得而知了。

他把《赖柏英》作为了他小说创作的压轴之作。

《赖柏英》是一本自传体小说。尽管有着很大的艺术创作成分，但是对于他与柏英青梅竹马的恋情，确是做了情真意切的描述。

读者很容易就可看出书中赖柏英的原型，就是他的初恋情人。书中所写“小时候儿，我们一齐捉鲦鱼，捉螯虾，我记得她蹲在小溪里等着蝴蝶落在她的头发上，然后轻轻地走开，居然不会把蝴蝶惊走”等等情节，与他在数本回忆录中对初恋情人柏英的描述，都是一致的。

为了让读者知道他是如何记述他们的初恋，给了书中的男女主人公一个怎样的归宿？这里，简要地概述一下《赖柏英》一书的内容大意：

书中，他给自己取了另外一个名字叫“新洛”，有意将自己小时候的名字“和乐”隐藏于其中，因为“乐”与“洛”在闽南话中谐音相同，加上一个“新”字，大概是想使自己的生命与灵魂获得重生。

书中的女主角赖柏英，勤劳、能干、善良、孝顺、坚忍、敢做敢为，是一位集诸多美德于一身的闽南女子。小时候她是一个天真烂漫的快乐天使，她是新洛的表妹，与新洛有着纯真、欢快的童年经历，在无忧无虑中建立了深厚的友谊，以致后来慢慢地转变为爱情，这种恋情轻松、愉快而又心心相印。

赖柏英有一个哥哥、一个弟弟，哥哥天柱“不知道为什么就是不肯娶媳妇”，弟弟天凯本就好吃懒做，又娶了个更加好吃懒做且横蛮风骚的媳妇珠阿。全家人都讨厌珠阿，可是“她胸部很大，臀部肉感，天凯根本离不开她。”这样，一家子的生活重担加上照顾瞎眼祖父的任务，就全落在了赖柏英身上。

所以，当新洛前来求婚并要她一起去新加坡时，她“眉头紧锁”，“眼神显得悲哀而寂寞”，“用平淡的口吻说，‘我不可能做你的太太，你明白我们的处境，我不可能离开’。”二人分手时，她泣不成声，要求新洛“拜托抱我紧一点”。然后她握住他的手，兴致勃勃地说：“你要不要？”“要。你呢？”“我是问你呀。”于是她把自己整个献给了他。他感到有些对不住她，她回答：“不必觉得抱歉。我宁可把童贞交给你，也不愿交给别人。因为我爱你，这样你就会一直记着我。”

新洛走后，赖柏英实在忙不过来，就雇了新洛中学时的同学甘才来帮工。生性老实的甘才“从田事到最简单的家务，样样都来”，而且“善良，有耐心”。不久，赖柏英发现自己怀孕了，“不得不匆匆下嫁给了甘才”。好几个月后新洛才知道此事，那时他已经在新加坡了。赖柏英生了个男孩，取名“罔仔”。

几年之后，新洛回乡探亲。新洛的父亲早已去世，唯一的姐姐碧宫在他出国后也已嫁人。新洛回家后才知道母亲已经搬去“鹭巢”住了，早就渴望见到赖柏英的新洛急忙向“鹭巢”赶来。那时柏英的哥哥去了外地，天凯夫妇也搬去了漳州。

“啊哈！新洛!”柏英看到他走进篱笆，冲过来招呼他。新洛的母亲和儿子一番亲热后说：“你不在的时候，柏英一直照顾我。她对我比亲生女儿还要好。”柏英曾经向新洛的姐姐吐露自己仓促嫁人的原因，当然碧宫也告诉了母亲。至于赖家，没有人知道，也没有人怀疑。碧宫和母亲对柏英和孩子自然另眼看待，“因为这一道秘密使她们密切结合在一起”。新洛见到了自己的孩子罔仔，新洛的母亲说：“这孩子是世上最聪明的小孩。”柏英告诉新洛，祖父是不久前去世的，“死的时候八十三岁”，他“过了一辈子辛劳、正直的生活，晚年倒真正得到了休息”。

新洛在坂仔住了一段时间，还是得回新加坡。新洛走后不久，局势发生了剧烈的动荡。国民革命军北伐，军阀纷纷溃败，散兵游勇窜入广东和福建交界的山区骚扰百姓甚至打家劫舍。一队衣衫褴褛的溃兵抓走了在集市上买办货品的甘才，后来把他枪杀了。碧宫上山来接母亲去了漳州。两三个月后，一队败兵来到了坂仔，强行霸占“鹭巢”做“临时司令部”。带队的上校竟对柏英意图不轨。柏英带着孩子逃出“鹭巢”，去了漳州投靠新洛的姐姐家。

新洛在新加坡的生活也很不如意。他住在叔叔家中。叔叔的姨太太经常对他骚扰。富商吴太太的女儿爱丽也钟情于新洛。但新洛对爱丽实在毫无兴趣。爱丽多次示爱不成，竟服用大量安眠药自杀。在一片迷惘中，新洛爱上了美丽的混血女郎韩沁。租了间很小的公寓与韩沁同居了。但他“薪水微薄”，即使“连周末也去兼差”，还是满足不了韩沁的物质生活欲望。韩沁跑出家门，去追求欧洲男士的肉感和金钱了。

在经历了相思、狂恋、失恋、困扰后，经过一番精神挣扎，新洛下决心回了国。他终于又再次与柏英团聚，找回了曾经的美好。

《赖柏英》的结局是完满的。书中的男女主人公按照作者的理想安排，最后走到了一起，使这场情深意重的初恋得到了美好的结果。

附记　现实生活中赖柏英的结局

现实生活中的赖柏英却没有《赖柏英》书中那么幸运。

根据福建省平和县林语堂博物馆所写的《究竟谁是林语堂的初恋情人》一文记载：

赖柏英后来嫁到平和县小溪镇坑里村下坂社。其丈夫叫蔡文明，原名叫蔡启新，是北京大学的高材生，毕业后在厦门一所中学教书。抗日战争爆发后学校迁到平和县，蔡文明也跟着回乡，在平和县新民中学教书。抗战胜利后，学校迁回厦门，但蔡文明留了下来，创办了文成中学，担任校长。

婚后，二人育有一个女儿和三个儿子。他们节衣俭食，吃了很长时间的地瓜粥，最后终于盖起了三间土木结构的房子，这在当时可以算是“豪宅”了。解放初蔡文明被枪毙，房子也被充公。尽管在1959年蔡文明的被枪毙就被定为“错杀”而得以平反，但是，不知何故，政府对平反一事并未及时给予公布（直到1982年才公布）。这就直接导致了赖柏英在文革期间的悲剧。

1967年夏天的一天，生产队通知赖柏英，说第二天要批斗她，她就选择了自杀。临死前，她曾跟儿子蔡益昌流露过自杀的念头。蔡益昌以乡邻有个“黑五类”自杀后尸体已经埋葬了还被挖出来接受批判为例，劝母亲不要做傻事。赖柏英却淡淡地说：“被挖出来你们不是可以再看上一眼吗?”。蔡益昌以为母亲只是闲聊而已，也不在意。第二天赖柏英一早为儿子整理好棉被就上山了。上山割茅草的村民发现赖柏英时，她已经卧地死亡，嘴里还含着断肠草的碎末。在那个特殊的年代，加上赖柏英的特殊身份，没有人敢出面为赖柏英料理后事。蔡益昌兄弟只好自己动手，用草席裹着母亲把她下葬了。

才子佳人篇

2.1 圣约翰的奇才

教室里很安静，从外边走廊的拱形窗口上，射进一缕淡黄色的阳光，正好照在金老夫子长着稀疏白发的头顶上。这时，坐在教室后排的林语堂（从进入圣约翰大学后，和乐已改名为林玉堂，发表文章时笔名为林语堂，逐渐地人们包括他个人就只讲林语堂这个名字了，所以本书此后就只称其为林语堂了）方才看清，那老僧入定状的金老夫子眼镜片后边的眼睛并不是闭着的。然而，他也没有看学生，也没有看涂成白色的屋顶，而是定定地向前直视着。语堂扭头看看教室后边的墙壁，除了涂白的颜色，空无一物。

金老夫子是中文教员。这在圣约翰大学里是一门悲哀的课程。圣约翰大学的章程中明确写着：在圣约翰大学，英语是了解的媒介。学校的课程基本都用英语教授，几乎所有的章程、规则、通告等均使用英语。学校以及学生们都不重视中文学习，中文成绩零分对学生毕业也毫无影响。

圣约翰大学的中文教员们都是老学究，看似学问很深，一副旧式的温静文雅的君子状，但多很怪诞，尤以金老夫子为典型。他身材虽然又瘦又小，却总穿着一件盖着脚面的灰色长衫，讲课慢慢吞吞，声音拉得很长，有时还微微摇头晃脑，就像私塾先生在教授四书五经。他讲的当然不是四书五经，而是《中国民法》，是大字印刷版，只有薄薄的几十页，他却要讲一个学期。每一点钟，他只讲解其实不必讲解的十行。虽然他很擅长虚耗光阴，但也不出十分钟就会讲完。其他时间他便作为佛家坐禅入定之用。他定定地向前直视，学生也直视着他。但很短时间之后，远没有他坐禅功夫深厚的学生们便开始偷偷干起“私活”来。

学生们的“私活”，主要是偷看带进课堂里来的书籍。

正是靠了金老夫子提供的极乐世界，语堂在中文课堂上读完了赫克尔的《宇宙之谜》、沃德的《社会学》、斯宾塞的《伦理学》和韦斯特马克的《人类婚姻史》，因而对进化论和基督教的明证产生了浓厚的兴趣。

此刻，当弄明白了金老夫子是睁着眼坐禅而并非有几个同学说的是闭着眼坐禅之后，他便正式开始享受这被斜阳映照的亮堂堂的极乐时光，从书夹里取出那本刚刚从图书馆借来的张伯伦的《十九世纪的基础》，同时取出一本袖珍牛津英语词典。

这本英语词典是语堂能够快速掌握英语的“法宝”。它只占用两双长袜大的空间，携带十分方便。这本词典并不像一般词典那样，把一个英语单词中所含的各种意思一长串地排列下来，而是把一个单词在一个句子里的各种用法列举出来，所以能够清楚地阐释出那个单词在不同语境中所表达的意思，而且还将这一单词的同义词与之对比，表述得生动而准确。不仅如此，还把这个单词的独特之处与本质含义显现了出来。

语堂的学习极为扎实，每读一本书就力求弄懂弄通，每学一个单词就谨防其因把握不牢而滑掉遗忘，务求达到永久性记忆。这本词典给了他极大的帮助，使他找到了精准把握英语的路径。

张伯伦起初为英籍后来加入了德国，他经常在病态下写作，《十九世纪的基础》有着独特的风格，且不乏滔滔的雄辩，曾轰动一时。

语堂很快就被张伯伦的雄辩所吸引，以致在随后的历史课上继续偷偷地读着这本书。历史教员走过来，从他的手上把书拿过去，当看到他读的竟是这样一本风靡全球的怪书时，那位教员不禁向他投去诧异的眼神。

快考试了，同学们都在死记硬背着，拼着命想得个高分。教室里、走廊上、树荫下、草地上，到处是如同和尚念经一般低声诵背的学生，忽然间，大家看到一个白衫蓝裤、脚踏蓝色运动鞋的同学，扛着自制的钓竿，提着一个白色小桶，轻哼着小曲出了校门，校园里一片惊异的轻呼声，相互打听着他的名字。

这个潇洒的同学就是林语堂。

圣约翰大学紧邻苏州河湾。美丽的苏州河从上海的西面向东，一路弯弯曲曲，蜿蜒奔流，当它流经闸北时，优雅地划出了一道长达千米的漂亮柔和的孤线，形成了一个碧水微澜、美丽宁静的河湾，这就是“苏州河湾”。

语堂来到河堤上，只见古老的苏州河两岸庄稼一片青，菜花一片金，树上黄莺啼啭，河中清波粼粼。许多渔船在随波摇荡，渔歌互答，渔网飘飞，他的心情顿时变得畅快无比了。

他在一处水深的地方垂下钓竿。又来到了一处浅滩，脱掉鞋子，卷起裤腿，趟进清清的水里去摸鱼。

一阵凉风拂面吹来，他感到沁入心肺的清爽，儿时与柏英一起摸鱼捉虾的情景渐渐浮上心头，似乎又回到了童趣之时。

浅水处有许多石头，他一个石缝一个石缝地摸索着。苏州河里鱼类丰富，有乌鲤、河鲫、棒花鱼、麦穗鱼、斗鱼等十多种鱼。功夫不大，他已经摸了有七八条，遗憾的是，摸到的鱼多是个体较小的食蚊鱼。忽听“波刺”一声异响，他忙向垂着钓竿的地方跑去，只见钓竿正在晃动，压着钓竿的石头好似有些支持不住，幸亏他及时赶到，抓起钓竿一甩，竟钓上来一条一斤多重、活蹦乱跳的大鲈鱼。

两个时辰过去了，语堂收获颇丰，除了半桶小鱼，还有三条大鲈鱼。这时正巧岸边一个挂着“酒”旗的小店里走出一位围着青花布兜的年轻女老板，她走到河边，向河里的渔船高喊：“阿四，快再扔两条鲈鱼上来，要活的！客官来了酒兴啦！”

语堂连忙上前，举起手中的鲈鱼说：“我这几条行吗？”

女老板看了那几条鱼一眼，高兴地说：“行啊！”她又低头看看他那小桶里的鱼，接着说，“这些小的我也要了，正好焖小鱼没有货了，虽然鱼杂点，也能对付一下。”

语堂乐坏了，这半天下来，他不光收获了快乐和享受，还创造了经济价值，与那些辛辛苦苦死读书的同学比起来，真是天壤之别啊！

过了两天，“考试周”到了。同学们一科一科地经受着煎熬。

又过了些天，考试成绩张榜公布了。同学们忐忑不安地走向教学楼前的告示栏。

有人像哥伦布发现新大陆一样发现了一件奇事，他手指着告示栏说：“看，那个天天去钓鱼的林语堂，竟然科科成绩都是优秀！”

林语堂一下子出名了。很多人主动来与他相识，虚心地向他求教学习经验。

最感到脸上有光的是厦门老乡会的同学们。圣约翰大学流行老乡会，逢年过节老乡们都喜欢聚一聚，加深乡谊，以便将来互相照应。眷念乡土的语堂是积极的参与者。厦门老乡会的同学深以他为荣，他自然就成了厦门老乡会的核心人物。语堂与其中的陈希佐、陈希庆兄弟因为性格投合，渐渐成了无话不谈的好朋友。

周末，三人结伴去附近的杰克餐厅吃牛排。

餐厅一进门是一个吧台，里边沿着两边的墙壁摆着数张深色橡木餐桌，每个桌旁摆着四把高背靠椅。餐桌边上镌刻着不同的花纹，让人觉得亲切而温馨。天花板上向下垂挂着数盏漂亮的枝形灯，发散着柔和的光晕。六个大吊扇缓慢地转动着，将轻柔的风洒在顾客身上。墙上挂着一副镶着旧画框的油画，画的是一艘轮船正在大海上迎着逆风行驶，还有几张美女油画像。整个店里洋溢着舒适、缤纷的格调。

"我们哥俩都很喜欢这里的气氛。"身材高瘦的哥哥陈希佐请语堂在靠里面的一张桌子旁落座。

"吧台的女侍应妮娜也很讨人喜欢。"身材矮胖的弟弟陈希庆示意语堂向吧台方向看。

语堂看过去，吧台后有一位梳着时兴发型、身穿白色侍应服的少女，目光正越过别人的头顶，直向这边看过来。当他们坐定后，妮娜便向他们走来，她长着一双笑起来弯弯的眼睛，显出和陈家兄弟非常熟络的样子。陈希庆把语堂介绍给她，特别强调这是他们学校的高材生。她弯着眼睛连声说："幸会，幸会！欢迎光临。"

就餐期间，已经习惯于吃西餐的语堂给希佐兄弟讲起幼年时对牛油的印象："那时一位英国的传教士让我们第一次见识了牛油。他在我家住了几天，他走后我和二姐到他的房间仔仔细细地搜罗一番，捡到了一个空的沙丁鱼罐和一颗领扣。领扣中间有一颗闪亮的镀金珠，非常漂亮，我反复琢磨了好几天，始终没有弄清那珠子是什么做的。屋子里有一种很难闻的味道，闻了令人作呕，二姐告诉我，那是牛油的气味，并连忙打开窗户。我俩很纳闷，外国人怎么吃这么奇怪的东西？我们的窗户一直开了好几天来放那种怪异的味道。”说罢，三人大笑起来。

三人返回校园时，一个同学告诉林语堂，学校 ECHO 编辑部主任找他。

ECHO 的本意是“回声”。在希腊神话中，ECHO 是一个森林女神，宙斯的老婆赫拉嫉妒她的美貌，让她失去了正常的说话能力，只能重复别人说话的最后三个字。这便是“回声”一词的由来。

ECHO 是圣约翰大学的一个重要刊物。因为林语堂英语成绩突出，他被选为 ECHO 编辑部的正式编辑。之后。他在那个刊物上编发了不少好文章。还获得了学校举办的英文短篇小说大赛的金牌奖。

紧接着，学校辩论队吸收林语堂为核心成员。在比赛中，他成功地领导辩论队击败了众多对手，获得了银质奖章。

很快，兴趣广泛、精力充沛的语堂又把目光瞄向了体育项目。

语堂之所以会爱上体育，很大程度是受了校长卜舫济博士的榜样作用的影响。

卜舫济博士治事极具条理，据说他固定将一本长篇小说每周读一章，一年读毕。他的一丝不苟突出表现在每日在校园步行一周。在大会与全体祷告之后，他就手拿一个黑色皮包，由宿舍的舍监陪同，巡视整个校园。这样，每天早九点他准时坐进办公室时，就已经清楚了哪些事需要去做。他的的这个习惯已经坚持多年。每当看到满头白发的校长巡查时那从容不迫的身影，师生们都会投去尊敬的目光。

语堂在圣约翰大学上二年级时，学校又增加了一块地产，与原校产相接，种上了乔木，植入了草坪，校园一下子变得生机盎然了

圣约翰大学建了一个又大又美丽的网球场。场地是长方形的，中间有一张洁白的球网。网球场周围绿草如茵，花繁叶茂。清晨，语堂呼吸着新鲜的空气来到网球场。早已等在那里的陈希佐开始给语堂讲述网球的打法。之后二人进行试炼。

没想到刚打了一会儿，语堂便放下球拍说：“就这么你打过来我打过去有啥意思，有没有技术含量高一点儿的战术？”

“有啊！你真是跟一般人不一样，刚开始学走就想学跑。”

“有就教教我吧。”

“好吧，”陈希佐摇了摇头，开始给这个刚上手的“超常生”讲解高难度动作，“打网球最重要的是假动作，给对方造成错觉。在要领方面，一是要长引拍，正反手都是，让对手误以为你要大力击球；二是要突然，比如在三四回合的对拉中你突然反手切球或者正手放小球；三是注意转拍的隐蔽性；四是要注意观察对手站位在网前还是在底线；五是完成假动作击球后就要随球上网，给对手施加压力或者直接进行截击……”

陈希佐细心地教着，语堂认真地听着。

之后，语堂就开始刻苦地练习。烈日炎炎的夏天到了。网球场上，火红的太阳无情地烧烤着大地，地面似乎都要融化，球场边的小草变得枯黄，语堂仍然挥汗如雨地练习着。场外的树荫底下，陈家兄弟不住地赞叹。

很快，语堂就成了学校网球队的骨干。

随着校园的扩大，学校又建了一个足球场。绿茵茵的草坪使语堂又产生了极大的兴趣。

“会踢足球吗？”

“会啊！”陈希庆晃了一下脑袋，“在小学我就当过足球队长。”

“是吗？”语堂对他不禁刮目相看，“能教教我吗？”

“这可不像打网球，没有几年的功夫可上不了手。”

“你教教试试，看我能不能尽快上手？”

“好吧，那我先从基本脚法教起，至于规则要领、站位跑位、战术配合恐怕还用不着教你。”

于是，陈希庆边比划边开始教他脚内侧踢球、脚背内侧踢球、脚背正面踢球、脚背外侧踢球、脚尖踢球和脚跟踢球等基本脚法。没想到语堂悟性极高，一点就通，一练就会，似乎天生就是块踢足球的料。两个月之后，陈希庆和林语堂同时进入了学校新组建的足球队。

过了一段时间，语堂又对棒球产生了浓厚的兴趣。一有空闲，他就拉上夏威夷来的留学生根耐斯，两人一起练球。练习中，他把重点放在棒球的速度和力量上，挥着棒球棒，一练就是几个小时，汗水和笑声挥洒在圣约翰绿草坪的操场上。不久，语堂就超过了师父，成了一个高水平的垒手，他投的上弯球和下坠球十分出色，很少有人能接得住。

接着，他又参加了学校的五英里竞走队。他以 5 分钟一英里的成绩刷新了该项体育运动的学校记录。

学校划船队也看上了他，进了划船队之后，他很快就被推举做了队长。

体育出众的林语堂还被选为中国队的代表，参加了远东运动会。虽说离获得奖牌还有不小的距离，可是对他来说，确实是一次很难得的历练。

林至诚当时刚好就在上海，于是来观看运动会。

为了在父亲面前大显身手，语堂刻苦地准备，超水平地发挥，引起场上阵阵掌声。可老牧师一向只看重儿子在文化学习方面的成就，对体育奖牌不以为然。

语堂虽有些微的失望，随即就释然了。他不再是那个以父亲为最高山峰的孩子，他读的书、他的知识已经远远超过了乡村牧师。

学期典礼上，林语堂平时的刻苦见了成效，他大大地出了风头。他的名字接连 4 次在典礼上被叫到。前三次是领取不同的奖章，最后，他以辩论队队长的身份从校长手中接过了比赛获胜的银杯。

一人独领 4 枚奖牌，这在圣约翰校史上，是从未有过的。学生中一阵骚动，议论纷纷，大家对语堂佩服得五体投地。

语堂成了校园明星。走到哪里，都有人向他指指点点或颔首致意。他的趣事逸闻像风一般，迅速地传播开去。在隔壁的圣玛丽女校，语堂优异的成绩、颀长的身材、壮健的体魄，甚至贫寒的家境，都成了姑娘们追捧的对象。他的名字从一个女孩口中跳到另一个女孩口中，他成了女校姑娘们心中的白马王子。

然而，当有女孩子去有意接近他时，他总是一副目不斜视、心无旁骛的神情，显得很是超然、冷漠。而恰恰正是这种冷漠，更使女孩子们觉得神秘，对他着迷。她们哪里知道，初恋的苦果，已经使他对男女情感心灰意冷。

2.2 美艳无双的锦端

又一年初夏的一天下午，陈家兄弟又邀请语堂一齐来到杰克餐厅。

这时语堂已经知晓，陈家兄弟的父亲是归侨名医、厦门巨富陈天恩。陈天恩是福建泉州人，原名陈泽覃，是基督教竹树堂长老，早年曾追随孙中山先生。1913年“二次革命”失败后，陈天恩因参与反对北洋军阀政府的斗争受到通缉，流亡海外。在著名爱国华侨领袖、民主革命斗士黄乃裳身陷囹圄，被判处无期徒刑后，陈天恩受海外华侨团体和基督教教会的委托，毅然回国组织营救活动。由于国内外舆论的强大压力，黄乃裳最终得以无罪释放。回国以后，陈天恩热心教育、大办实业，曾创办福建第一家造纸厂，还开设了汽车公司、电力厂、医药局，因而跻身巨富之列。他共育有九子八女，陈希佐是其次子，陈希庆是其三子。

陈家兄弟身上没有富家阔少那种不可一世的骄横做派，与语堂也能坦诚相对，否则依语堂的性格，二人只要稍微显得对他不够尊重，他便会跟他们割席断交。语堂虽然出身寒微，但并不以此为耻，相反，坂仔的大山培养了他的自强、刚毅和“一览众山小”的高地性格。

三人有说有笑地走进杰克餐厅。也许是贪恋餐厅顶上飞速旋转的吊扇播撒的凉爽气息，今天餐厅里的人格外多，大部分餐桌已经坐满。

因为餐厅就在圣约翰大学的对面，顾客中半数是圣约翰大学的学生，看到他们进来，与语堂相熟和不相熟的都纷纷和他打招呼。希庆捏了语堂的臂膀一下，在他耳畔戏谑地轻声说：“你倒像个大人物一样。”

有一桌是圣玛丽女校的学生，听得人们呼叫“林语堂”，齐声发出一声惊呼，她们连忙看向语堂，那专注的眼神中满含着爱恋。

三人习惯地在最里边的那张桌子坐了下来。邻桌是几个欧美国家的海员，一边挥舞着刀叉一边在说笑。

妮娜很迅速地穿过餐厅走到他们面前，希佐点了四份牛排，点了三听啤酒后又点了一个果汁，并嘱咐她晚一会儿再上。

“四份？”语堂不解地看着他，希佐神秘地对他眨眨眼。

语堂正要继续问，邻桌一个海员忽然伸出手，在妮娜微翘的臀部使劲捏了一把。

“啊！”妮娜一声尖叫，“你干什么？”受了侮辱的妮娜哭起来。

那个海员得意地淫笑着。

“我要你向这位小姐道歉！”语堂站起身来，指着那个海员用英语大声说着。

陈家兄弟也都站了起来，齐声叫道：“道歉！”

一贯在中国土地上骄横惯了的海员猛地起身，挥着粗壮的胳膊，厉声说：“你说什么？”

餐厅里顷刻安静下来，大家都向这里看着。只有妮娜一边小声哭着一边揉着被捏疼的地方。

语堂提高了声音，重复地说：“我要你向这位小姐道歉！”

那几个海员都站了起来，其中一个略显斯文的人说：“你想闹事吗？”

语堂转向他，义正辞严地说：“是这位先生在闹事，我要他道歉！”

圣约翰大学的同学们明白了是怎么回事，纷纷站了起来，七嘴八舌地喊着：“道歉！道歉！”

圣玛丽女校的几个姑娘冲了过来，一边安慰着妮娜，一边指着那几个海员骂道：“流氓！臭流氓！”

在这伙血气方刚的青年学生面前，几个海员顿时没了脾气，那个略显斯文的人说了一句“对不起”，几个人慌忙结了账，灰溜溜地走了。

风波过去之后，圣约翰大学的同学们都向语堂投来赞许的眼神，有的还冲他伸了伸大拇指。

圣玛丽女校的几个姑娘乘此机会围近语堂身边，一边含情脉脉地看看他，一边夸赞着“你真勇敢”。有一个梳短发的圆脸姑娘还抓着语堂的胳膊，悄悄把自己的名字告诉了他，可惜语堂没有用心听，事后竟对那名字没有任何印象。

餐厅里又恢复了正常，妮娜给语堂深深鞠了一躬表示谢意，而后就羞怯地转身去下菜单了。

语堂重新拾起刚才被打断的话题问：“你们哥俩搞什么鬼？又约了谁来？”

希佐微笑着不答。

希庆忍不住说：“是我妹妹。”

“你妹妹？她也在上海吗？”

希庆说：“就在跟咱们一墙之隔的圣玛丽女校。”

“怎么从来没听你们提起过？”

“唉！我们这个妹妹，从来不到这种公共场所。”

语堂眼中浮现出了一个大门不出、二门不迈的富家大小姐的样子，一边幻想着一边说：“那她一定是娇滴滴的？”

希庆马上说：“在她身上，你连娇滴滴这三个字的影子也找不到。”

语堂眼前的富家小姐又变成了高昂着头、对谁都懒得理睬的样子，继续说：“那她很高傲了？”

希佐插进来说：“高傲？我家的保姆、司机、花匠、看门人，个个跟她是好朋友，甚至连猫猫狗狗们见了她都格外亲。”

语堂眼前的小姐一下子变成了整天和佣工们混在一起邋里邋遢的样子，笑着说：“我明白了，一定是你们父母管不住她，把她养成了个野丫头。”

“野丫头？”陈家兄弟同时重复着，接着又一同笑起来，笑得前仰后合。

希佐拍拍语堂的肩膀说：“别瞎猜了。看，她来了。”

身周刚刚恢复了西式餐厅里那种惯有的分贝不高的嘈杂声，忽然又安静了，大家都扭着头，看着刚刚走进餐厅里的人。

她二十来岁，正是女子风姿卓越的年纪。身材中等偏高，一袭素雅的碎花长裙衬托出那如微波起伏的身形恰到好处，真是增一分则肥，减一分则瘦。在电扇吹动下微微飘摆的长发就像是从山峰上落下的瀑布，一个宽大的发夹拦腰一别，使那黑油油的长发显得柔顺而妩媚。

她的脸型介乎于椭圆形和瓜子脸之间，是那种标准的古典美女的脸型，就象是从仙女图的画中走下来的人一样。皮肤白皙，映着光泽，透着光晕，那种鲜嫩光滑仿佛透明的水晶，仿佛初凝的乳汁，晶莹剔透得让人不忍多看，生怕目光落实了，使她的脸蛋破出洞来。

她的眼睛大大的，亮亮的，仿佛是闪闪发光的天上的星辰，仿佛随风荡漾的秋天的水波，那双眼睛会说话，当她看向人们，就好似在提着疑问，在默默倾诉，在向你微笑。长长的睫毛忽闪忽闪的，每一次眨动，都让人心里起一层涟漪。她的鼻子小巧而挺直，既有女性的俏美又略带一点男性的英气。小而柔软的樱唇，呈现出一种近乎透明的宝石红的色泽。

这绝世美人的出现，使得餐厅里占主体的男士们都惊呆了，他们方才懂得，什么才叫做真正的美女。很多人的嘴微张着，眼神定在那少女身上眨都舍不得眨，有的甚至不由自主地站了起来，那一幕，就好像是被人使了定身法，场面与时间都凝固了。

圣玛丽女校的那几个女学生都认得来人，相互间说着："诶！这不是咱们学校的校花陈锦端吗？她怎么一个人来了？"

希庆站起身，摇动着手臂说："锦端！这里。"

锦端看到了三哥，招了招手，嫣然一笑，向他们走了过来。

餐厅里人们的眼神好像被一根无形的丝线牵着，随着锦端移动的身子，同时转动着，一直把她送到了陈希庆他们的餐桌上。

"这是我的大妹，叫锦端，在圣玛丽女校学美术。这是语堂，跟你说过的，我们学校的高材生。"希佐给他们相互介绍着。

语堂却没有反应，只是怔怔地注视着锦端。

男女之间的情感是一种很奇妙的东西。有时候需要从相识到相爱，甚至经过更长时间的培养才会建立起来。有时候见面第一眼这种情感就会产生。许多男人和女人，相互只看了一眼，就无论如何都不会忘掉对方，依稀觉得自己早就认识了对方，甚至会认定对方就是自己理想中的那个人，这就是所谓的一见钟情。

此刻的语堂，面对着这个奇美无比、光彩照人的少女，他本来已经死寂的情感世界突然变得一片光明，那郁结在心中的寒冰瞬间融化，他心中已经认定，她就是他在这个世上的另一半。

当希佐向他介绍妹妹时，他的思想还处在看到锦端第一眼时给他带来的震惊、倾慕的状态中，一时还没有缓过神来，还没有明白眼前发生的事情。

希庆拉拉他的袖子：“怎么回事？连礼貌都忘了？”

林语堂这才回过神，不好意思地摸摸头，然后向锦端笑笑，算是打招呼了。

锦端却对他调皮地一笑，点点头，便坐了下来，没有一丝少女在陌生男子面前的扭捏作态。

餐厅里又恢复了分贝不高的嘈杂声。妮娜也将牛排和饮料送了上来。

一向利舌善辩的语堂，此时竟木讷得难以言语。

语堂此刻才真正体会到了“美艳逼人”的滋味。从打见到锦端之后，他就被这个倾城倾国的女子的惊人艳丽压抑得非常紧张，心脏一直在咚咚直跳，气息一直难以顺畅，那种感觉就像那次他创造了五公里竞走学校记录之后，校刊的记者让他发表几句感想，他本来有很多话憋在嗓子里，但却因为呼吸不匀而难以表达。

语堂只得专注于切牛排，以通过转移注意力达到能够正常呼吸。然而，不知为什么，他的双手今天也特别地笨拙，不是叉按不住，就是刀切不下，甚至差点把牛排掉落地上。

他脸上有点发烧，支吾着说：“牛排，火候有点不够。”

说着，偷眼瞄一下锦端，见她正抿着嘴笑着看自己，便赶忙低下头，小心翼翼地专心切起牛排来。

希庆觉得今天语堂怪怪的，听他抱怨，就附和着说：“就是，今天的牛排做得不好。”

语堂认为希庆在打趣他，就在桌子底下狠狠踩了他的脚一下。希庆疼得刚要叫，却见餐厅里的人总是有意无意地看着他们，只得忍住。

希佐问锦端：“你怎么来晚了？”

锦端说：“别提了。下了课正要走，美术教员又赶来给布置了一个作业。”

“什么作业？”

“季景色。”

“什么景色?”希佐等三人都满含疑问地抬头看着锦端。

“就是任意选取一个自己喜欢的季节，画一幅图画，把那个季节里的主要景色画下来。”

希庆问：“你选的是哪个季节?”

“我还没有想好。对了，正好问问你们，你们都喜欢哪个季节?”

希庆说：“当然是春天啦！百花盛开，百鸟争鸣，大地充满绿色，一派欣欣向荣的景象。春天是最美的季节。”

“那二哥呢?”

“我呀，要我选就选冬天，大家都去选春天，你就选冬天，与众不同，再说冬天也很美呀！尤其是北方，江河封冻，朔风呼号，白雪皑皑，红梅绽放，另有一番景象。”

“那语堂呢？你这位高材生有什么高论?”

此时的语堂已经走出了紧张的状态，听得锦端问他，略一思索，便回答道：“我虽然爱春天，可是她太年轻；我也爱夏天，可是她太气傲；至于冬天，又太惨烈；所以我最爱秋天。”

说到这里，他似乎一下子恢复了学校辩论队队长的那份才智和自信，精美的语言随着敏捷的思路源源而出：“因为秋天的叶子金黄、丰富、成熟，虽然略带忧伤与死亡的预兆。其金黄色的丰富超越了春季纯洁的无知，超越了夏季强盛的威力，正是老年的成熟与和蔼可亲的智慧。生活的秋季，因为知道生命的极限而感到满足，也因为知道生命的极限，在丰富的经验之下，才有色调的和谐。”

此时，邻桌的人都停下了就餐，听着语堂的侃侃而谈：“秋天的主色永不可及，其涵绿色表示生命与力量，其涵橘色表示金黄的满足，其涵紫色表示顺天知命和死亡。月光照上秋天的林木，其容貌枯白而沉思；落日的余晖照上秋天的林木，其开怀而欢笑。清晨山间的微风扫过，使颤动的树叶轻松愉快地飘落于大地，无人确知落叶之歌，究竟是欢笑的歌声，还是离别的眼泪。尤其是早秋的精神之歌，有宁静，有智慧，有成熟的精神，向忧愁微笑，向欢乐爽快的微风赞美。对早秋的精神的赞美，莫过于辛弃疾的那首《丑奴儿》：

少年不知愁滋味，爱上层楼。爱上层楼，为赋新词强说愁。而今识尽愁滋味，欲说还休。欲说还休，却道天凉好个秋。”

语堂说罢，陈家兄妹和邻桌的几位客人都鼓起掌来，引动得餐厅里的人又都向这里看来。

旁边一位学究模样的中年人伸过手拉住语堂说：“年轻人，说得好啊！确实是对秋天的一篇宏论，我深表赞同啊！”

锦端早就对语堂的才华有所耳闻，今天正是两位兄长说要请语堂共同进餐，她才欣然前来。刚才语堂这一篇“秋赞”令她不禁心动不已，语堂的非凡才华、英俊外表，已经让她芳心暗许。

锦端低声说：“我很同意语堂对秋天的这番议论。我就准备以秋季景色为题完成这个作业，到时候一定请语堂指导一下画中的色调，看是不是符合你所说的秋天的主色。”

语堂忙说：“锦端这是取笑我。”其实语堂对美术也有所研究，闲暇时也常做画。他目光向墙上一扫，心中忽然起了一个念头，我何不考校一下这个美人的美学造诣。

于是，他指着墙上那副海上行船的油画对锦端说：“你看这幅油画画得如何？属于哪个流派？”

锦端对着那副油画端详了一阵说：“我也说不好。油画最基本的技法有三种：一是北欧尼德兰画派，以扬．凡．爱克为代表的透明薄涂画法；二是南欧意大利画派，以威尼斯提香为代表的不透明厚涂画法；三是以佛兰德斯画家鲁本斯为代表的，融合南北技法的暗部透明薄涂、亮部不透明厚涂的折衷画法。17世纪以后的画家，虽各自具有不同风格和独特技法，但都没有脱离开这三种基本的传统油画技法。看这幅画，原作肯定属于折衷画法，因为画中的暗部比如船底部分，采用了透明薄涂的处理办法，而亮部像天空、浪尖，采用的是不透明厚涂的处理办法。不过，这幅作品作者的画技实在不敢恭维，恐怕是初学者的一副临摹作品。”

语堂在第一次看到这幅画时就发现这是一副临摹作品，因为构图的精巧与画技的拙劣实在不太搭配，此刻见锦端讲得如此透彻，而且言简意赅，不禁十分佩服。看来她不光长着漂亮的外表，而且天资聪颖，秀外慧中。

锦端就像磁石一般，牢牢吸引住了林语堂。

2.3 玛利亚的圣洁光辉

礼拜日，语堂和陈家兄妹四人结伴去教堂做礼拜。

上次在杰克餐厅吃完饭送锦端返校之后，在回圣约翰大学的路上，语堂就向希佐、希庆直言了自己对锦端的深刻印象，他觉得，他对他们美丽大方的妹妹一见倾心，这没什么可隐瞒的。

兄弟俩十分欣赏语堂的坦诚，有心成全。希佐说："可这事儿还得问问大妹的意见。"

当希佐向锦端提起时，锦端羞红了脸，低低地说："他是你们圣约翰的校园才子，可以先交往着……"

以后的每次聚会，兄弟俩就都叫上锦端，三人行变成四人行。希佐兄弟俩都是有心人，当锦端和语堂在一起时，他们总是知趣地与这对恋人保持适当的距离，避免影响了气氛。?

语堂有美女在侧，心情十分兴奋，一路上谈笑风生，更显出妙语连珠，满口锦绣。锦端听得专注入神，内心很是钦服。

当走近礼拜堂时，锦端脸上的神情肃然起来，语堂也不再说话。

礼拜堂外，马路旁长满茂盛的法国梧桐树，教堂那欧式风格的铁栅栏门已经打开，门内是一条彩石子铺成的七八尺宽的道路，路两旁是终年翠绿的大草坪，礼拜堂立面是典雅的清水红砖，显示出它特有的庄重、肃穆与祥和。

这座礼拜堂是近代哥特式砖木结构的建筑，体现出英国民间乡村建筑风格，堂体平面呈L型，屋顶呈交叉形木屋架。大门朝北，两边设尖拱长廊，窗框为弧拱形，镶嵌梅花纹玻璃。堂的左侧为3层楼房，底层为牧师办公室，三楼是小礼堂。?

男女教堂是分开的，分手时语堂露出一百个不情愿的表情，锦端走出两步，感觉语堂还站在原地不动，回眸冲他一笑，就扭身进了女教堂。

语堂立时明白了白居易在《长恨歌》中为什么写杨贵妃“回眸一笑百媚生，六宫粉黛无颜色”了，这转动眼珠的巧笑嫣然，简直妩媚到了极点，语堂顿感跟着锦端进教堂的女人们都“无颜色”了。

正在他感慨发怔之时，希庆从身后推了他一把说：“傻愣着干啥，快进去吧！”

语堂无精打采地走进了男教堂。他忽然发现，男女教堂虽然是分开的，但中间的隔墙并不很高，他使劲儿地挺直身子，伸长脖子，竟能远远地看到女教堂里的锦端，心里顿觉畅快了。

在整个礼拜过程中，他根本不知唱诗、祷告、读经、布道是怎样进行的，他的心早飞到了墙的那边，眼睛一直在目不转睛地看着锦端。

他看到：锦端双手合拢，虔诚地祷告，她的侧脸如雕塑一般，散发着圣母玛利亚似的圣洁光辉。

在走出教堂和锦端回合后，希庆对语堂说：“你就像是没做过礼拜，从头至尾都不知道该怎么做。”

语堂拍着胸脯说：“笑话！我没做过礼拜，别忘了我是牧师家庭出生，刚会说话就学祷告。你知道吗？小时候睡觉前我们还得轮流念《圣经》，我弟弟念着念着睡着了，我大姐就骂他‘撒旦！可恶的撒旦’。我上了中学以后就经常代替父亲，穿着牧师袍去给教徒们布道。”

希庆说：“那你刚才一副心不在焉的样子？”

希佐说：“本来就心不在焉嘛！早给叼到墙那边去了。”

语堂举拳就向希佐打去，希佐边躲边说：“你可不能打我，我的身份可不一般。”

语堂和锦端都明白他话中的所指，同时有两片彩云飞上了两颊。

回校的路上，锦端轻轻地责怪语堂说：“做礼拜那么神圣的事，你也会不认真？”

语堂说：“不瞒你说，我对基督的信仰早就发生了动摇。”

“啊?”锦端惊奇地看着他，锦端的父亲陈天恩是基督教竹树堂长老，从小就接受着十分严格的宗教教育，对离经叛道的事，她简直想也不敢想。

语堂给他讲起上中学时自己吃不饱饭求主赐铜板的事，他说：“我求了很多次，主一个铜板也没有赐给我，我一直是饥肠辘辘的。”

锦端笑得腰都弯了，好半天她才平静下来说：“主是至高无上的，怎么会顾及一个小孩子一个铜板的事？再说主也不会鼓励不劳而获。”

语堂又说：“你知道吗？起初我来圣约翰大学注册的是神学院，我是来学习当牧师的。后来我满脑子都是矛盾，耶稣是童女所生呀，肉体复活呀，原罪、赎罪、地狱呀，信教的人上天堂、不信教的人下地狱呀，我认为这些都是没有道理的，对我的智力水平简直就是侮辱。后来我离开了神学院。”

锦端睁大了眼睛看了看他，她从未听过如此大胆的对神学的怀疑论调。

语堂接着说：“当然我是不会轻易放弃基督教的。我从小就在免费的教会学校读书，我欠教会一笔债。我现在走的是一条‘得到宗教’的险路。我认为宗教就像是田野间生长的花朵，盆栽和花房培育出来的容易失色和枯萎。我要通过自身的经验，以个人的亲身探讨，去获得对宗教的启示和领悟。”

锦端停下脚步，真诚地说：“说实话，我对你所讲的这些不敢苟同。也许是因为，我接受的是更为正统更为严格的宗教教育，但是我也能从你的话语中感觉得出你对宗教信仰的那种执着、求实的探索精神，我真诚地希望，你不要走得太远，更不要走上歧路。”

语堂说：“不过，今天我的宗教思想升华了，我看着你祷告时的那种专注的神情，完全被你身上散发出的玛利亚似的圣洁光辉所感动。”

他突然伸出右手，把她的手握在手里。那只手修长、细腻、柔若无骨，握在手中，宛如溪水般柔美。语堂第一次碰到锦端的肌肤，心里咚咚地跳个不停。

锦端的脸色红了一下，抬头向走在前边不远处的二位兄长看了一眼，顺从地让他稍稍握了一会儿，然后轻轻地把手抽出来说："快走吧，别让哥哥们觉得咱们是故意落在后面的。"

一直到返回学校，语堂都始终沉浸在握着锦端那只手时那种美好的感觉中，他舍不得洗右手，生怕洗掉了那种美妙的感觉。连续两天他都是用左手洗脸，身边的同学还以为他右手受了伤。

这天晚上他一直无法入眠。从见到锦端后他就总是失眠，尤其是这一夜，眼前全是锦端的影子。到后半夜时，锦端忽然消失了，后来他竟无论如何也想不起锦端的容貌。

原来，总是想着一个人，最后就会想不起那个人的样子。多少深深相爱的恋人都有过这种体验。

语堂不断拍击自己的头，恨它怎么能够丢失了锦端的影像。快天亮时，他变得越来越焦躁，恨不得马上就去找到锦端，把她的容貌重新印在自己的心中。

好容易盼到天明，一夜未眠的语堂找到陈希庆，请他再去约约锦端。希庆带回来的消息是，锦端的学校这两天要组织学生们去外出写生，最早也得三天之后才有空闲。

语堂第一次感觉到，原来每一分钟都那么长。

好容易挨过了三天。希庆来告知他，晚上，四人一起去虹口活动影戏园看无声电影。

虹口活动影戏园是西班牙人雷玛斯用铅皮搭建的，人们习惯地称它"铁房子"。无声电影又称"默片"。电影只有画面，影片本身不发出声音，剧中人物的说白通过动作、姿态以及插入字幕来间接表达。

他们观看的电影是《难夫难妻》，故事片虽然不长，然而语堂刚看了一会儿，就流下眼泪来，后来竟抽泣起来。他的哭泣有被影片感动的成分，也有终于见到了锦端喜极而泣的成分。

锦端从来没有见过一个男人在看电影时会哭成这样，她看到了语堂柔情温弱的一面，被深深打动了，女子天生的母性本能使她伸出手，在他的手背上轻轻地拍着。语堂感受到她的柔情，双手握住锦端的手，一直到影片结束才放开。

这两次牵手使语堂和锦端的感情增进了一步，走出影戏园时，语堂低声问锦端：“我可以单独约你出来吗?”。锦端点了点头。锦端的答允使语堂激动地差点跳了起来。

经过一番仔细考虑，语堂决定与锦端去外滩享受他们的第一次约会。

上海市区黄浦江滨外滩一带，遍布着一幢幢不同国家风格的建筑群，故有“万国建筑博览”之称。

不过，这次约会地点的选定，后来也让语堂深感后怕，因为就在他们约会不久，强台风便登陆上海外滩，致使船沉人亡，景况惨不忍睹。

二人到达外滩时，夕阳刚刚收起她的最后一抹光照，满天散布着一条一缕的晚霞，仿佛无数红色的或金色的鸟儿在自由地飞翔。这景色与两个年轻人的心境十分合拍，不是看到周围行人不断，他们真想引吭高歌或者张开臂膀大声呼喊。

黄埔江上船行如梭，宽阔的江面上倒映着天上逐渐由红变紫的云霞和江边最早亮起的霓虹灯，五光十色，水波粼粼，美景如画，令人陶醉。二人迎着拂面的晚风站立江边，心里感到说不出的愉悦和舒畅。

锦端环视着江边的建筑，问语堂说：“大才子对建筑学可有所研究?”

语堂说：“建筑学我是一窍不通，很想请大才女为我打开茅塞。”

锦端眼波调皮地一闪说：“小女子倒真是略知一二呢。”

接着，她玉臂一展说：“我曾经研究过这里的建筑，你看这江边的几十幢楼房，各有各的风格，有的是哥特式的，有的是罗马式的，有的是巴洛克式的，有的是中西合璧式的，所以这里素称‘万国建筑博览群’。”

这新鲜的知识从锦端的锦心绣口中流出，语堂听来如闻纶音，连忙说：“快给小生讲讲，我真有如饥似渴之感。”

二人一阵戏文般的对白之后，锦端实在憋不住了，咯咯咯地笑了起来。看着锦端眉目流转、秋波四溢，笑得那么纯真烂漫、花枝乱颤，语堂顿感心醉神迷。

笑了一阵，锦端轻舒柔荑说：“先给你看一个外滩的标志性建筑。看那边那个圆柱，是气象信号台。起初是竖在地上的一根长木杆，七八年前才建成这个样子，台统高五十米，塔高三十多米，是个‘阿掩奴破’式建筑。”

“阿掩奴破?”语堂正要问是什么意思，锦端已经讲到了下一个建筑。

“看，那座刚刚亮起霓虹灯的楼房。它叫做‘东洋伦敦’，是五年前建成的，属于文艺复兴时期的建筑，外貌仿效了英美和日本的建筑风格，故而得名。是上海最豪华的俱乐部，大楼一楼为餐厅，二楼为国际海员俱乐部，其余是客房。”

语堂盯着那洋楼看了看，看不出英日两种建筑风格有什么不同之处。

“再看那儿！那可是咱们中国人自筹资金开设的第一家银行——中国通商银行。”

一听是中国人办的银行，语堂来了兴趣，顺着她的手指看过去说：“就是那座有点像教堂的？青红砖镶砌，墙面有很多细长柱子的?”

“对！就是那座。高三层，连屋顶共是 4 层。这是假四层的歌特式建筑，装饰上具有欧洲宗教建筑色彩，故而五个尖顶层面都立了十字架。”

“通商银行的创办人是谁?”

锦端略想了想说：“盛宣怀。”

语堂赞叹说：“了不起！给中国金融史划上了开篇性的一页。”

他又指着一座外立面为清水砖的旧二层楼问：“那是什么地方？我看屋顶铺的像是咱中国的蝴蝶瓦。”

“是蝴蝶瓦。那是英国领事馆，也近似文艺复兴式建筑风格，楼的台基比较高，窗户呈圆拱形。”

语堂见锦端讲的有点累了，连忙心疼地说：“大建筑家，今天就讲到这儿好吗？下次我再接着聆听。你的建筑学造诣这么深，我真是望尘莫及啊！”

锦端说：“我是学美术的，和建筑有想通之处，懂点建筑不足为奇。你是学语言的，没有涉猎建筑学，也是很正常的。”

语堂说：“其实我最喜欢的是数学物理这些科学，选择学语言是为了掌握学习科学的工具。”

锦端不解地问：“那就是说，你现在的学习不过是为了以后学习科学知识打基础?”

“对啊！你知道我最喜欢做什么吗？就是搞‘发明’。”

锦端俊美的眼睛盯着语堂那显示出刚毅神情的嘴角，表示出在很注意地听他说话。

语堂说：“这可能是受我阿爸的影响。我阿爸对新知识总是表现出强烈的兴趣。世界上第一架飞机试飞成功时，阿爸就头头是道地讲起飞机的制造原理、形状、飞行情况等，俨然是个刚刚归国的洋博士。当时他得意地吸着旱烟，对着我们兄妹几双渴求的眼睛说，我读了所有关于飞机的文章，但是我没有见过飞机，我不大敢相信！不过，你们将来会看到的。那时我只见过坂仔河中船家划动的扁舟，对阿爸说的那个会飞的铁头大怪物，感到匪夷所思。”

锦端略带调侃地问：“那你搞过什么发明没有？”

“有哇！”语堂取出一张画报铺在地上，请锦端坐下，自己在她旁边坐下来，却不敢挨得太近，眼睛看着光波荡漾的黄浦江继续说，“在我家，担水浇菜园子是男孩子的任务，那时我年纪小，每次只担得半桶，走起路来左右摇晃，到了菜园子，桶里的水就所剩无几了。我就想，这样子人力担水实在太落后，应该发明一种机器，能够从屋后的水井里把水吸出来，直接流入菜园子，省事又省力。于是我仔细翻看了历年来的《通问报》，可就是找不到相关的内容。我仍然不死心，后来上中学时偶然看到了一张活塞引擎的图片，我猛地意识到，抽水机有望了！以后的闲暇时间，我就到河边去看汽笛鸣响的小货轮，研究那引擎到底是怎样发挥作用的。我苦苦钻研了好几个月，画了上百幅草图，限于知识有限，最后还是进行不下去了。”

锦端一边听着他的叙述，一边想象着他小小年纪百折不挠地搞发明的情景，不禁赞道：“你真是了不起！虽然发明没有成功，但精神可嘉。”

语堂说：“也有发明成功的。我曾经梦想做个行走四方的江湖郎中，发明一种包治百病的灵药，悬壶济世。遇上狠毒的官老爷，再多的银子也不给治；遇上穷苦的老百姓，就免费赠送。我们那里四面环山，遍地是药材，我就偷偷读了几本入门的医书，上山去采药，最后磨制了一种治疗外伤的白色药粉，取名‘好四散’。有一次二姐做饭时伤了手指，我就跟前跟后地讨好二姐，极力推荐自己的新发明。可是她一口回绝了，她说再心疼弟弟，也不能拿自己的伤口开玩笑。我瘪着嘴，好几天不搭理她。本来嘛，我的‘好四散’一定是药到病除的。”

锦端被语堂讲的这段经历逗得笑出了眼泪。

语堂待她笑罢，一本正经地说：“真的，至今我仍然相信，我将来最大的贡献还是在机械的发明方面。等我到了50岁的时候，如果那时我从事的文学工作已经有了成就，我就会去美国麻省理工学院里去当学生，将来做个发明家。”

锦端的父亲是办实业的，她了解搞发明、办实业的艰难，她本来想告诉他，搞发明必须得以雄厚的资金做后盾，每一项发明都可能要历经千百次的失败，而每一次失败都需要付出大量的实验资金。

可是看着语堂那雄心勃勃的样子，她又不忍给他泼冷水。

谁会想到，林语堂就是为了实现儿时的发明理想，年近半百以后，居然沦落到了倾家荡产的地步。

2.4　隔膜

此后，二人的约会，一般都会就近去风景如画的苏州河堤。有时在清风摆枝、状如迎客的浓荫下漫步，软语轻吐，无边漫谈；有时在水天相映、舟车梭巡的河堤上观景，指点风光，慨叹自然。更多的时候是并膝而坐，看着轻轻流淌的河水，享受那份绵延和恬静。

“看！”锦端眼快，见到一只小鱼跃出水面，忙用手一指。

那小鱼在空中来了一个漂亮的转身，忽然树上的一只翠鸟被闪闪的鱼鳞引动，箭一般飞扑下来，锦端一声惊呼尚未出口，机灵的小鱼已经钻入水中，水面上只剩下了一个渐渐展大的波圈。

锦端长舒了一口气。

语堂笑了笑说：“好个善良的圣女！”

锦端说：“你知道吗？每次我看到鱼儿在水中自由自在地游动，都好羡慕它们。”

说着话，只见两尾半尺长的红色锦鲤游了过来，它们就像一对亲密无间的伙伴，时而喃喃私语，时而并肩前游。岸边坐着的两个人并没有引起它们的注意，只管悠闲缓慢地从他们面前飘过。

语堂心中一动，问锦端说：“你看他们像谁？”

锦端歪着头想了半天，摇摇头说：“不知道。”

语堂说：“他们摆动着宽宽的尾巴、从容不迫的那个样子，就像两个并肩走着的红衣主教。”

锦端噗地笑出声来，举拳轻打了语堂的肩头一下说：“你这是对天主教的大不敬。”很快她又恢复了端庄的神态说，“你知道，在我家，是绝对不能用戏谑的话来说神职人员的。”

语堂不想在这么美好的时刻谈论宗教的事，就转移话题说：“你见过泥鳅吗?”

“见过的。我还和哥哥们去河里摸过泥鳅。”

“是嘛? 真没想到一个斯斯文文的千金小姐会去摸泥鳅!”

“去！我可不是什么千金小姐。”

“知道吗? 泥鳅是最奇怪的鱼了。白日里懒得很，躲在水底不出来；晚上就会成群结队地出来，一改白天的懒惰模样，你争我夺，俨然与无赖无异了。还有，泥鳅吃软不吃硬，你如果用手捧着它，即使出了水面，它也不挣扎，憨态可掬；可是你若硬要捉它，它就非要同你拼个鱼死网破不可。”

“真的吗? 这条河里有泥鳅吗?”

“有啊！我还摸到过。”

锦端的美目闪闪发亮起来：“那咱们摸泥鳅去。”说着，就站起身，准备脱鞋。

语堂说：“看不出你的玩心还这么重。可是咱们连个盛鱼的小桶也没有带，摸到的鱼往哪里搁。”

“就是为了玩嘛! 摸到就放掉，要它干什么，我就想看看泥鳅是不是像你说的吃软不吃硬。”

“真拿你没办法。这边不行，水深。要摸就去那边水浅的地方。”

来到语堂经常摸鱼的那片浅滩，锦端脱掉鞋袜，挽起裤腿，露出了两条雪白、纤细、光滑而富有弹性的冰肌玉腿。语堂顿时感到呼吸不畅，急忙转过脸去，使劲儿平复着胸中的激荡。直到他的双腿进入凉沁沁的河水，心中的热浪方才平息。

他们一块石头一块石头地摸过去，锦端一会儿摸到一条乌鲤，一会儿摸到一条河鲫，一会儿摸到一条小小的食蚊鱼，倒是初衷想摸的泥鳅却一只也没有摸到。这时的锦端完全没有了往日的矜持，忽而尖声高叫，忽而放声大笑，就像是一个天真活泼的小姑娘。每当看到她惊喜地把鱼从水中捧出，继而又两手向空中一扬，把那惊恐的鱼儿重新放归河中，语堂就会暗笑着轻轻摇摇头。

忽然，语堂看到一米开外的地方有一片草叶在缓缓而动，他想，那叶子下面一定有个大家伙！很可能是条鳝鱼。他示意锦端别动别出声，屏住呼吸探着腰，双手作合拢状慢步向前靠近，猛然一抓。他的头发一下子竖了起来，手里连草叶一起抓上来的竟然是一条三尺长的水蛇！锦端发出一声惊叫，语堂连忙将水蛇猛地向河中远处一甩，拽起锦端两人就没命地往岸上跑。跑上河堤后，两人一屁股坐在地上，全身都软了。稍稍喘了口气，两人又为这次惊险和刚才的狼狈大笑起来。

在回校的路上，两人每当想起刚才的情景，就会憋不住大笑一阵。

渐近圣玛丽女校，语堂心里泛起依依不舍之情，他几次把手向锦端的背后伸出，想搂一下锦端那柳条一般柔软的腰，却终是不敢。

起初，女性特有的敏感只是让锦端觉察出语堂有点怪怪的，后来逐渐明白了他的意图，她的心不禁砰砰跳了起来，她从没有和男性有过亲密接触，既有点害怕，又有些期待。毕竟正是花样年华，静夜里她也曾思春，也曾幻想过与语堂在一起时怎样度过美好的时刻。

圣玛丽女校已经在望，语堂觉得已到了最后的时刻，终于一咬牙，毅然决然地搂住了锦端的腰肢。

恰在这时，从女校里走出两名学生，而且与锦端很熟，锦端吓坏了，赶忙一把推开语堂，快步向校门奔去。

语堂愣了。他虽然对她倾心爱慕，但她却无情地拒绝了自己的第 次示爱，他感到自己就像被当众打了一记响亮的耳光，全身都被压迫在一种巨大的屈辱感里。他那大山赋予的倔强性格从心底升起来，原来她还是瞧不起自己，富家的千金怎么会喜欢上穷牧师的孩子，既然你看不起我，我又何必非要自轻自贱地去追你？他决定把锦端的身影从自己的生活中排除，把自己人生中这屈辱的一页翻过去！

一直到夜晚躺在床上，语堂的情绪一直处于屈辱和愤懑之中。然而，当第二天他看到那轮初生的红日时，心头又浮现出了新的疑问：锦端一向都不是嫌贫爱富的呀？那她为什么对自己的亲昵举动断然拒绝呢？是不是自己过于轻率了？还是另有原因？他觉得，自己不应该就这样轻易放弃，应该当面去问一下锦端，把这些疑问解开。

因为两所学校的大部分课程都集中在上午，所以语堂和锦端约定，谁如果下午没有事就于中午一点钟在圣玛丽女校的马路对面等待对方。如果另一方一点钟过后十分钟还未到达就说明无法赴约，那就次日再说。

中午一点钟，语堂来到了圣玛丽女校的马路对面，佯装着在浓荫下散步，焦急地等待着锦端出现。

十分钟过去了，锦端并没有出现。这种情况以前还没有发生过。一般来说，锦端都会来赴约。即使无法赴约，她也会来做个解释。

语堂决定再等十分钟，然而锦端还是没有出现。

语堂又耐着性子等了十分钟，仍然不见锦端的影子。语堂的思想渐渐又回到了原点，看来，锦端确实不愿意和他再交往了。

语堂的心中又愤懑起来，他正要转身离去，忽见圣玛丽女校走出一个身穿黑色西服的男子，怀中抱着一名女子，那女子的手臂紧搂着他的脖颈。男子大声呼唤着黄包车。当男子将女子放在黄包车座位上时，他惊异地发现，那名女子竟是锦端。

他急忙向黄包车走过去，要问清楚这是怎么回事？但就在这时，一辆黄包车从他面前疾奔而过，他连忙后撤一步。等他站稳身形，黄包车已经拉着锦端和那名男子跑远了。

语堂的心里乱成了一团麻，他甚至感到有些天旋地转，原来锦端已经在和别的男人交往，而且看情形他们的关系绝不简单，至少要比锦端与他的关系深得多。陈家兄弟一定不知道此事。他真想立刻去找陈家兄弟，把情况告诉他们，让他们知道他们一向引以为骄傲的妹妹原来并不像她所表现出来的那样单纯。不过，他终是觉得自己不应该那样去做，即使锦端如此，自己也不应当去抹黑她。

他怀着愤慨、酸楚、苦闷的心情，在路上漫无目的地踽踽独行。往日瑰丽迷人的霓虹灯却显得有些昏暗，往日高大浓密的林荫路却显得有些沉郁，往日清爽宜人的晚风却显得有些闷热。他不知道走了多长时间，也不知道走到了何处。一路上，那男子怀抱着锦端的亲密样子总是清晰地浮在眼前，挥之不去。他完全无法想起锦端那美丽、纯真、优雅的神情，他简直快要被气疯了。

当他走回学校时，昨晚所做的决定在他的心中更加明确，更加坚决：把锦端的身影从自己的生活中排除，把自己人生中这屈辱的一页彻底翻过去！

语堂又恢复了以前的样子，除了上课，整天都把自己关在图书馆里，在知识的海洋里洗涤伤口，陶冶精神，寻找新的生命旅程。

这天，他刚要进入图书馆，忽听有人叫他，扭头一看，见是陈家兄弟，他们已经有四五天没有见面了。

语堂冲他们笑笑，看他们向校门方向走，随口问道：“你们这是要干什么去?”

希庆向他走近几步说：“锦端住了医院，你难道不知道?”

语堂一直没有告诉他们，他和锦端已经不再交往，更没有说锦端有了男友的事，此时便支吾着说：“这几天有一篇论文要赶出来，所以没顾得上去找锦端，她得的是什么病？好些了吗?”

希庆说：“是急性胃炎，已经好多了。现在跟我们一起去医院看看吧?”

语堂指指手里的书说：“我先去把这本书还了，你们先去，我办完事就去。”

希庆有点失望，转过头来一边和希佐往校外走，一边说：“感觉怪怪的，他们该不会有啥事吧?”

希佐说：“该管你管，不该管别管，瞎操心。”

二人来到医院。锦端一见他俩，便坐起身来说：“我这不是好了，大热天，老往医院跑啥?”

希佐说：“看气色你真是好了许多。医生怎么说?”

锦端说：“医生说这次幸亏来得及时，没事了，明天就可以出院。”

“是吗?”兄弟俩脸上都现出笑容。

希庆说：“语堂来看过你没有?”

锦端的眼睛垂了下来，摇了摇头。

希庆问：“你们是不是闹别扭了?”

锦端又摇摇头。

希佐责怪希庆说："别瞎说！"他又转脸对锦端说，"刚才我们出来时见到语堂了，他说有一篇论文必须尽快赶出来，随后他就会来看你。"

锦端点头嗯了一声。

两位哥哥走后，锦端呆呆地坐在那里，心里十分不痛快。她知道语堂一定是为那天她推开他的事在生气，她本来想第二天要跟他解释的，谁知道自己又住进了医院。可是一连几天语堂都不露面，锦端心里就有些生气，一个很有才气的青年，怎么心眼那么小呢？要是动不动就要脾气，那以后怎么相处？以往她对语堂的印象一直很好，现在却有些打折扣。

此时的语堂人虽坐在图书馆里，心却无论如何也静不下来？锦端住进了医院，按说自己应当去看看她。已经好几天不见锦端了，说实在话，他心里真的很想她。可是他既然已经决定不再和她来往，就不应当再纠缠下去。他压制着心中对她的思念，找着理由对自己说，要是去了医院那个男人在，怎么办？不是大家都尴尬吗？与其那样，倒不如不去。

他正在想着，身后两名同学的议论引起了他的注意，他们说，周诒春先生下午要到学校里来。

圣约翰大学的同学们都知道周诒春。他1907年毕业于圣约翰大学，之后自费到美国留学，就读于威斯康星大学和耶鲁大学，获得硕士学位。回国后在圣约翰学院讲授英语，曾协助编纂《标准英汉大辞典》，并参加清廷对留学生特别考试，被钦点为翰林，时称"洋翰林"。1912年周诒春任南京临时政府外交部秘书。5月任清华学校副校长。1913年清华学校校长唐国安病逝，周诒春继任校长。

清华学校是用"庚子赔款"建立起来的学校。1900年八国联军攻占了北京，慈禧太后弃都而逃。1901年，李鸿章被迫与各国签订屈辱的《辛丑条约》，同意赔偿白银四亿五千万两，分三十九年付清。1908年，有中国外交人员发现"赔多了"，经过艰苦谈判，美国同意退还中国"庚子赔款"中超出美方实际损失的部分，用这笔钱"帮助中国办学"，并资助中国学生赴美留学。双方协议，创办清华学堂，并自1900年起，中国每年向美国派遣100名留学生。应该说，美国的这一招是很高明的，用中国自己的钱，来培养具有西方思维的人。

此次周诒春来圣约翰大学，主要是办理他和詹天佑等人发起创建的旨在“修学、游艺、敦谊、励行”的欧美同学会相关事宜。

周诒春先生要来圣约翰大学的消息让语堂非常兴奋，他意识到这是一次不容错过的好机会。因为不长时间以后自己就该毕业了，他跟父亲商量的意见是，毕业后就出国，去德国和英国深造。可是怎样出国，父子俩一直苦于没有好的路径。因为清华是一所留美预备学校，他认为自己应当去拜见一下周诒春先生，求他帮帮忙或给指一条明路。

语堂找到一位和周诒春相熟的教员，经他引见，他终于见到了周诒春先生。

周诒春先生三十岁年纪，戴一副白色眼睛，给人一种威严方正的感觉。见面后他对语堂说：学校跟我说你是一位大有前途的优秀人才，对你的留学意愿我很支持。我建议你毕业后先来清华任教。我正在实施一项把清华学校由一所留美预备学校逐步过渡成一所完全、独立的大学的计划，正需要各方面的人才。你可以一边教学一边等待出国的名额，这样既不会浪费时间，你还可以积蓄点出国后的费用。

周诒春的话让语堂看到了光明的前途。他立即表示愿意听从周诒春先生的安排。临走时，他给周诒春深深地鞠了一躬。

2.5　心心相印

和周诒春先生的一席谈话，使罩在语堂心头的沉沉阴霾尽扫一空。他对锦端已不再有气愤、怨怼之情，心中只剩下了锦端的艳丽与美好，对她的思念也愈来愈强烈，他终于下定决心，去探望一下锦端，即使那位男士在，我礼貌地对待人家就是。

语堂心情愉悦地行走在大街上。

这个时期的上海正在发生着急剧的变化。自从去年底中华路竣工，与民国路相连，上海的马路四通八达起来，到处是新建的生活商业区，大型的百货商店、学堂、报馆、书局、医院、戏园、游乐场等公共场所鳞次栉比，金发碧眼的洋人穿行其间；五光十色、琳琅满目的洋货应有尽有，充斥市场，刺激人的感官，诱惑人的欲望。传统的邸报早已退位，报童们沿街叫卖的《申报》、《时报》、《民国新闻》等报刊逐渐成为在公共领域中发挥导向作用的新式舆论工具。甚至在十里洋场盛行的通俗小说也从狭促的亭子间走进了宽敞的写字楼。

大街上，不少妇女烫了发，穿着紧裹着身躯的旗袍。少女们大多梳马尾。男青年的服饰多是外国货，当与他们擦身而过时，还能闻到他们身上发散着挺难闻的外国香水味道。

语堂正在向前走着，忽见从另一条马路拐出一队游行队伍。参加游行的有一二千人，以学生为主，人们手持纸旗，高呼口号，路上的行人都驻足观看，有的看着看着就加入了进去。语堂听他们呼喊的口号是“反对袁世凯”、“废除二十一条”等，知道是反袁救国大游行。

原来在今年年初，日本乘西方忙于大战，向袁世凯提出侵略中国的

"二十一条"，企图把中国的政治、军事、财政及领土完全置于日本的控制之下，把整个中国变为日本的殖民地，并以武力相威胁。经过历时五个月的交涉，袁世凯竟然不顾全国人民的反对，接受了日本提出的灭亡中国的"二十一条"。中国人被激怒了，全国各地掀起抵制日货的热潮，到处都在举行反袁救国的大游行。

看着游行的队伍，语堂身上青春的热血沸腾起来，他穿过围观的人群，加入到游行队伍之中，同大家一起振臂高呼"反对袁世凯"、"废除二十一条"。身旁一位长着翘鼻子的姑娘看了看情绪激动的语堂，把一面彩色纸旗递给他。他冲那位姑娘感谢地一笑，就挥着纸旗继续大声呼喊。

走着走着，已经到了医院门前，他将纸旗递还那位翘鼻子姑娘，又冲着她歉意地一笑，依依不舍地从游行队伍中退出。当他目送着渐行渐远的队伍时，他看到，那位翘鼻子姑娘回转了身子，向这边张望，当看到他时，姑娘高兴地举起彩旗向他挥摆。

锦端就医的医院叫山东路医院。这是上海开设最早的一家西医医院。是由一个名叫威廉·洛克哈脱的传教士兼医师，受英国基督教伦敦教会的派遣，于1844年来上海开设的，原名叫中国医院，以新医术免费为人们治病。后来医院在教会支持下，向上海外侨募得2800多银两，在山东路建成这所新医院，将中国医院迁到新址，改名为山东路医院。从1904年起，山东路医院改变过去免费治病的惯例，实行不同时间、不同等级、不同标准的收费办法。

医院是一座二层楼房，底层为门诊部，楼上是住院部。

按照医护人员的指引，语堂找到了锦端住院的那间病房。

病房的门虚掩着，从门上的长条透明玻璃上望进去，语堂看到，这是一个单人病房，锦端正背冲着门侧卧在病床上，身上盖着被单，她乌黑的长发随意地散披在白色的枕头和被单上。病床旁是一个同样是白色的床头柜，上边摆放着一个小巧的蓝色细腰硫璃花瓶，里边插着一束淡粉色的花。病床依着的那面雪白的墙壁上，贴着一张圣母玛利亚的画像。

看着圣母玛利亚的画像，语堂想起了那天做礼拜时锦端那散发着圣洁光辉的侧影，不长时间以前她还兴致勃勃地和自己去教堂做礼拜，去外滩约会，去苏州河湾摸鱼，现在却一个人孤独而无助地卧在医院的病床上。语堂感到鼻子有点发酸，眼泪不禁落了下来，到后来竟又抽泣起来。

其实锦端并没有睡着，只是医院里的生活实在枯燥，百无聊赖时只得趟在床上假寐打发时间。语堂来时她已经隐约听到有人走到病房外面就驻足了，她以为是医护人员在巡查病房，也就没有理睬。呆了一会儿，她听到门外响起了抽泣声，仔细一听，这抽泣声似乎十分熟悉，难道是语堂？

她猛地翻过身来，果然见到门上的玻璃处映着一个身影。她急忙下床走过去开展房门，看到站在门外哭泣的，正是她一直在思念的语堂。

“语堂！”锦端惊喜地叫着，“你怎么不进来？”

锦端的突然出现让语堂吃了一惊，他大睁着眼看着锦端，想看出几天不见她有些什么变化。

语堂的脸上还挂着泪，好像带着露珠的玉盘，锦端连忙问：“你怎么啦？谁让你受委屈了？”

语堂赶紧摸了一把脸，跟着锦端进了屋。

锦端拿过一把木凳，让语堂坐在床边，自己重新上床背靠着床头坐着，继续着刚才的问题：“告诉我？谁让你受委屈了？”

“除了你还有谁？”

“我？”

“就是你呗！好端端的，怎么就住进了医院？”

“你还说呢？我住院都几天了，你怎么一直不来看我？”

“有一篇论文我要赶出来，实在没有时间。写完了这不是就来了嘛。”

“你一个大才子，会因为一篇论文搞得一点时间也没有？这话谁信？老实说，有没有别的原因？”

“真没有。”语堂摇摇头，但当看到锦端那一双漂亮的大眼睛忽闪忽闪直视着他时，他的头就很不自然地低了下来。他心里想，自己不过是来探望人家一下，绝不能讲出那天看到她和那位男士在一起的事，免得大家不愉快。

锦端一直认为语堂是为了那天她推开他而生气，她想让他先说出来，自己再跟他解释。可是语堂怎么也不说，她只得自己来开头说：“其实那天你不能完全怪我的。”

语堂听他要解释那天她推开自己的事，心想不就是因为你已经有了恋人了吗？他实在不想她把这件事挑明，不仅因为听了这事他会非常不舒服，而且一旦挑明自己就没有理由再常去找她，他觉得自己现在还不能马上适应这个变化，他需要一段时间来慢慢接受。

所以，他赶忙接过话头说：“现在我已经明白了，当时我确实太过鲁莽，希望你一定要原谅我。”

语堂说的很诚恳，可锦端听着却不大顺耳。她仔细看着语堂，想看出他心中的真实想法。难道自己推了他一下他就打退堂鼓了？就不想再和自己亲近了？人家是女孩子啊！女孩子不就要矜持点吗？再说那天正巧那两个同学出校门，如果不推开你让她们看见哪还得了？就会传得全校沸沸扬扬，以后我还怎么面对学校的师生们？推了一下就成这样了，太脆弱了吧？她又想起刚才他那抽泣的样子，想起他在影剧园抽泣的样子，不禁摇了摇头。

随后她又想，他不会是和我赌气吧？就因为推了他一把，伤了他的自尊心，就假意道歉实则要起清高来。高材生嘛，平时让人们捧惯了，多少女孩子都想追求他，结果在我这里受了挫，有点恼羞成怒。可是我是有原因的，又不想听我解释。也好，那就算了吧。

语堂的几句道歉话，让锦端越想越不痛快，本来有满肚子的话想说，这会儿赌气一句话也不说了。

语堂并不知道锦端心里的这些想法，只是像平时探望病人一样问她：“你不是一向身体挺好吗？怎么突然就住进了医院？”

锦端白了他一眼说：“还不是因为你？”

“因为我？”

“你不是规定的中午一点见面吗？我急急忙忙地吃了点饭，不知是吃得太快了，还是吃了不合适的东西，饭后不久胃就疼起来，还有点发烧，同学们给我喝了热水，吃了胃药，一点作用不起，胃里就跟被棍子搅着一样，疼得我死去活来的。幸亏我大哥来看我，赶紧送我来了医院。”

“你大哥？”语堂心里咚咚直跳，“你有大哥？怎么从来没听你说起过?”

“当然有大哥啦！希佐是我二哥，希庆是我三哥，我还有个大哥有什么奇怪的？只是大哥一直在帮着父亲做生意。这次他来上海办事，顺便来看我，正巧碰上我得了病。”

“这么说，那个穿黑色西服的是你大哥?”

“你怎么知道？我大哥就来了上海一天，你见到他了?”

“没有，没有，你继续说，到医院后医生怎么说?”语堂支吾着，心里乐开了花。

“到了医院以后，医生诊断是急性胃炎，说我们幸亏来得及时……”

锦端住了口，她是何等聪明的姑娘，猛然间明白了一切，她逼视着语堂问：“那天你是不是看到了大哥送我来医院?”

语堂不敢抬头，半天才“嗯“了一声。

“你是不是以为……”她说不下去了，两手捂住脸，两脚交替地呲着床，猛地提高声音说，“你怎么能这样想人家?”

语堂连忙站起来，慌不迭地连连鞠着躬说：“是我不对，是我不好。”

锦端放下手来，眼睛里噙着泪花，盯着语堂问：“你是不是就因为这个原因，所以不来找我?”

见锦端动了真气，语堂虽然心里欣喜若狂，嘴上仍然一叠连声地自责着：“我浑，我真的很浑。”

锦端将食指弯曲，用食指的第二个关节使劲儿敲着语堂的额头说：“你真的很……”

见锦端羞于说出那骂人的话来，语堂立刻接上说，“很浑。”

语堂的神态让锦端有点想笑。她终于明白了事情的原委，虽然语堂那样做法有其道理，但她气他对自己的看法竟如此荒谬。

隔膜消除了。两个人心中都感到说不出的畅快。

锦端神情郑重地对语堂说：“林语堂，请你听清楚，本小姐冰清玉洁，二十年来，除了我家人，除了你，我跟别的男人连手都没碰过。”

语堂深深地弯下腰，他也不明白这个动作是表示道歉呢？还是表示尊敬。他只知道，从此时此刻起，面前这个美艳、纯真、智慧的女子已经深深地在他心里扎下了根。

“你怎么不说话?”

“我惭愧……我感动……”

“算了，别忏悔啦。去给我倒杯水吧，我让你气得嗓子都发干了。”

语堂就像听到了特赦令，高高兴兴地去给锦端倒水，双手捧着杯递给她。

锦端示意语堂坐下，喝了几口水以后，和他闲聊着：“你的家人来过上海吗?”

语堂回答说：“哥哥们各忙各事，又都离上海很远。父亲只在我参加运动会那年来过一次，他毕竟年近花甲，而且只是个乡间的穷牧师。”

锦端说：“我不同意你这样说你父亲，正是这些乡间的牧师，为传达福音做了伟大的贡献。”

语堂点点头说：“父亲真的是把他的一生都献给教会了。”

锦端问：“在乡间传教很不容易吧?”

“非常非常地不容易！我给你讲一件真事，就是教堂的钟和寺庙的鼓打对台的故事。”

锦端表现出浓厚的兴趣，催促他快说。

语堂讲起了他亲身经历的家乡那场教堂和寺庙的争斗。

那时，经过语堂父亲的辛勤努力，坂仔盖起了新教堂，并在教堂里悬挂起一口大钟。

每逢做礼拜，“叮叮当当”的钟声就响彻在坂仔的上空。

村里的守旧之辈坐不住了。他们本来就对基督教的传播颇为不满。现在，修了新教堂不说，还弄来这么口大钟，敲个不停，分明就是对中国传统文化不敬。敌视教会的人聚在一起，商讨反击之计。最后，一个落第的秀才牵头，凑银子在教堂附近建了一座寺庙。他们原本也打算挂口大钟，但为了和教会对着干，故意改用大鼓代替。每次钟声响起，秀才就跑去敲鼓。他得意地说：“耶稣叮当佛隆隆。”

钟鼓齐鸣，语堂父亲和教友们听着，又好气又好笑。

村民们则像看戏一样旁观。

林家的孩子当然站在教会一边。他们主动承担了敲钟的任务。几个孩子围在大钟的周围，拿出吃奶的力气合力拉着绳子敲钟，尽可能让钟响的声音更大些。语堂觉得很好玩，卖力极了。

秀才也不甘示弱，挥动鼓槌，一阵紧似一阵地猛敲。

钟和鼓的声音此起彼伏，就像两支军队在激烈地战斗，谁也不肯服输。

过了一会儿，语堂这边觉得累了，力不可支，钟的声音也慢慢减弱下来。那秀才虽是个鸦片鬼，可毕竟是成年人，鼓的气势还是很足。

这样下去就要输了！语堂眼珠一转，计上心来，对大哥耳语一番。

大哥宣布暂停。

秀才笑得裂开了嘴，露出满口黄牙。他到处跟人说，教会认输了！

然而，没过多久，钟声又响起来。

这回，秀才可没占到便宜。那钟声连绵不断地响着，击鼓的秀才已经累倒在地，钟声仍然没有停止的意思。

看热闹的人跑到教堂，这才明白其中的奥秘。

原来，林家的孩子是轮番上阵，一个累了，就换下一个。语堂用的是车轮战的妙计。

林家孩子在坂仔一举成名。尤其是语堂，大家都夸他机灵。

钟鼓之争并没有持续多久。秀才为了抽鸦片，卖掉了大鼓。村里人再也看不到林家小子斗秀才的热闹场面了。

这故事让锦端听得很入神，夸赞说："真的很有意思。"

语堂说："后来我想，这场比试虽是一场教会与寺庙的争斗，也是一场艺术的争斗。"

"艺术？"锦端有些不解。

"你看，秀才击的是鼓，我们敲的是钟，这钟鼓齐鸣，岂不是一种艺术的比拼？"

"也算是吧。"

语堂话锋一转说："我一直认为，这世界是属于艺术家的。"

"为什么？"

“这个世界正是透过艺术家们，比如画家、诗人、作家、音乐家等的想象，才变得有了色彩、有了旋律、有了善恶美丑之分。如果没有艺术家，世界只不过是个凡人力求生存的尘世。”

“有道理。那么艺术家的艺术又是从哪里来的?”

“艺术就是一种创造力，艺术家的眼睛就像小孩子的眼睛一样，看什么都与众不同。将看到的东西以文字以图画表现出来，就出现了艺术。”

语堂忽然郑重地说：“我告诉你一个秘密，我从小就有个理想，将来做个艺术家，我要写一本书，让全世界都知道我林语堂!”

“我支持你。到时候，你写书，我作画，把人世间的真善美化作无声的语言，将它们全部融进我的画作。我还可以为你的书配插图。”

“太棒了!”语堂叫道。

锦端把语堂的手握住，拉到自己面前，她把自己的脸埋在语堂的手里，轻轻地摩挲着，让语堂的手抚摸着自己脸上的肌肤。

语堂感到胸臆间完全被幸福所充满，他轻轻地把锦端揽在怀中。

锦端靠着语堂的胸膛，听着他的心脏那铿锵有力的跳动声。

他们感到彼此的心已经紧紧连在一起，仿佛自己生来是半个人，现在找到了自己的另一半。

这时，二人心中有着一个共同的愿望，让时间永远停滞在这一刻。

2.6 猴子与野兽

语堂的性格十分情绪化。当他和锦端的隔膜消除之后，他又感到天是那么湛蓝，云是那么柔美，甚至暑热的骄阳也不那么让人烦躁了。

锦端出院后，他们又开始了更密集的约会，在渔家唱晚的河堤上散布，在风景如画的公园里游玩，在光线微弱的影剧园里看戏，他近乎贪婪地享受着锦端带给他的柔如流水、软如轻纱的爱。他告诉锦端“人是灵与肉相互混合而成的，人活在世上，就要睁开眼睛去欣赏地球之奇妙、宇宙之华美”，他感到，锦端就是美的化身，只要和锦端在一起，无论晴天、阴天，无论风天、雨天，都是那么美好，看见一片叶子飘飘荡荡地落下，看到一只麻雀叽叽喳喳地鸣唱，看到一颗流星疾如闪电地划过，他都觉得其美无比，青春靓丽的锦端使他如痴如醉地迷恋周围的一切，使他的浑身充满活力。

这天二人坐在街心小花园的长木椅上，看着形形色色的行人和疾驶而过的黄包车，语堂猛地记起，他还未曾和锦端说起自己毕业后准备去清华学校的事，便拉过锦端的手轻轻握着说：“就在你住医院时，我见到了周诒春先生。”

锦端转过脸，睁大眼睛说：“就是那个‘洋翰林’周诒春吗?”

“是啊。他现在是清华学校的校长。”

“听说他才三十来岁?”

“是的。虽然年轻，却让人有一种威严方正的感觉，一看就是一位治学严谨的教育家。”

“据说他是耶鲁大学硕士毕业，曾经编纂过《标准英汉大辞典》，被钦点为翰林。这才叫年轻有为啊!"

看着锦端眼睛里闪烁的光，语堂忽然有一种酸溜溜的感觉，放开了锦端的手，自己要去清华任教的话也不想说了。

锦端马上发现了他的情绪变化，忙问："怎么了?"

语堂半天才低声说："说起周诒春，你就变得神采飞扬。"

锦端伸手点着语堂的额头说："你吃醋?"接着就哈哈哈地笑起来。

语堂为自己辩解着："男人都是这样的。总希望自己喜欢的女人完整地属于自己。"

"女子必须三从四德，一嫁定终身，甚至男人不在了也要守寡；男人却可以三妻四妾。这就是你们男人的逻辑!"

"我林语堂对天发誓，我这一辈子是绝不纳妾的!"看到锦端的脸色仍然不好看，语堂又说，"其实女子夫亡再嫁，古已有之，庄子就讲过这样一个故事。"

锦端侧脸看着语堂，想听听庄子说的故事。

"庄子有一天散布归来，门徒们发现他一脸忧伤，就围过来询问。庄子说，我刚才散步时看见一个穿着孝服的妇女伏在地上，正在用扇子扇一个新坟。我问他，'你在做什么? 那是谁的坟?'那妇女说，'是我丈夫的坟。'我再问她，'你为什么要扇它?'她说，'丈夫生前与我十分恩爱，我们约定他死后坟墓未干之前我不改嫁。而这几天总是下雨，为了让坟快点干，我只好来扇坟'……"

语堂尚未说完，锦端便"呸"地一声，眼睛瞪着他说："我以为你讲的是什么典故? 竟是如此阴损。这个庄子，怎么会编出这么个故事来侮辱妇女? 都是一伙假道学!"

语堂连忙附和着说："对! 都是一伙假道学。"

"也包括你!"

"包括我吗?"语堂一脸无辜的神情。

"你把这个故事记在心里，随口就能讲出来，说明你和他们的思想一脉相承。"

"冤枉! 这不过是庄子的故事。我编的故事和他们可不一样。"

“你编了什么故事?”

“我曾一时兴起编了一个《子见南子》的独幕剧，还只是个初稿，将来哪天有了机会，我会好好修改一下发表出去，还可能会组织人们来排演。”

“子见南子?”

“我来给你讲讲剧情。”

“告诉你，如果也是跟庄子那个扇坟的故事一类的，我就不再理你了。”

“绝不相同！你要听吗?”

“那就讲来听听吧!”

“‘子’指孔子。‘南子’指卫灵公的爱妃，子见南子，讲的就是孔子去见卫灵公爱妃南子的故事。剧本中，孔子已不是人们心目中的圣人形象，而是一个有血有肉、有趣有味、活灵活现的世俗人物。而南子呢，也已不是人们传说中的淫荡之妇，而是具有个性解放精神、楚楚可人的女性。比如孔子带着门徒子路去看南子的乐舞，子路说，‘真是目不暇接，心神向往’，孔子便说，‘想不到乐舞有好到这样的’。结尾处，孔子说他受了南子的感化，看到了男女无别、个性解放，面露狂喜之色，但马上面色又黯淡庄严起来说，‘我要离开卫国，非离开不可’。子路问，‘先生不行道救天下百姓了吗?’，孔子说，‘我不知道。我先要救我自己’。”

“不错!”锦端听罢，称赞说，“这个剧本如果演出，一定会获得轰动。这样一演，孔子就从圣坛回到了人间，恢复了他人性、人情的一面，这才是孔子的可爱之处。”

锦端的肯定让语堂非常欣慰，便把他随意写的这个剧本珍藏起来。十多年后，这个剧本终于发表，正如锦端预料的一样，立刻在社会上引起巨大反响，各学校纷纷按着剧本排演，一时间到处都在演着《子见南子》，以致闹出了一场孔家后裔状告学校演出《子见南子》的公案。

和锦端分手后，一进圣约翰大学的校门，语堂迎头碰上了厦门老乡廖超照。

廖超照身材瘦高，眼睛细长，一副直挺挺的仪态，中分头梳得平平整整，身穿一身笔挺的白色西服。

早在认识陈家兄弟之前，语堂和廖超照已经是十分要好的朋友，每次放假回家，他们都结伴同行，到厦门后超照就会邀请他去廖家。语堂常常在廖家住上一夜后才返回坂仔。

“语堂！好久不见了。”超照几步走过来，揽住语堂的肩膀。

自从结识了陈家兄弟特别是和锦端来往之后，语堂对超照有点疏离。看到超照热情不减，语堂感到有些歉意，他拍着超照的肩膀说：“你越来越结实了。”

“你也看出来了？我现在迷上了哑铃，每天不做个几百次就不舒服，”他挽起衣袖，弯起胳膊向语堂炫耀说，“看，二头肌！你捏捏。诶！怎么很少见你像以前那么锻炼了？”

“最近事情比较多。”

“瞎忙啥呢？快放假了，咱们还搭伴走啊！”

“这回怕不能跟你搭伴走了。”

“你是不是要和陈家兄弟一起走？总见你和他们在一起。”

“嗯，”他怕超照不高兴，决定告诉他实话，“有件事我得告诉你，咱们是好朋友，不告诉你我觉得对不住你，可是你不许跟别人讲。”

“快说，啥事这么神神秘秘的？”

“我恋爱了。”

“跟谁？”

“陈希佐的妹妹陈锦端。”

“就是圣玛丽女校那个大美人？”

“嗯。”

“你行啊！那可是圣玛丽女校的大校花。啥时开始的？”

“没几天。”

廖超照心里有点惨淡。他的妹妹早就属意语堂，他本来想慢慢让他们接触相处，没想到让陈家的人占了先。

语堂看出他的神情有些沮丧，问他：“你是不是也早就对她垂涎，被我占先了你有些不痛快？”

超照看着他那喜不自胜的样子，一呼噜他的头说：“你以为都像你呀？那么爱沾花惹草？”

“啥叫沾花惹草啊！”语堂一边用手修复着被弄乱的头发一边说，“我看你是英国话没学好，中国话也不会说了。你啥时见我林语堂沾花惹草了？”

“快去把脸洗洗吧，脸上还有口红印子呢？”

语堂下意识地摸摸脸，锦端从来没有吻过我啊，哪来的口红印子？他抬头一看超照一脸坏笑，举起拳头打过去。

超照哈哈笑着跑了。边跑边回头喊着：“别光顾着卿卿我我了，眼看考试啦！”

语堂心想，考试怎么了？该干什么干什么。我可不像你们，平时不下功夫，就靠这几天临阵磨抢。

语堂对考试持着平常心，当他去找锦端时，锦端却说，我可不能再陪你疯，我们也快考试了，我得好好复习。没办法，语堂只得一个人去苏州河湾钓鱼摸虾。他现在明白了，再好的娱乐，与心爱的人一起做和自己一个人做，那滋味绝对是天壤之别。

考试终于结束了。成绩公布出来，语堂在全年级获得第二名。

语堂好不容易把锦端约了出来。

天色向晚，暑热正在逐渐消退，两人在马路上漫步。

“考得怎么样？”

“还行吧。你呢？”

“仍然是第二。”

“仍然是第二？啥意思？”

“从小到大，大考啦，毕业考试啦，从来都是第二？”

“什么原因呢？”

“我也曾做过分析，大概在各学校中都有一个傻小子，如我一样聪明，或者稍逊一筹，然而比我重视考试结果，而且能认真攻读课本。我相信如果我肯在功课上努力一点，便不难得到冠军，不过我不干。我向来不愿去下死功夫。而且我这个人甘居第二，也许我血液里含有道教徒元素。别人

‘三更灯火五更鸡’地下苦功，我却甘愿去逍遥游荡。”

“不下功夫就能得第二，你这个脑瓜特别灵呗！”锦端又伸出食指弹了语堂的额头一下。和语堂在一起，这是她最爱做的一个亲昵动作。

“也不是灵。其实我也下功夫的。我读的书不是很多，但我读书时务求读懂弄通，并牢记在心。所以我读一本书比别人读十本书的收获还大。”

“你这一点可是个宝贵经验。”

“可惜学校里不鼓励自己随意读书。当你带着自己选定的书籍进入课堂，你却被判定为违法。你知道吗？学校是唯一视学生读书为违法的地方。”

“学校是培养纪律观念的地方，她自然有一些必要的规定，以保证教学的正常进行。”

“必要的规定。这规定就是：在课堂上，你必须去听那乏味的授课，我相信这是人们虚耗时间最大的发明。不管教员讲得如何无聊，你必须紧闭嘴巴，腾空头脑去听，还得听着别的同学错答问题，你做到了，就被称为品行优良，得甲等操行积分。所以最优秀的学生，就是一个善于揣摩教员心理和在考试中迎合教员意思的人，用中国文字表达，最优秀的学生就是‘教员肚子里的蛔虫’。”

锦端笑起来，用手指着他的额头说：“这里边怎么尽是怪异的东西啊！”

“我的观点是：大学应当像 个丛林，学生是其中的猴子，丛林应当准许猴子在里头自由活动，在各种树上随意采摘坚果，在树干间自由摆动跳跃。凭猴子的本性，他懂得哪种坚果好吃，哪种坚果能够吃。”

“我说，猴子先生，先不要说你的丛林大学了好吗？”锦端指着路边一个刚开的展室说，“真想不到这里居然有一个保罗·高更的画展，也没见哪里宣传，这可是法国赫赫有名的大画家，对！和你有相似之处。”

“一个法国画家和我有什么相似之处？”

“你是猴子派，他是野兽派。”

“你就调侃我吧！哪有叫野兽派的。”

“真的是野兽派。他的艺术观点受象征主义观念影响，作品具有原始性，被称为“野兽派”。”

说着话他们已经走进了那间不起眼的画展室，一个三十来岁头发蓬乱、留着胡子的洋人走了过来，对他们表示欢迎。

锦端用英语问：“保罗·高更的作品在这里展览，怎么不宣传一下。”

那头发蓬乱的人笑了一下说：“展出的并不是保罗·高更的原作，都是我临摹的。”他领二人来到门外，指给他们看，在写着“保罗·高更作品展”的那块木牌上，蓝色字体“保罗·高更”与“作品展”之间嵌着白色字体的“临摹”二字。

锦端和语堂会意地笑了笑。回到画展室再一细看，每一副展品下面都标注着一行英文小字“临摹“。

不大的展室内，共展出了二十余副作品，都镶在围着银色花边的相框中，悬挂在淡黄色的展墙上。

锦端扫视了一下展品低声说：“虽说是临摹作品，但原作的风格都得到了充分的体现，在绘画技巧上色彩很明亮，采用鲜艳的平涂手法，而且注重和谐而不强调对比。这些都是很难得的。”

那头发蓬乱的人离他们很近，显然在很注意地听他们说话，听完锦端的评价，他用生硬的中国话说了一句“谢谢”。

锦端和语堂先是愣了一下，随后醒悟了，人家既然一个人来中国办画展，必定有一定的中文基础；人家展出的是自己临摹的作品，有人来参观，此时展室中又只有他们两人，必定会很注意他们的评价。

锦端转脸向他赞许地笑了一下，拉着语堂走向那些展品，一幅幅地欣赏起来。

第一副作品下边用英文标着题目《布列塔尼的猪倌》，画的是山坡下一个少年正在牧猪。锦端指着画面说：“这幅画典型地体现了保罗·高更的艺术风格，用的是勾黑边的色彩平涂法，而且涂得很随便，林子是紫色、橙黄和红色的，山是紫褐色，石头是粉蓝色，猪是黄色，似乎不符合现实，但整体的形和色统一，构成了一个从现实中抽象出来的具有独立生命——艺术生命的客体。”

语堂兴奋地说：“好！艺术就应当是艺术，而不是生活的还原，就应当从生活中抽象出来。”

锦端又把语堂拉到另一幅作品前说：“想不到还有《塔希提的年轻姑娘》，这是高更的一副真正的杰作。他太喜欢为他做模特的这些塔希提妇女了，这幅画把姑娘们粗野但却健康而强烈的美，天真、直率的性格都表现了出来，看她们肌肤上的炙热而又丰富的色调，每一笔都充满着赞美和喜悦。高更那种绝望的、悲哀的调子，在这幅画上已全然消失。他重又找到了准确的明暗对比调子和安稳的、而不是像从前那样狂乱的色彩和谐。”

说着话，锦端的手几乎触及到了展品，她细长、柔滑、优美的手在画面上虚空做着抚摸的动作，由衷地赞美着：“看！这褐黄色的皮肤，这蓝黑色的头发，这青紫色的衣服，还有展现在画面上半部的橙黄色和下半部的红色，以及散布着一些绿树叶的明亮的背景，简直就是无与伦比的。包括某些结构上、比例上、表现上的缺陷，也都成了一种难能可贵的东西，因为它们反映了表现手法的新鲜和生动，反映了他作为艺术家创作的无拘无束。高更后来也创作了一些像这样美的作品，但艺术价值都没能超过这副作品。”

此时语堂看到了一个与平素迥然不同的锦端，当她面对艺术瑰宝时，面对真正的艺术时，她的情感变得竟如此炽烈，如此痴迷。

展室里的人渐渐多了起来，锦端不再讲解，只是专注地欣赏起那些展品来。待看完所有展品，她才记起自己还带着一个对画派风格不熟悉的语堂，赶忙在参观画展的人中寻找，却见语堂站在一张裸体画前，正聚精会神地欣赏。画中的人物是一个坐在床上的裸体妇女，那妇女的整个身体，特别是耷拉在腿股部的略微隆起的腹部，显得十分真实。

锦端的脸有点发烧，她几步走过去。紧紧捏着语堂的胳膊，把他拽出了画展室。

2.7 风暴前夜

从画展室出来，在回学校的路上，锦端一直不说话。语堂几次问她，她也不搭理。有了上次的教训，语堂再也不敢赌气，只是拉着锦端的手，低声下气地说："我的大小姐，你倒是说句话，小生又哪里做得不妥了？"

锦端停住脚步，借着街灯打量着语堂，看他毫无愧色，更为生气。

语堂看着她探询的目光，指着上下漂动的萤火虫做严肃状说："萤火虫作证，本人真不知道因为什么得罪了陈锦端小姐。"

锦端说："我一向认为你是正人君子，然而，刚才你却那么专注地欣赏……"后边的话她实在羞得说不下去。

语堂侧头一想，终于明白了，拍了一下锦端的肩膀说："这回你可是大大地冤枉我了。我看着那副画，其实脑子里是在想一个问题。"

"什么问题？你可别扯开话题。"

"我在想，那画中的人物在画家心中一定是美女的代表，那美女的形象无疑是健康的。这与中国自古以来关于美女的标准是绝然不同的。我们的美女标准是病态美。古时的典型美人似乎不是患上了肺痨，比如林黛玉，就是憔悴得濒死的贵妇。最著名的美人不是患上了心绞痛，如西施，就是得了某种精神病。而她们最著名的美姿，就是忍受着极端痛苦而把眉头皱起来的那一刻的神态。"

说到这里，语堂把双手放在胸前，学着西施捧心的样子，把眉头紧紧皱起来。

锦端被他的怪样子逗得笑得站不住了，笑到最后，她一边揉着笑疼的肚子一边说："你那个样子，比东施还要难看。"

语堂看着锦端为肚疼而皱眉的表情，忽然惊呆了，半天才说：“难怪，难怪！美人忍痛的表情真的是最美的！”

锦端瞪了他一眼，不再追究他看裸女画像的问题。

十天之后，两所学校同时放假，语堂与陈家兄妹踏上了归家之路。

此前语堂曾和家中通过书信，知道牧师太太正在漳州大姐家。他便提议父亲来漳州会面，这样他就不必再回坂仔了。最重要的是，漳州距厦门仅一百七十里路，坐船当天就可以往返，他就可以随时去看望锦端了。

与锦端恋恋不舍地分手后，语堂急忙赶往漳州大姐家。

当西天边收起了最后一缕晚霞，暮色已经罩住了漳州高高矮矮的房屋时，语堂走进了漳州的街口。远远只见大姐家门前站立着五六个身影，近前一看，原来是父亲、母亲和大姐一家都伫立在晚风中等候着他。语堂鼻中一酸就扑入了父亲和母亲的怀中，接着耳畔就响起了母亲的啜泣声。

吃罢晚饭聊罢家常后，父亲把语堂叫进了一个单独的房间。

“在学校过得怎么样？缺钱吗？阿爸可以再给你想办法。”

语堂看到，比起去年见父亲时，父亲明显地苍老了许多，脸颊更消瘦了，额头的皱纹更深更密了，眼袋也耷拉了下来，他把父亲的手紧紧攥在手中说：“我挺好的，不缺钱，倒是阿爸要好好注意身体，毕竟年纪大了。”

“阿爸的身子骨没问题，你放心！出国的事有着落了吗？”

“我正想跟阿爸说呢，有办法了。”

“真的！”父亲有些激动，手颤动着，从眼袋里掏出一锅烟来。

语堂连忙举起小油灯为父亲点上烟。牧师使劲儿抽了两口，又咳嗽了两声后说：“给阿爸细说说。”语堂于是把如何找到周诒春和周诒春对他说的话原原本本地和父亲说了一边。

“好啊！”父亲的脸上放出了异样的光彩，“这下我心里的石头就落了肚。送你出国是我最大的心愿。我早看出，几个孩子里数你聪明，有前程。”

呆了一会儿，父亲又叹了口气说：“只是你成家的事一点儿着落也没有，叫阿爸总是放心不下。柏英那孩子本来挺好，可惜你们没有缘分，以后再也遇不到像柏英这么好的媳妇了！”

语堂的嘴唇翕动了一下，终于下决心说：“我现在恋爱了。”

父亲脸上露出了喜色，问：“哪里的姑娘？是不是大学的同学。”

“是我的同学的妹妹。家是厦门的。”

“老乡？好啊！也在上海读书吗？”

“是的，就在我们学校旁边的圣玛丽女校读美术。”

“挺好！这下我跟你阿妈又去了块心病。啥时带她来家看看。”

“行。她的父亲名叫陈天恩，还是基督教竹树堂长老。”

父亲脸色的喜色忽然暗淡了，闷头吧嗒吧嗒地抽起烟来。

语堂试探地问：“阿爸认识她父亲吗？”

父亲点点头，正要接着说，这时外边响起了牧师太太的喊声：“有话明天再说吧！孩子累了，让他早点歇着吧。”

父亲磕掉烟灰一边站起身一边说：“今晚你就在这屋里睡觉。有话明天咱们再说。”

父亲走后，语堂久久不能入睡，他老在想着阿爸一听到锦端父亲的名字就突然变了的脸色，他们都是教会的，看样子阿爸一定是了解锦端父亲的，难道有什么一时不好说明白的问题？明天一定要跟父亲问清楚。

第二天他起床后，父亲却已经回了坂仔。母亲说，他忽然想起教堂有件急事，需要他赶紧回去办，办完事后他会再来。

吃过早饭，语堂就乘船去了厦门鼓浪屿。

鼓浪屿的山上遍布着苍翠的树木，树木掩映着一幢幢精美的别墅。

陈家是厦门的巨富，很容易就打听到了陈家的住所。

语堂走在林间的石板路上，恍如远离了都市的尘嚣。想到马上就能见到锦端，心里微微有些激动。

陈家居住的是一套欧式别墅，远远看去，尖尖的屋顶上那绛红色的屋顶瓦在阳光的照射下格外醒目。别墅内的布置休闲而质朴，草坪、花圃、泳池、回廊和谐地组合在一起，呈现出一种美国乡村风情的生活格调。

一听是两位少爷的同学，看门人立刻把他引进了陈家的客厅。

客厅十分宽阔敞亮，装饰着金色百合花图案的屋顶，光怪陆离的彩色大吊灯，精雕细刻的富丽门扉，玻璃长窗，欧式壁橱，古典风格的暗格酒柜，处处显示着设计者的独具匠心。

语堂刚进客厅，客厅旁边的一扇大玻璃门便打开了，锦端手里拿着一根花枝从里边走出来。

“语堂！知道你今天上午一定会来，我一直在等着你。”锦端一脸灿烂的笑容。

“希佐和希庆呢?”

“一大早就去找他们的狐朋狗友去了，他们才不会乖乖呆在家里呢!”

“你家里人呢?”语堂看着空荡荡的院落和客厅问。

“今天不是礼拜日嘛！他们都去教堂了。我如果不是要等你，也跟他们去了。”

“谢谢你,”看到看门人已经走向大门，客厅里又没有别人，语堂低声说,“咱们这是心有灵犀一点通。想我了没有?”

锦端脸色微微一红，嗔怪地轻叱一声，就拉起他的手说：“来！参观一下我的‘春之紫语’。”

语堂跟着她进入了那扇玻璃门内，看到里面原来是个花房，由于装着透明玻璃墙，光照十分充足，室内高低错落地摆放着一些漆成白色的木几，上边是一瓶瓶颜色各异、形态有致的插花。

“看了我的‘春之紫语’，做何感想?”

“我见过插花，可如此多的插花各具特色，共处一室，真是第一次见。也多亏你家有偌大的花圃供你取花。”

“我自幼喜爱插花，父亲还专门请人教过我插花艺术，也正因为这个喜好，所以后来我学了绘画。”

“这插花中还有很大学问吗?”

“啊?”锦端睁大眼睛看着语堂，心底为自己的意中人不懂插花感到悲哀，她十分郑重地把语堂拉到那些插花前，用老师对待学生的口吻说，“插花是一门高深的艺术，如果你真想和我长久相处，就必须爱这门艺术，懂这门艺术，明白吗?”

语堂一听这插花直接关系着他和锦端的感情发展，神态陡然变得凝重起来，诚恳地说："那就请小姐快快赐教。"

锦端对他的态度还算满意，就给他讲述起来："插花艺术在咱们国家有悠久的历史，《诗经》、《楚辞》都有以花传情、持花赠友的描述。"

"是这样的。"在语堂的记忆中，在古诗文中确实有不少这样的词句。

"三百多年前，明代的袁宏道提出了'取花如取友'的论点。所以我们插花也好，赏花也好，一定要以花为友，尊花为神，才能格调高雅，保持花的清新艳美。"

"以花为友?"语堂一边重复着，一边细品这几个字的含义。

"知道'四君子'吗?"

"松、竹、梅……还有一个说不出来了。"

"不对！我的大才子，"锦端点着他的鼻子说，"你说的是'岁寒三友'，可不是说不出第四个了。'四君子'是'梅、兰、竹、菊'，古人以花为君子，足见他们对花的尊重。"

"我是知道'梅、兰、竹、菊'的，只是你说懂不懂插花关乎我与你的感情，我有些紧张，就答错了。"

"不要解释，洗耳恭听，好吗?"

"好的，好的。"

"插花总的来说，要做到以花造型，以形传神，神形兼备，如袁宏道所说'虽由人作，宛自天开'。其中有几个要点：一是所插花朵，数宜单，不宜双，每瓶取一种，不取二色。"

语堂看去，果然室内的各瓶插花，或红、或蓝、或黄、或紫，但每瓶都是单一花色。

"二是选瓶，要做到'花与瓶相称'、'瓶与室结合'。瓶口取阔大的，不取窄小的，一丛花从瓶中伸出，既不要散漫，也不要挤压，而且不能靠瓶口。"

语堂又打量那些花瓶，不仅形态美观大方，而且瓶口敞开，使花枝逸出十分舒展。

"三是'起把宜紧'，或者'亭亭玉立'，或者'飞舞横斜'，花要有参差感，叶不乱，梗不显，针不露，间以花蕊。四是几上摆花，或三瓶，或七瓶，不宜太多，几要高低错落，进出有致，不能搞成死板的‘锦灰堆’。”语堂对“锦灰堆“一词不大明白，正要请教，锦端却已讲其插花的动作来。她从一个竹编方盘中取出一枝花来，让语堂学着她的动作：

“插花时先要将花拿在手中，对着花瓶仔细端详，或横或斜观看它的形态，从反面或侧面观看它的气势，相定之后，剪去杂枝，以疏瘦古怪者为佳。”

她从竹盘里拿起一把剪子，干净利索地几下便将手中的花枝剪出了一个叶齐花疏的形态。

她回身看语堂，只见语堂还在拿着那根花枝对着一个花瓶左瞄瞄右看看地端详。锦端笑着说：“像尊驾这种插法，花没插好，就凋谢了。”于是，她抓住语堂拿花的手，凑近瓶口说，“这个花枝很典型，如果你把它直插瓶中，势必枝乱梗强，花侧叶背，所以需要使用折梗打曲之法。”

此时的语堂被锦端柔美的手抓着，大有受宠若惊之感，一心只细细体味着从他手背上传来的那种嫩滑的感觉，至于锦端所讲的花侧叶背、折梗打曲之语，他除了感知到声音的甜美外，话中的意思一点也没有听进去。

锦端抓着语堂的手上下比着，忽然语堂的胳膊碰到了锦端的胸部，二人同时像被电击了一样。语堂第一次碰到锦端那坚挺而富有弹性的乳房，心情骤然激荡起来，呼吸也变得急促了，他的胳膊僵在那里，觉得应该离开但又舍不得离开，干脆闭上眼睛去细细体味那种美妙。锦端也僵在这突然的接触上，她那神秘而美好的禁区从来没有被男子碰到过，从接触点不断有电流酥酥地击打她的心房，她很害羞，脸上热辣辣的，浑身也在慢慢发热，可是又不想和自己心爱的人马上脱开接触。

两人都不再说话，两颗青春的心脏都在剧烈地跳动。时间也似乎停止了。

突然，背后一声咳嗽，正陶醉在温柔乡中的语堂不由得全身哆嗦了一下，慌忙转过身来。同时转过身的锦端赶紧推开语堂，惊惧地喊了声：“爸爸!”

进来那人六十多岁年纪，中等身材，穿一袭黑色长袍。一张保养得极好的四方脸膛轮廓分明，显示出非凡的决断力。夹杂着丝丝白发的头发和略显花白的胡须梳拢得十分整齐，显示出做事的一丝不苟。黑边眼镜后边透出的深邃目光，显示出阅历很深且处事精明。

此时那人的眼中显露出十分不悦的神色，锦端略显紧张地说："怎么爸爸这么早就回来了？"

那人只是威严地"哼"了一声

锦端又说："这是陈语堂，是二哥、三哥的同学，今天来找哥哥的，正巧他们不在家。"

语堂忙躬身道："阿伯您好！"

那人的目光在语堂的脸上稍稍停留了一下，略略点点头算作回答。接着又看向锦端，想说什么却没有说，转身走了出去。

"好紧张，你父亲平素也是这样的吗？"语堂长出了一口气说。

"是的，"锦端还在为刚才被父亲撞见她和语堂偎依在一起而惴惴不安，她推了语堂一下说，"你早点回去吧！"

"我还想跟你多呆一会儿，也等等希佐他们。"

"他们还不知啥时回来呢！你先走吧，想来再来。"

语堂很不情愿地走出了陈家，一路上他都在回味着与锦端偎依着的甜蜜。至于被锦端父亲碰到，他倒没有多想，既然要与锦端交往，迟早是要见她的家人的，对年轻人的亲密他们也应当理解，他们也是从年轻时过来的嘛！

几天之后，语堂再次来到陈家。陈家兄弟都在，他们热烈地和语堂讲述着回到厦门后同学聚会的情景，语堂却心不在焉地左顾右盼，终于他忍不住了，截住滔滔不绝的希庆的话头问："锦端不在家？"

希庆看看希佐，希佐说："在家。"

"怎么不出来？"

"有我们哥俩陪你，她不用出来了，"看到语堂的神情有些不悦，希佐又说，"她好像身体有点不舒服。"

"那我去看看她好吗？"

希庆赶忙按住他说："算啦，算啦，还是别去了。"那神色很明显，其中另有隐情。

回漳州的途中，语堂一直都在胡乱猜想，始终想不通其中的原因。他想起了那天阿爸听到锦端父亲名字时忽然间变化了的脸色，心里升起了一种不祥之感。

回到大姐家，正巧父亲从坂仔回来了。语堂赶忙把父亲拉到一旁，低声问："那天我提到锦端的父亲，阿爸好像有话要说？"

"这两天你去陈家了？"

"去了。"

"见到陈天恩了？"

"见到了。"

"有什么印象？"

"很威严，对子女很严厉。不像阿爸你这么亲切，跟我们就像是贴心朋友一样。看样子他很难相处。"

父亲点燃了烟锅，边抽着边说："我对陈天恩虽然不是很熟悉，但也能看出点问题。陈天恩虽然曾经跟着孙中山搞过民主平等，但他在教会里却很注意等级，尽管他很善于掩饰，但我看得出，他对低级的神职人员，对贫苦的教友，并不热忱，包括他那种笑，我看也是勉强做出的。所以，我估计，他的等级观念一定很强，在家里也不会搞民主平等那一套。所以，孩子，你要有思想准备啊！毕竟现在的婚姻还是得靠父母之命、媒妁之言。"

父亲的一席话，让语堂感觉到，阴云正向他的头顶压来。

2.8　天河

林至诚是睿智的，这也是林语堂颖悟绝人的遗传之源。他对陈天恩由表及里的分析确实切中了他的要害。

大半辈子走南闯北，见过大世面的陈天恩，经受过欧风美雨，反对封建专制可谓不遗余力。可是，在他的家里，他对子女的婚姻是绝不肯实施民主的。当他偶然发现了长女和林语堂的恋情后，他又生气又庆幸。生气的是锦端竟敢不问他的意见自己私找情郎，庆幸的是此事正巧在厦门被他及早发现。在上海他鞭长莫及，在自己眼皮底下他完全可以让这条偏离他的航线的行船回归正途。

精明强干的陈天恩，处理千万元的生意也不过弹指一挥间，处理这种事情在他还不是张飞吃豆芽——小菜一碟。

他跟次子陈希佐简要询问了几句后，立即找来了两个属下，要他们在两天之内不论采取什么办法，打电话也好、拍电报也好、找熟人也好，都要把林语堂在学校的情况和他的家庭情况了解得清清楚楚。

两天之后，两个属下便来向他如实禀报。

当听到林语堂学习成绩优秀，体育运动、社会活动表现突出，一连四次登台领奖创下了圣约翰大学的历史记录时，陈天恩微微颔首，觉得锦端还算有点眼光。

当听到林语堂的父亲只是乡间的穷牧师，林语堂的二哥到圣约翰大学就读的学费是变卖了祖厝才筹措到的。林语堂上大学，则是靠了他父亲的一位发了财的学生的大力资助。陈天恩的眉头皱在了一起：陈家是名望之家，怎么能和一个乡间穷牧师结成姻亲，岂不辱没了陈家的门楣？从古至今婚姻讲的是门当户对、“女貌郎财”，怎么可以搞“才子佳人”，那都是年轻人头脑一热的把戏，在我陈家是万万不行的。

当听到林语堂在坂仔布道，竟说应该把《旧约》当成不同体裁的文学来读，把《约伯记》当成犹太戏剧，把《雅歌》当成情诗，把《创世记》和《出埃及记》当成犹太神话和传说时，基督教竹树堂长老一拍桌子，怒不可遏地申斥着“荒唐！荒唐!”。两个属下从没有见过他发如此大的脾气，吓得慌忙从座椅上站了起来。

当晚，他让人把锦端叫到自己的书房。

锦端一进门，父亲的神态把她吓了一跳。一向腰板挺直的父亲此时却无精打采地偎坐在沙发里，在不太明亮的灯光下他的脸色似乎罩着一层病容，锦端进门时，他还在不住声地咳嗽。

陈天恩从不跟家人一起就餐，更很少和孩子们聊天，加上他又很忙，孩子们几天见不到他是很平常的事。可是，锦端万万想不到，几天不见父亲竟成了这样。

一向最为孝敬的锦端惶急地连连问着：“爸爸您怎么了？是不是生病了？看医生了吗？”锦端急得眼泪都快流出来了。

“爸爸没事的，没事的。”陈天恩轻轻抚摸着扑入他怀中的锦端的长发，他对眼前的效果很满意，锦端第一次恋爱，她又极重感情，要硬生生地拆散他们绝非易事。经过一番思索，他决定从锦端的孝心入手，现在看来，开局顺利。

锦端想到此前最后一次见父亲是在花房里，今天父亲又特意叫她来，肯定和那天的事有关，心中很不安地说：“爸爸，是不是那天我惹您生气了？都怪女儿不懂事。”

“我的女儿已经长大，应该是谈婚论嫁的时候了，爸爸已经给你择定了福建茶王蔡贞楚的公子，才貌双全，人品出众，是咱陈家姑爷的上上之选。你一毕业，爸爸就替你们完婚。”

“爸爸!”锦端立起身，抗声说，“我不嫁给那个什么公子。”

“涉世太浅！刚遇到了一个林语堂，你就非他莫属了？”

“语堂怎么了？”锦端此时已顾不得少女的矜持，“女儿觉得他挺好的。”

“他不成，爸爸不会同意的。”

“为什么？”

“一个乡下穷牧师的孩子，上学还得靠求学生资助，我怎么能够把我的爱女托付给他？”

“女儿不怕受穷。”

“你受过穷吗？从小你就过的是锦衣玉食的生活，你知道没钱买衣、没米下锅的滋味吗？再说这也太门不当户不对了！”

“我嫁的是他这个人，又不是他的家，我看依语堂的才干今后会有前途的。”

“他这个人也很有问题，他是有点小聪明，可正是这点小聪明会使他走上邪路。他不尊教规，不敬教义，很有可能会发展成为一个异教徒。你爸爸是堂堂基督教竹树堂长老，我的女儿能嫁给一个异教徒吗？”

林语堂对基督教的怀疑和不敬锦端是知道的，她低声说：“我会在这方面引导他，感化他，相信他不会走上邪路的。”

“你去引导他，感化他？他的牧师父亲从小就在引导他，感化他，结果如何呢？这叫做‘自作孽，不可活’。”

看到锦端还是一副不情愿的样子，陈天恩拉她在自己身旁坐下，拍着她的手说：“你是我的长女，是我最疼爱的女儿，你一定要体谅爸爸的难处。如果你嫁给了陈语堂，多少人会嘲笑我，会戳我的脊梁骨。咱们陈家在厦门是数一数二的望族，你不能为了你一个人，让爸爸抬不起头来，让咱们全家人跟着你受人耻笑。而且他要是真的叛了教，后果更是不堪设想，爸爸这个竹树堂长老还怎么当得下去！”

说着说着，陈天恩的眼睛里竟浮出了泪花，他紧紧地抓着女儿的手说：“爸爸年纪大了，越来越感到力不从心了，你是我最孝敬的孩子，你忍心让我因为你的事身体垮下来？你又是长女，如果你不能做个好的榜样，将来你的妹妹们都学着你叛逆，你真要爸爸过一个凄惨的晚年吗？”

锦端抬眼看着父亲，只见父亲眼中落下了两滴泪水，她不由得一阵酸楚，呜呜地哭起来。边哭边哽咽着说：“爸爸，您放心吧，女儿听您的话，不再和语堂来往了。”

陈天恩伸出手为女儿抹掉脸颊上的泪珠，他的眼中虽然闪动着泪光，心里却笑了。

这一天，语堂再次来到陈家，依然没有见到锦端。他神情沮丧地走出陈家，顺着石板路慢慢走下山来。

虽然满眼都是绿色，但路边的一片金黄色的落叶已经明白地宣示：秋天已然悄悄地来临。语堂蓦然回想起第一次在杰克餐厅遇见锦端时的情景，不禁吟出了那天他乘兴而颂的辛弃疾的那首《丑奴儿》：

“而今识尽愁滋味，欲说还休。欲说还休，却道天凉好个秋。”

真是此一时，彼一时，那时的心境与现在是何等的不同！他现在终于品啧出愁之滋味了。

他正在感慨万分时，差点与迎面匆匆走来的一个人相撞，他赶忙向一旁侧转身子，对面那人也侧转身子，二人不禁对视一眼。

“林语堂!”

“廖超照!”

二人几乎同时叫着，接着就欣喜地紧紧相拥在一起。

“你怎么在这里?”超照问。

“我刚从希佐家出来。”

“那就去我家吧。”超照拉着他要向山上走。

“你家不是在市区吗?”

“去年底刚搬到鼓浪屿来的，就离希佐家不远。”

“改日吧，今天我有点事，得赶回漳州去。”语堂心情不快，他实在没有心思到超照家去。

“那下次你来希佐家时一定要来我家坐坐，我们一家人还念叨你呢。”

二人挥手作别。看着语堂下山的背影，超照轻轻叹了口气。这次回来他把语堂已经和锦端相恋的事告诉了妹妹，妹妹整整哭了一天，还抱怨他不早点和语堂说明她的心事，气得母亲直骂妹妹没出息，“一个穷牧师的孩子，你至于这样吗?”结果妹妹好几天没有理睬母亲。

陈天恩原本的想法是管住锦端，不让她和林语堂见面，逐渐将二人分开，没想到，林语堂不死心，隔几天就来陈家一次，当然借口是找陈家兄弟，父子三人都知道他是冲锦端来的。陈天恩想，看来单从锦端这边着手不行，必须彻底断了林语堂的念头，否则到了上海以后他一直死缠烂打，还有可能让锦端的心思死灰复燃。所以，他决定，直接和林语堂谈一谈。不过，处事极为圆滑的陈天恩在谈话之前还埋设了一支伏笔。

谈话还是在陈天恩的书房中。

语堂对面前这位面色红润、须发整齐、目光炯炯的基督教竹树堂长老兼厦门巨商有些发怵，他猜测锦端的避而不见准和他父亲有关，他心里正在打算着怎么和他表示，自己一定会让锦端得到终身幸福。

陈天恩微笑着招呼语堂坐在对面的沙发上。语堂想起父亲的话“他的那种笑也是勉强做出的”，便仔细看了看对方的面孔，发现除了他的嘴角带着一点笑意外，别处都是僵硬的，尤其那双眼睛，分明是冷冰冰的。

语堂边坐下边问：“不知阿伯找我有何见教？”

陈天恩打着哈哈说：“见教谈不上，我只是很喜欢和年轻人聊聊，你和希佐他们是同学，来了几次，我一直瞎忙没有跟你坐坐，今天有时间了，想跟你聊两句，你不会厌烦我这个老头子吧？”

接着他便问起语堂的学业和家庭情况，语堂小心翼翼地认真回答着，他看得出，对方对他的回答并不在意。

聊了一会儿，陈天恩话锋一转说：“你也该到考虑成家的时候了，家里为你张罗了没有？”

语堂说：“在这方面父亲很尊重我的意见。这一段时间我和希佐、锦端他们来往比较多，我感觉……”

语堂正要说出自己对锦端的好感，进而向对方表态一定给予锦端幸福时，陈天恩却拦住了他的话说：“在咱们国家，婚姻大事还是父母做主、媒妁之言比较稳妥，这也是被几千年的社会证明了的颠扑不破的真理。”

停了一下，他眼睛直盯着语堂说：“就依我的长女锦端为例，如果听任她自己选择，还不知道她会选择一个怎样的人，很可能论家庭与我陈家全然门不当户不对，论个人不尊教义、自作聪明，你说，这样的人我陈家能接受吗？”

语堂顿时感到脸上有些发烧，头脑里嗡嗡作响，这不是明明在说我吗？不直接拒绝，却绕着弯挖苦我，陈天恩果然是个厉害角色。

他张了张嘴想反驳，却又不知从何说起。

陈天恩观赏着他的窘态，呷了一口茶，又指着佣人端给语堂的那杯茶水说："品尝一下，这可是上等的大红袍，是福建茶王蔡贞楚前两天刚给我送来的。据说每当采茶之时，要焚香祭天，然后让猴子穿上红色的坎肩，爬到绝壁的茶树之上采摘茶叶。所以数量稀少，价格昂贵。"

语堂此时正感到嗓子发干，端起茶杯一口便喝干了。陈天恩心中说：可惜一杯极品乌龙了！怎能做此牛饮？乡下小子就是乡下小子，再读多少书也是本性难移。

待唤来佣人斟上茶水后，陈天恩接着说："我和蔡贞楚就快成亲家了。我已将锦端许配给了蔡贞楚的公子，过两天准备先给他们办个订婚仪式，到时候你一定来呀！"

陈天恩声音不高、慢条斯理说出的几句话听在语堂耳中，犹如晴天霹雳一般，他感到有些天旋地转，下意识地双手紧紧抓住沙发的扶手。

语堂的悲痛反应让陈天恩心里有些不忍，他也担心事后有人会说他嫌贫爱富、棒打鸳鸯，便把事先伏好的一招拿了出来，对语堂说："希佐跟我说，你是个很有才华的青年，我家的隔壁邻居、钱庄老板廖悦发的二小姐正待字闺中，听说又漂亮又贤惠，我愿意为你们牵线搭桥。你回去跟父母商议一下，如果愿意的话，哪天约个日子你来相亲。"

林语堂马上明白了陈天恩的用意。他觉得自己受到了极大的侮辱，就算你陈家看不起我，你也不需要把他推给隔壁家的小姐。

他义愤填膺了，知道再坐下去自己可能会控制不住，就立刻站起来，含混地嗯了一声，扭头走出了陈天恩的书房。

他不知道自己是怎么走出陈家的，在走下山坡时他接连摔倒了两次，衣服的肘部和膝盖处都破了。他迷迷糊糊地来到了码头，迷迷糊糊地上了船，迷迷糊糊地回到了漳州。在漳州的大街上，他就像是个行尸走肉，摇晃着，趔趄着，好不容易才走进了大姐的家门。

他的失魂落魄的样子把牧师太太吓坏了，连连发问，心里有些糊涂的语堂好半天才认出母亲，心中的委屈一下子像决堤的洪水倾泻而出。他扑到了母亲怀里，嚎啕大哭起来。牧师太太万分惊恐，又不知事情原委只是瞎跟着流泪，好容易语堂哭累了，才劝他回了房间。待语堂在床上躺下，她便赶紧托人去告诉牧师。

晚上，刚回到家的大姐陪着牧师太太提着一盏马灯走了进来，看到语堂躺在床上正在默默流泪，牧师太太也哭了出来。

大姐近前问他："是不是陈家不同意你和锦端来往？"

语堂点点头。

大姐高声说："这个结局挺好。娶了陈天恩的女儿，你拿什么养她？"

语堂的情绪渐渐平复，他没有点灯，睁着眼睛在黑暗中静静地躺着。漳州的人们歇息得早，白日的喧嚣随着夜色的来临早已消散，只能隐隐听到远处的蛙鸣声和近处不知名的虫叫声。

锦端的美丽俏影和她那天真活泼的音容笑貌又浮现了出来，往日二人在一起时的甜蜜情景一幕幕地在眼前展现：

锦端第一次出现在杰克餐厅时，瀑布般的长发被宽大的发夹拦腰别住的那种柔顺和妩媚；

锦端在教堂双手合拢，虔诚祷告，雕塑一般的侧脸散发出的圣母玛利亚似的圣洁光辉；

他第一次握住她那修长、细腻、宛如溪水般柔美的手时，她脸上显出的美艳和娇羞；

他在影剧园哭泣时锦端在他的手背上轻轻拍打安慰，显露出的女性的抚爱和柔情；

锦端在外滩指点着幢幢建筑向他侃侃介绍它们各自的建筑风格时，展示出的聪颖和才华；

锦端在苏州河湾脱掉鞋袜，挽起裤腿，跳入河中摸鱼放生时，表现出的顽皮和烂漫；

锦端在画展室外捂着笑疼的肚子，皱眉忍痛时，显示出的俊美和妖娆……

语堂不禁呼出声来：锦端啊，你已经刻入我的骨髓，融入我的血液，你让我怎么能够将你割舍呢？

林语堂和陈锦端的爱情就这样戛然而止了。

林语堂深深地爱着陈锦端，陈锦端也深深地爱着林语堂，但他们中间横亘着一条世俗的河。这条河不比银河，王母拔簪划河，而牛郎织女终是夫妻，年年七夕可以鹊桥相会。而他们却被这条天河分隔两岸，遥遥相望，无桥可渡，虽是有情人，却终不能成为眷属。

金玉良缘篇

3.1 捡个夫婿配鸳鸯

在厦门鼓浪屿，距陈家的住宅不远，树木掩映着一个英国乡村风味的别墅。一进门是一个巨大的草坪，草坪两侧是圆穹顶的拱廊，分别通向两列绛红色尖瓦顶、拱形长窗的房间，草坪上有几株高大的古榕、香樟和玉兰树，草坪的尽头是一幢二层小楼，顺着台阶走上去是宽阔的客厅，迎门是一副巨大的雕花屏风，转过屏风可见厅中的黄铜欧式大吊灯，各式酸枝梨木家具。一个弧形楼梯通向二楼，厅内两边各有厢房。整个别墅简练而朴实，却颇有气势。

这别墅的主人，就是厦门豫丰钱庄老板廖悦发。

廖家虽非锦衣玉食之家，却也是富贵门庭。廖悦发原本是安溪乡下布衣，早年随着父兄到厦门做竹器土产生意，后来下南洋印尼苦拼，终于挣下了一个偌大家业，回厦门后创建了豫丰钱庄，并拥有码头、仓库以及房地产等若干产业。

初升的朝阳给郁郁葱葱的别墅区染上了一层胭脂红，初秋的天使又为大地穿上了薄如蝉翼的秋雾凉衫。迎着朝阳，一个人正顺着石板路向廖家走来。他不时停下身子，看一看湛蓝的没有一丝云彩的天空，闻一闻初秋雾晨山林间特有的清爽湿润的空气。

向廖家走来的人是陈天恩。此刻他的心情非常畅快。两个年轻人极不合他心意的恋情在他两记漂亮的技击下便断绝了来往，锦端那艘偏离了他的航道的船舶迅速被他拨正了航向。最后他那招“己所不欲、却施于人”将林语堂介绍给廖家的提议，没想到林家竟然同意，昨天专门来人告知，并托他保媒，他心里怎能不愉悦？拆散了鸳鸯又做了媒人，心底的不安、对别人议论的担忧，顷刻间烟消云散。他边走边想，看来这林语堂找锦端的目的也不是那么单纯，不排除有很大的攀龙附凤成分，不然与廖家人素不相识，为什么一听人家是银行家就同意了？他更加觉得自己当机立断拆开他与锦端确实是明智之举。那么，这廖悦发会接受这个女婿吗？以他对廖悦发及廖家人的了解，他觉得大有可能，一个暴发户能有这么一个还算有些才华的女婿就算不错了。想到自己狠狠敲了林语堂一棒还要喝他敬的媒人酒，他不由得从心里笑了出来。

那么，林语堂怎么会同意这门亲事呢？这还得从老牧师火速赶往漳州看儿子说起。

那天受到强烈打击的语堂神情恍惚地回到漳州大姐家，牧师太太又心疼又害怕，连忙找人给已经回到坂仔的牧师捎口信，说语堂从厦门回来就得了病，让他快来看看。

老牧师接到口信后，点燃烟锅抽了两口，就大致猜到了事情的原由。语堂一向身体健壮，怎么可能会突然得了大病？既然是从厦门回来后才得，那病因就在厦门，而且十有八九是心病。想到儿子告诉他几次去陈家，锦端都避而不见，老牧师想，肯定是陈天恩亲自出面，十分决绝地阻止了语堂与锦端的来往，语堂受不住这巨大的打击才病了。

两滴老泪从老牧师眼中落下，谁让自己是个穷乡村牧师呢，今天才让语堂受了这么大的打击，他觉得自己对不住儿子。心病还得心药医，现在只有赶紧给语堂定下一门亲事，才会让他从锦端那里收回心来。

老牧师急急忙忙感到漳州，看到语堂后见他的心情已经基本平复，他心里踏实了许多。牧师拉住语堂的手说："都怨阿爸呀，阿爸没本事，咱家太穷。"

语堂一把抱住父亲说："阿爸你怎么能这样说？你是天底下最好的阿爸！为了我们你把自己的血都榨干了，我们都为有你这样好的阿爸感到幸运。"

一旁的大姐大声说："穷，怕什么？咱大山里出来的人，穷也要穷得有志气！他陈家嫌贫爱富看不起我们，我们也犯不着自轻自贱非要赖在他这棵树上！”

大姐的话刺激了语堂那大山之子的天性，他用坚定的语气说：“阿爸，阿妈，大姐，你们放心吧！今后我再也不会登他们陈家的门了。”

看到语堂终于从巨大的打击中挺过来了，一家人都感到很欣慰。

老牧师又点着了烟，一边吧嗒着一边对语堂大姐说：“你说得对，咱不能赖在他陈家这一棵树上，多留心点，看看周围有没有适合语堂的姑娘，最好在他出国之前把婚事办了。”

语堂忽然想起了陈天恩那天说的保媒的话，就把他的话告诉了大家。

牧师太太愤愤地说：“他家不要，又推给别人，他安的是什么心？”

语堂大姐说：“廖家的二小姐我认识，名叫廖翠凤。读中学时跟我是同学，虽说她家也是有钱人家，可是毫无娇宠之气，一点儿不像个富家小姐，长得很有福气，聪明贤惠，大方得体，确实是个挺不错的姑娘。”

牧师太太一下子高兴了，鼓动着儿子说：“要真是这么好的姑娘，你可不能错过。”

老牧师徐徐吐出一口烟雾后说：“这个廖家姑娘，我看适合语堂。”

大姐问语堂：“你看怎么样？说句话呀！”

锦端的事绝望之后，语堂对男女婚姻之时已经没有了热情，他不是爱情至上主义者，加上深受道家“顺生”思想影响，在无法与命运抗争时就会接受现实，所以此时看到一家人都很愿意，便点了点头说：“你们看着合适就好。”

看语堂答应，老牧师眉开眼笑了，轻轻拍拍儿子的头说：“你小子，还挺有女人缘！”

牧师太太和语堂大姐也哈哈大笑起来。这是数天来从林家传出的第一阵笑声。

陈天恩快走到廖家别墅的铁栅栏门时，恰逢廖悦发正走出大客厅里，一看见陈天恩，他赶忙跨着大步迎了出来。

廖悦发五十多岁年纪，身材不高，胖胖的，红脸膛，肿眼泡，眼睛不大，笑起来更成了一条细缝，一看就是那种外和内刚、人缘很好但家教极严的人。

“嗨吆！我的大长老，怨不得一大早我家门前就喜鹊直叫，原来有贵客登门。”廖悦发握住陈天恩的手，眼睛完全埋在了满脸笑容里。

陈天恩打量着廖家的院落说：“你这里比我那里布置得敞亮多了，简约明快，幽静舒适。”

“哪里哪里，我怎么能和长老家比。就你那个大游泳池，那一池碧水，多气派！”

“唉！别提了，那个游泳池可没弄好。我自小喜欢在大海里游泳，年纪大了想在自家院里也享受一下，谁知道，完全不是在大海里那种劈波斩浪的感觉，这么个小池子，简直像个大洗澡盆。”

两人边说笑着，边走进了大客厅。

陈天恩又赞叹了半天廖家一水儿的酸枝梨木家具，方才转入正题说：“今天我过来，是想给你家的二小姐做个媒人。”

廖悦发这几天正为二小姐廖翠凤的婚事有点生气，眼看着就要二十岁了，虽然不断有人上门提亲，她就是不愿意。

“长老保媒，看来对方条件一定不错。”

“他父亲是咱们教会的人，是一个牧师。男孩子现在上海圣约翰大学读书，很快就要毕业了，在学校里很优秀。对了，你家二公子不是也在圣约翰大学读书吗？他一定知道。”

廖悦发忙命佣人把二公子超照叫来。

廖超照看到从未登过门的陈天恩，神情一愣，慌忙上前打招呼。

廖悦发告诉超照，陈伯父是来给他妹妹翠凤说媒的，男孩子也在圣约翰大学读书。

“阿伯，您介绍的是哪位少爷？我认识吗？”

“名字叫林语堂，你有印象吗？”

“语堂？”超照惊讶地差点跳起来，“他不是……”

陈天恩瞬间就明白了，他不仅认识林语堂，而且还非常熟悉，很可能还知道林语堂和锦端相恋之事，他绝不能在这个时候让超照把这件事情给捅出来，于是，赶紧截住他的话说：“看来你们是认识了，那就给你父亲好好做个介绍。阿伯我今日为何来提亲呢？因为林语堂跟我家希佐和希庆关系要好，经常来找他们。前几天我刚刚给锦端和福建茶王蔡贞楚的公子定了亲，我看林语堂很有才华，将来一定有前途，忽然想起你妹妹还待字闺中，于是就过来做这个月下老了。”

廖超照顿时明白了，原来你已经给锦端订了亲，估计锦端不大乐意，你就来个釜底抽薪，来我家给语堂保媒，绝了锦端的退路。这招可真够狠的。不过我可不管你是不是在与锦端明争暗斗，我只知道，翠凤要是知道了这件事，非乐疯了不可。

他心里正在琢磨，不提防父亲突然一拍他的脑门问：“你到底认不认识这个人？”

超照笑着说：“爸爸，不仅我认识，您也认识。”

“我也认识？”

“就是每年放假跟我一起回家，在咱家吃过饭留宿过的那个林语堂。”

“哦！语堂呀，我看那年轻人不错，彬彬有礼，而且挺有见识。”

“当然了，人家是我们学校的尖子生。那才叫做优秀呢！每次考试前我们复习得一个头两个大，他天天扛着鱼竿去钓鱼，等考完一公布成绩，他的分数比谁的都高。他不光学习好，参加足球队他是全队的核心，参加划船队大家选他做队长，参加竞走比赛他刷新了学校的记录，他还作为中国队的代表参加了远东运动会，那可是我们整个圣约翰大学的骄傲！”

超照生气陈天恩选了别人作女婿而把他的好友语堂推给别人，故意极力夸赞语堂说：“语堂就是我们圣约翰大学之宝，学校里谁不以跟他要好为荣，因为他的杰出，连我们这些福建老乡都跟着脸上光彩。他才华横溢，人又长得帅气，挨着我们学校的圣玛丽女校的女学生们每天下课后堵在我们校门口，就为了能远远看他一眼。”

陈天恩看出了廖超照的用意，故意说了一句：“可能就是家境一般。”

廖悦发却接过话来说：“家境差点我倒不在意，你知道，我过去也是布衣出身，家境差的家里走出的孩子懂得生活的艰难，更有出息。”

廖悦发又转过脸对超照说：“就是不知道翠凤怎么想，她会中意语堂吗?”

“她不中意?”超照哈哈笑着说，“她要是知道了这事，高兴得下巴得砸到脚面上。”

“你这是什么话，哪有这么说妹妹的!”廖悦发笑着嗔怪超照。

“爸爸，您不知道，虽然您家教严，家里来了客人就决不许女孩子们下楼，可是每次语堂来咱家做客，妹妹都会一直偷偷地看他。语堂在咱家留宿，她都会要我把语堂换下来的衣服拿给她去洗，第二天一早再叠得整整齐齐地交给我。我每次回到家，她都要我把语堂的事讲给她听，听说语堂一次大会上四次被念到名字登台领奖，她激动得跟自己得了奖一样。我早有心让她和语堂见见面、说说话，可是就怕您知道了会不高兴。这次回来我告诉她语堂已经有恋人了，她当时就气哭了，一直不好好理我。”

“语堂有了恋人了?”廖悦发有些着急地问。

廖超照看了陈天恩一眼，故意不说话。

陈天恩忙说：“这事希佐也跟我说了，是同学之间的谣传。对吧，超照?”说罢，陈天恩两眼直直地看着廖超照，希望他帮助说句话。

廖超照只得说：“是谣传，要是语堂真有恋人，阿伯也不会给他做媒的。”

陈天恩这才舒了口气，不过，他心底也隐隐地想，我把林语堂推了出去是不是有点可惜?

廖悦发已经打定了主意说：“长老大人，我看语堂这孩子不错，这门亲事我答应了。我的意思是，让语堂正式到家来提个亲。之后选个日子，先给他们订了婚。将来结婚时我会好好请你喝谢媒酒。”

“好！我回去就告诉林家，三天之后，让语堂来上门提亲。”

陈天恩回到家，给林至诚写了封短信，说明廖家已经允婚，希望语堂三日后上门提亲。他并没有说廖家熟悉林语堂，只说廖家住在44号别墅。

林语堂虽然听从父母和大姐的话，答应了与廖家的亲事。但是让他为了这个自己毫无热情、女方高矮胖瘦自己毫不知情、双方毫无感情基础的婚姻去登门提亲，对性格倔强的他来说真是勉为其难了。

于是，牧师太太又流了许多眼泪，老牧师又抽了好几锅烟，大姐又讲了半个多时辰的“娶妻求贤”的道理，最后，语堂终于耷拉着脑袋，拖拉着步子，提着父亲准备好的礼盒，去往厦门鼓浪屿了。

顺着别墅的门牌找过去，竟离陈家越来越近，语堂的心又揪了起来，双腿像灌了铅一般沉重，他把头压得低低的，不向那冰冷的院落瞧一眼。终于，标着44号别墅的路标指向一条岐路，语堂方才松了一口气，快步走上了那条被三角梅、夜来香等花丛夹着的道路。

刚刚看到44号别墅，从大开着的铁栅栏门内就跑出来一个人，高声喊着“语堂”向他奔过来。

“廖超照!”语堂喜出望外地高喊着，和扑过来的超照抱在一起。

激动过后，语堂不解地指着别墅问：“你怎么会从……”他突然明白了，“这是你家，廖翠凤是你妹妹?”

“对呀!”超照对他胸口打了一拳。他又上下看了看语堂，见他西装革履，头发齐整而油亮，鼻梁上架着一副金丝眼镜，不由笑着说，“行啊!这装扮真像个新姑爷。”

“别逗我了！我要知道就是你家，连考虑都不考虑就跑来提亲了。”

两人有说有笑地进了大厅，廖悦发满意地笑看着俊朗而儒雅的语堂，给他介绍着廖夫人、超照的大哥和三弟等几个有资格在客厅迎候的家人。在寒暄时语堂扫视了一下大客厅，他特别注意到墙上挂着一块匾额，红木纹衬板，暗绿色的走边木条，淡黄的底色上书写着深蓝色的三个大字“立人斋”。

提亲的事讲罢，廖悦发就请语堂入席开宴。因为早就熟络，彼此都不拘谨，气氛十分融洽。语堂神情轻松，对答得体，深得廖家全家人满意。

席间，语堂总觉得有两道目光从隐蔽处盯着自己。四下看看，却没有发现任何人。原来是二小姐廖翠凤在偷看意中人。她见一碗米饭端上来，语堂几口一扒就见了底，不由得扳着手指，数着他到底能吃几碗饭。

这次提亲，翠凤依仗着地利优势，把语堂看了个够。可是语堂却始终未看到翠凤的容貌。

语堂走后，心里乐开了花的翠凤总是情不自禁地哼着小曲，连走路都是蹦蹦跳跳的。

廖太太有些不快地说："一个牧师的儿子，家里那么穷。"

翠凤立即坚决地说："贫穷算不了什么。"

廖太太嘲讽她说："人家不要的，你捡上了，还当成宝。"

翠凤高昂着头说："我捡的就是宝，是个金元宝！"

廖太太又担心地说："恐怕他真正喜欢的还是那个陈锦端。"

廖翠凤默想了一下，就语气坚定地说："我相信他会喜欢我。"

3.2 袭人与晴雯

圣玛丽女校的音乐厅里，学生们正在学跳踢踏舞。

踢踏舞原本是一种民间风俗的舞蹈，爱尔兰移民和非洲奴隶大批涌入美国后也将民间舞蹈传入，美国百老汇将其糅合成了一种欢快的舞步。踢踏舞表演者穿着特别的踢踏舞鞋，用脚的各个部位，在地板上摩擦拍击，发出各种踢踏声，给人的感觉是轻快、活泼、自由与节奏感十足。正是这种舞蹈的独特魅力，所以它刚在美国出现，紧跟世界潮流的上海便开始在年轻人中流行。

此时，聚集在宽大的音乐厅中的女孩子们，正在不错眼珠地看着舞蹈教员的示范。

只见身穿红色舞衣、身形健美的舞蹈教员舞动着修长而灵巧的双腿，带动着脚下变幻多端的节拍，地板微颤，双脚频踏，节奏有力，令人眼花缭乱。少女们阵阵惊呼，目不暇接，大家似乎融化在了舞者的舞步之中，心绪随着那“踢踢踏踏”的声响荡漾着。当那舞蹈在高潮中突然结束时，她们竟忘记了鼓掌，好像同时静止在舞场中央。

“太美了，太美了!”半晌，掌声才轰然响起。前排的一个长着圆圆的脸的姑娘竟然激动地抹着眼中的泪水。

“下面听我来讲解学跳踢踏舞的要领。”舞蹈教员开始边示范边讲解，女学生们的眼睛个个瞪得像铃铛一样。

“跳踢踏舞一定要先把脚踝活动开，因为这种舞主要用的是踝关节。大家跟我做，先练习脚的勾绷，然后脚脖子向里转一转，向外转一转。这个动作熟练了，再联系抖动膝盖，使膝盖关节放松。”

学生们于是都伸出腿来，练习脚的勾绷和转动。

忽听“咕咚”一声，那个圆脸姑娘一下子失去了平衡，重重地坐倒在地。姑娘们大笑起来，有的还笑岔了气。

圆脸姑娘半天起不来身子，要不是臀部也是圆圆的富有弹性，这下非得蹾坏尾骨。身周的几个姑娘赶忙过来扶她，有的还对继续笑着的人举着拳头表示抗议。

舞蹈教员也走过来，关切地询问着：“廖翠凤，怎么样？需要去看校医吗？”

廖翠凤按着腰，摇了摇头。

“那你先到旁边歇一歇，等不疼了再练。”

几个同学扶着她，一瘸一拐地走到弧形唱台坐下。

舞蹈教员继续一个要领一个要领地教着：“膝关节弯曲——脚全掌着地——单臂摆动练习——双脚跳——转体 90 度拍掌……”

翠凤目不转睛地看着，心里默默地记着，准备培训结束后自己偷偷苦练。

翠凤进入圣玛丽女校已经有三个月了，她学的是美术专业，但她兴趣广泛，既参加了学校的合唱团，还参加了踢踏舞培训班，不过这些兴趣爱好都有一个明确的目的，就是为了未来做新嫁娘时多一点儿本事。

翠凤长得确实很有福相，高高的鼻梁，圆润的脸庞，尤其是那双比语堂要大得多的眼睛，亮亮的，透着聪慧，透着善良，又带着几分稚气。她不赶时髦，不爱打扮，头发只是梳一个简简单单的髻，经常是素面朝天。

进入圣玛丽女校后，这个开朗大方、浑身散发着青春气息的姑娘很快赢得了大家的好感。翠凤自小是严格按照贤妻良母模式培养出来的，擅长烹饪、缝纫、洗衣，又很会照顾人，而来圣玛丽女校这所著名的贵族学校读书的基本都是富家小姐，很多人娇生惯养，连生活自理能力都成问题，翠凤俨然就成了她们的知心姐姐。

培训结束了，同学们都围过来问她好些没有，她笑着回答没事了，劝她们先走，自己再想想今天的培训内容。

待同学们离去后，翠凤凭着记忆一个动作一个动作地练起来，待所有的训练动作练熟，她累得一屁股坐在了地上。

歇息了一会儿，她正要起身，忽然窗外墙根下传来了几个人悄悄说话的声音。翠凤隐约听到她们说着林语堂的名字，立刻引起了注意。她慢慢向那扇窗户移过去，外边的说话声渐渐清晰起来。

“就是嘛！我都有半年没看见他了。”

“我跟舒华去圣约翰大学门前等了好几次，连个鬼影都没看见。”

“唉！看见又如何，那副目不斜视的样子，好像他根本不把你放在眼里。”

“正是这种冷傲的样子，那才叫酷，才叫迷人。你看那些一天到晚涎着脸跟在你屁股后边转的小白脸们，那才叫讨厌呢！”

“你们说，他是不是有问题，据说有那种男人，根本就对女孩子不感兴趣。”

“瞎说啥呢！不是有人看见他和咱们那位陈校花压过马路吗？”

“对啦，怎么也不见陈锦端呢？别是俩人私奔了吧？”

“陈锦端早不上学了，据说她爸爸给她找了个‘金龟婿’，回去准备嫁人了。”

“这么说，林语堂跟她没有关系。”

“喂！你们在说谁呢？”

“还有谁？还不是隔壁学校那匹白马。”

“不对，是白马王子。”

“林语堂呀！人家早去清华学校任教啦！”

“去北京啦！怪不得见不到他了。”

“唉！”外边几个人同时在叹气。有一个人幽幽地说：“真不知将来什么人有那么好的福气能够嫁给林语堂？”

翠凤听得差点笑出声来，她真想跑出去告诉他们，本小姐就是林语堂的未婚妻。

在北京市城区西北方向，距市中心一百五十里的八达岭上，横卧着一条蜿蜒的巨龙，这就是享誉中外的中国万里长城。

在一处敌楼上，林语堂久久地望着长城，心中感慨万端。在金色的阳光照耀下，长城显得那样沉静、那样庄严，东不见其首，西难见其尾，随着山峰的走势，迤逦曲折，伸向远方。高大坚固的城墙，彼此呼应的敌楼，五马并骑的墙道，密集排列的垛口，使人恍惚间又回到了那金戈铁马、抵御外侮的年代。那无数的条石台基，无尽的巨砖墙壳，凝聚着多少中国劳动人民的汗水和智慧！

“语堂，快跟上！”

语堂紧跑一阵，追上了走在前边的同事们，大声赞叹说：“太伟大了！简直就是世界奇迹！”他用脚使劲儿踏了一下地上的方砖，接着说，“真是坚如磐石啊！”

“坚如磐石？它却抗不住一名女子的哭泣！”一位同事说。

“什么样的女子？竟然如此厉害！”语堂大睁着双眼问。

“你不知道孟姜女哭倒长城的故事吗？”几位同事几乎同时问。

语堂神情茫然地点点头，同时为自己孤陋寡闻在同事面前出丑而羞愧。

“真不知你是从哪个星球来的？”一个同事一边和他开玩笑一边给他讲起了那段凄婉的传说：

“相传在秦朝的时候，有一个聪明美丽的姑娘名叫孟姜女，这天发现自家丝瓜架下藏着一个人，原来是躲避繁重劳役的青年范喜良。孟姜女的父母见范喜良知书达理、一表人才，就招他为婿。新婚三天，新郎就被抓走去修筑长城。这一去必然是凶多吉少，孟姜女眼巴巴地盼了一年音信全无，于是就一连几夜为丈夫赶做了寒衣，亲自去长城寻找他。孟姜女穿过一道道的山，越过一道道的河，脚都成了血疙瘩，终于到了修长城的地方。她找到修长城的邻村民工，才知道范喜良早已因饥寒劳累而死，尸骨被埋在了长城墙下。孟姜女手拍着长城，失声痛哭起来，成千上万的民工都跟着落泪，只哭得天昏地暗，日月无光。哭着哭着，就听一声巨响，长城像天崩地裂似地倒塌了一大段，露出了一堆堆尸骨。孟姜女从尚未腐烂的衣衫上认出了丈夫。她守着丈关的尸骨，哭得死去活来。最后怀抱着丈关的尸骨，投海而死。”

这悲惨的故事让语堂久久无语。不是怕同事们笑话他早已抽泣起来。

这件事也深深刺激了语堂，在回清华的路上他反复在想，我连使巴勒斯坦的古都耶利哥城陷落的约书亚将军的号角都知道，为什么却不知道人人皆知的孟姜女哭倒长城的故事？多年上教会学校，割断了我与中国文化的联系，现在自己对中国历史实在知之甚少，中文也仅仅是半通，我还算是中国的知识分子吗？真是惭愧。

为了洗雪耻辱，语堂开始近乎疯狂地补习中国文化。

清晨，同宿舍的同事唤他："今日春意盎然，咱们一起去郊游如何？"

语堂还赖在被窝里，只应了一句"你去吧"，继续头也不抬地抱着一本书看。

同事走过来，拿过书一看说："还是这本《红楼梦》，你都看了一个多礼拜了，你的魂是不是钻进大观园里出不来了？"

语堂抢过书来说："你哪里懂得个中滋味！"

傍晚，同事从外边回来，见他还伏在桌上看那本《红楼梦》，嘴里还念念有词，便笑着说："你真的中邪了？"

"这可是中国古代四大名著，怎么能这么说？"语堂起身拉他在身旁坐下，"你看袭人和晴雯的对话，我感觉她二人的说话是最有味道的，地地道道的北京白话，你听晴雯这段，'我倒不知道你们是谁，别教我替你们害臊了！便是你们鬼鬼祟祟干的那事儿，也瞒不过我去，那里就称起我们来了，明公正道，连个姑娘还没挣上去呢，也不过和我似的，那里就称上我们了'，这京白，念着也过瘾。诶！要不这样，我学晴雯，你学袭人，咱俩把这段演练演练。"

同事一推他说："我才不和你疯呢！两个大男人，关在屋里学两个丫头的对话，传出去成何体统？"

同事走了，语堂又开始津津有味地学着袭人说话："'姑娘倒是和我拌嘴呢，是和二爷拌嘴呢？要是心里恼我，你只和我说，不犯着当着二爷吵，要是恼二爷，不该这么吵的万人知道，我才也不过为了事，进来劝开了，大家保重，姑娘倒寻上我的晦气……'。"

在苦读中文中，语堂也苦学着北京白话，以免他的闽南话影响了中文表达。他发现《红楼梦》中的北京话，是无可比拟的杰作，使他找到了一条学好白话的捷径。

放假返乡时，语堂依然带着那本《红楼梦》，他已经到了爱不释卷的程度。

语堂的父亲林至诚已从坂仔迁到了漳州，这个在乡间多年布道的老牧师身体日渐衰退，已经需要人来照顾了。语堂看着瘦骨嶙峋、头发已经全白的老父亲，心里揪心地难受。父亲要他细细讲述北京的风土人情，讲述他在清华学校的教学生活。听着他的讲述，老牧师的脸上浮现出由衷的欢乐之情，看到儿子凭着卓越的才能闯荡在他所向往的外面的世界，他觉得自己的半世操劳没有白费。

父子刚刚相聚了两日，他就催着儿子去厦门岳丈家探望。五儿子完婚出国，是老牧师此生所剩不多的时日里最重要的事情。

来到厦门鼓浪屿，语堂没有直接去廖家，而是顺着山路走到了古榕葱茏的龙头山顶。他闭着眼睛，感受着厦鼓海峡吹来的风，风声如泣如诉，好像在永不停歇地唱着一首岁月之歌，那歌声时而悲壮，时而欢悦，时而激越，时而恬淡，使他似乎在啜饮着一杯久久珍藏、浓烈醇厚、五味杂陈的酒。

听罢这歌，饮罢这酒，他似乎进入了一种悟道的境界。他睁开双眼，看着那在繁茂的丛林中若隐若现的别墅，心底那对锦端的无尽思念，对那段美好时光的记忆，渐渐淡化了，飘散了，化为了过眼云烟。他迈着轻松的步伐，向廖家的别墅走去，去完成父亲交办的、纯义务性的、虽然毫无兴趣但也不能不去的探望任务，

语堂走进别墅大门时，见到一名女子正端着一盆衣服步出客厅来晾晒。那女子见到他后一愣，接着便满脸通红，衣服盆子一下掉落地上。她也不管衣服，捂着脸转身跑了进去。

一瞬间，语堂猜测到，这就是上天赐给自己的那位妻子。凝神想想，印象还不错，圆脸盘，大眼睛，高鼻梁，红嘴唇，虽然不是那么靓丽，但喜气大方，很有生气。

这时廖超照喊着他的名字迎出来，把他拉进了客厅。

落座后，超照说：“今天我父母都不在家，‘山中无老虎，猴子称大王’，家里的事都是我做主了。”他扭转头大声对楼上喊，“阿凤，下来，

和语堂坐一会儿。”

好半天，翠凤才从楼梯上下来。语堂看到，她已经换了一件藕荷色长裙，头发也细心地盘了起来。她依然很羞怯，圆脸上罩着一层红晕。

翠凤做梦也想不到自己日思夜想的语堂会突然出现，她的心一直在扑通扑通地乱跳。她不敢抬眼看语堂，挪着步子从楼梯口走到沙发前，慢慢坐下来，却只坐了半个身子。

“怎么今天这么扭捏？眼看就成一家人了，随便一点。”超照笑着说。

翠凤抬眼瞪了超照一眼，又羞涩地看了看语堂，低声说：“放假了？”

“嗯，放假了。”翠凤的拘谨感染了语堂，他竟不知接下来该说什么。

这时翠凤站起身来说：“我去准备午饭，”走出一步，又转身问语堂，“你吃肉松吗？”

“当然吃了。那是我的最爱。”

翠凤冲语堂一笑，高兴地向厨房走去。

语堂看到，翠凤的牙齿很白，白得照人。

超照说道：“你有口福了！我们廖家的自制肉松是鼓浪屿一绝，很像浙皖一带人家年末自家腌制的‘香菜’，是专门用于待客或者送人的。阿凤的肉松在我家又是最棒的。”

这时，从客厅后面的厨房里传来叮叮当当的锅碗瓢盘响动声，以及廖家女子们嘻嘻哈哈的说笑声。

翠凤不理别人的调笑，精心地熬汁、剁肉、切丝、剔筋，满心欢喜地做着她有生以来最重要的一次肉松。

翠凤的肉松果然做得十分精美可口，语堂几乎吃了半盘，还比平时多加了一碗米饭。

饭后，语堂揉着吃得过饱的肚子和翠凤在客厅对坐聊天。超照借故离开了，还叮嘱家里人谁也不许前来打扰。

看着语堂的样子，翠凤已经没有了起初的拘束。她把一杯浓浓的安溪铁观音端到语堂面前，让他喝茶消食。

语堂一边喝茶一边有一句无一句地问着她的学业和喜好。他忽然想起自己曾被同事拒绝的提议，便问：“你家有《红楼梦》吗？”

“有啊。”

“快去取来。”

翠凤莫名其妙地把书拿给他。

语堂把书翻到了第三十一回“撕扇子作千金一笑，因麒麟伏白首双星”，指着书对翠凤说：“咱俩一齐来读，你读晴雯的话，我读袭人的话，好吗?”

翠凤不解地看着语堂。

语堂忙解释说：“我在北京生活工作，不能总讲闽南话，必须要学习北京白话。而《红楼梦》是北京白话的范本，所以我每天都在读。可是一个人读总觉得没意思，体会不到那种语境。所以想让你跟我一齐来读。”

“好啊!”翠凤很兴奋，能和自己深爱的人共读《红楼梦》，在她是从未有过的乐事。

翠凤多次读过《红楼梦》，不过同一般的青春期少女一样，只是把《红楼梦》作为爱情小说来读。通过《红楼梦》学讲北京话她还是第一次，她尽量学着语堂的音调，一句一句认真地读着那些对白。

当读到晴雯说的那句“你们鬼鬼祟祟干的那事儿，也瞒不过我”时，翠凤忽然想起圣玛丽女校的学生说林语堂“也许有问题，根本对女孩子不感兴趣”的话，心里一下产生了一个调皮的念头。

她想故意问语堂：“他们鬼鬼祟祟干的是什么事?”看看语堂会是什么表情。可是话到嘴边，还是咽了回去，心里暗暗责怪自己，头一次二人在一起，怎么能如此放肆。她虽然没有说，但是“那鬼鬼祟祟的事”这句话却留在了头脑里，她的脸变得绯红了。

3.3 吃泻药的新娘

北京市琉璃厂有着名气很大的旧书摊，是文人到京淘书的必去之处。一眼望去，几百个旧书摊一个挨着一个摆在那里，摊主有北京人、河北人、河南人、四川人等，成百上千的淘书人蹲在书摊前不停地翻找旧书，各种口音的人用不高的声音在那里讨价还价，这里真可谓是旧书的海洋、读书人的圣殿，场面蔚为壮观。

琉璃厂旧书摊在顺治年间就很具规模了，那时的摊主多半是前清科举落榜的文人。他们没脸回老家，又无一技傍身，卖书便成了本行。清朝败落后，一些贵族遗老也流落至此，琉璃厂越发地热闹了。这里卧虎藏龙，精通目录学和版本学的比比皆是，像早年一字难求的帝师朱益藩，居然也在这里挂起了笔单，卖字画为生。

每天，一个头发梳得平整光滑、带一副金丝眼镜的青年都会到这里来，从一个书摊逛到另一个书摊，放下一本书再拿起一本书，时不时地操着一口闽南语和北京话混杂出来的古怪口音和摊主交谈，虽然看的书多买的书少，却穿梭往返，乐在其中。

这青年就是正在恶补中国文化的林语堂。他在旧书摊上找到了极大的乐趣。蹲在那里，看着书脊上的书名，抽出自己感兴趣的书籍，翻看一会儿书中的序、跋和内容大意，虽然轻易不出手去买，但心里也很惬意，而且在翻看中，各种各样的知识便悄然地输入了自己的头脑中。他找到了儿时那种摸鱼捉虾的感觉，从一个书摊转入另一个书摊，就好像从一条石缝转战到另一条石缝，神经总是处于亢奋的状态。当然逛旧书摊也有不如意之处，就是旧书一般很脏，一天下来，搞得双手脏兮兮的，对于渐渐变得洁净的语堂来说，也是一件添堵的事。

他已经学会了遮掩自己对中国文化的欠缺，因为曾因说话幼稚而多次遭过摊主鄙夷的目光。

“这儿又有一本王国维的著作《人间词话》。”其实他是生平头一次见到这本书。“这儿又有一套《四库全书》。”其实他哪里见过另一套。他掩盖着自己的无知，装着懂行的样子，与书商讨论着书中的内容，不过他说的少听的多，这也是他摸索出的另一种方式的学习、求教。

又是一个礼拜日的清晨，几位同事早早就来骚扰因夜读太晚正继续补觉的语堂。

“走嘛！跟我们一起去八大胡同吧。”

“那里又新来了几位姑娘，绝对正点的‘樱桃樊素口，杨柳小蛮腰’。”

“我真的不想去。”语堂睡眼惺忪地说。

“现在到处都在宣传个性解放，你怎么还在做‘守身如玉’的老处男?”

“哪有你这样的年轻人？你该不会是个清教徒吧!”

同事们不解地议论着走了。

语堂睡不着了。

在对知识的上下求索中，语堂的感情世界也得到了净化，锦端已经成了一个永远的回忆。然而，同时他对男女情感也已古井不波，他一再拖延着与廖翠凤完婚，只想更长久地享受一个人独处的快乐。

但是，他不能被同事们怀疑是清教徒，那会对他的声誉和今后的发展造成影响。

他决定去申请主持周末的圣经班。然而，当他向孩子们讲述他早就不大相信的圣经故事时，却感到痛苦极了。

他敲开了刘大钧先生的门。刘大钧也是他清华的同事，语堂很佩服他在日常讨论中的真知灼见。

“怎么是你?”来开门的刘大钧很惊诧，一双深邃的目光盯在他的脸上。

“我心里很乱，很矛盾，想请刘先生为我开解一下。”

“快坐下。慢慢说。”

“我出生在一个牧师家庭，一直在教会学校读书。可是我却很早就对圣经里的内容产生了怀疑，比如耶稣是童女所生、肉身飞升等。然而我的宗教经验已经很深，我总不能设想一个无神的世界。我觉得上帝不存在，整个世界将至彻底崩溃，特别是人类的生命。如果我们不信上帝是天父，便不能普爱同人，世界就会大乱，对吗?”

刘先生笑了笑，拍着他的肩膀说：“为什么不能普爱？我们可以做好人，做善人呀，只因我们是人。做好人，正是人所当然的啰。”

这句话使语堂骤然醒悟，他与基督教的最后的一线关系就这样被剪断了（多年以后，林语堂又重归基督教，不过那已是无数经历后的新的感悟了）。

由于语堂的用功好学，他的中华文化水平飞速提高，而且在探索研究中形成了一些独到的见解。他陆续发表了《汉字索引制说明》、《分类成语辞书编纂法》等论文，引起了广泛的重视。教育部在北京成立“国语统一筹备会”，还聘请林语堂作为三十八名委员之一。

当时的中国，正处于新文化运动期间，文学革命的风暴席卷全国，中国人的思想面临着狂风激浪的荡涤。胡适在纽约提出“文学革命”，提倡白话文；陈独秀领导着对“孔家店”的毫不妥协的激烈斗争，攻击儒家思想如“寡妇守节不嫁”、“贞节”、两性标准、缠足、扶箕等；吴稚晖警告“把线装书扔进厕所里去”；鲁迅指出“所有中国的古书都有毒”。

语堂也在报刊上发表文章，大力支持用白话写作，引起了胡适的注意，从此成为朋友。当胡适归国时，语堂还作为清华学校的教员代表参加了欢迎仪式。

此时周诒春已不再担任清华学校校长。为了早日实现出国的梦想，语堂找到了继任校长张煜全。

张煜全四十岁年纪，秃顶，戴一副圆眼镜，有两撇很重的胡须。他平素很少与师生见面，而且总是扳着一副毫无表情的面孔。

语堂去见张煜全时，精神有些紧张。

“有事吗?”张煜全从报纸上抬起眼睛看着他。

“我叫林语堂。”担心张煜全来清华不久，尚不认识自己，语堂先做自我介绍。

“我知道林先生的。读过你写的《汉字索引制说明》和《分类成语辞书编纂法》，很有见地。”

语堂顿时对面前这位严肃的校长产生了亲切感，说话也自然了：“谢谢校长的关注。我是来申请出国奖学金名额的。在圣约翰大学毕业后，原校长周诒春答应我一边工作一边等待名额，所以我来了清华。”

“林先生来清华几年了？”

“三年多了。”

“哦，是应当考虑了。”张煜全取出一个本子，翻看了一会儿，抬眼看着语堂问，“现在有半个去美国哈佛的名额，你愿意吗？”

学生赴美留学，清华除供给学费外，每月还提供八十美元津贴。为了扩大出国人数，后来学校就把一部分名额分解，将一个名额分在两个人身上，也就是每月只提供四十美元津贴，这就是所谓半个名额。

“愿意，愿意！”语堂激动地立即表态。

“好，我跟校务处说一下，具体事宜你去找他们联系。”

语堂向张煜全校长连连鞠躬。想不到外表严厉的人竟有这样一副成人之美的热心肠。

语堂立即将喜讯传回了漳州。这消息也很快传到了厦门鼓浪屿廖家。

廖翠凤坐不住了，拉着廖夫人不住唠叨：“林先生怎么还不肯来娶我呢？”

廖夫人有些生气：“林家做的这是啥事？订婚快四年了，怎么就没有下文了？”她让佣人去把一直在外边忙生意的廖悦发找回来。

“阿凤的事你管不管？”廖悦发一进门，廖夫人就质问他。

廖悦发对廖夫人竟敢跟他发脾气感到吃惊：“怎么不管啊！不是订了婚啦。”

“订婚几年了？”

廖悦发一想，时间确实不短了。他一向重男轻女，对女儿们的事不大经心，加上生意上事情多，早把翠凤的事忘在脑后了。

廖夫人又说："你知道吗？语堂马上要出洋了。"

廖悦发方才感到问题的严重性，便命人前去传话，请语堂的父亲来廖家商议婚事。

其实当林至诚知道语堂要出国之后，就意识到语堂的婚事已经迫在眉睫。他写信对语堂说，办理好出国手续后必须立即赶回来，在出国之前与廖家完婚，再拖下去，于情于理都说不通了。

早晨老牧师刚刚做完祷告，廖家的佣人就登门来请，说老爷想和亲家商议一下孩子们的婚事。老牧师和牧师太太会心地一笑，就跟着廖家的佣人出门了。

当渡船推开波浪缓缓驶向鼓浪屿时，老牧师的心里充满了喜悦，儿子即将要去哈佛读书，银行家的女儿即将要迎娶进门，眼看着心里的梦想一个个变成现实，他眼中的世界更加五彩缤纷。老牧师小时候是在鼓浪屿长大的，熟悉岛上的一草一木。他向岛屿的西南端望去，他知道那里有两块相叠的岩石，长年累月受海水侵蚀，中间形成一个竖洞，每逢涨潮时，波涛撞击着岩石，发出如鼓的浪声，那岩石就被人们称为"鼓浪石"，这岛屿也就被称为鼓浪屿。

岛屿被环绕在蔚蓝色的海水中，岛上的一幢幢红坡顶欧式建筑镶嵌在绿林里，鼓浪屿这独秀绮丽的风光确实当得起"东海明珠"、"海上花园"的美誉。登上岛屿，巨大的浓荫迎面而来。老牧师捧起脚边的细沙，和着沙中的小贝壳，细细搓动，体味着它们述说的往事，回忆着过去的岁月，当他将沙土随风扬去，同时发出一声长长的叹息。

依山铺就的石板路两旁，遍布着充满生机的三角梅和夜来香，树叶摇碎了阳光，铺出满地斑驳的日影。老牧师一边踏石而上，一边欣赏着建筑物立面上各色的柱列、斗拱、彩画图案以及那些精美的窗户、别致的阳台。

身材胖胖的廖悦发已经等候在门前，他一边说着"让亲家大老远跑一趟"的抱歉话，一边热情地把林至诚引进客厅。

落座后，廖悦发拿起一盒美国万宝路香烟，取出一只递给林至诚说："知道亲家爱这一口，就不知道合不合你的口味，我却享受不了这个。"

林至诚一边要掏自己的烟锅一边说："我总觉得烟卷不够有劲儿，还是我自己的抽着顺口。"

"别掏了，别掏了。今天来我这里了，先抽这个，"他又扭头向楼上喊："阿凤！下来给你未来公公点烟。"

林至诚第一次看到翠凤，感觉正如大女儿所说，翠凤长得大眉大眼圆脸盘，很有福气，只是今天翠凤穿了一件白色碎紫花的衣衫，在林至诚看来比她的实际体型要丰满一些。

翠凤羞涩地为林至诚点好烟。林至诚满意地冲她笑笑。翠凤随后又上了楼，躲在离楼梯最近的地方听着下边的谈话。

廖悦发呷了一口茶，边琢磨着边说："亲家，两个孩子自从订了婚，一晃都好几年了。"

"是啊，都往四年上数了。"

"听说语堂快要出洋了？"

"嗯，准备去美国读哈佛。"

"出洋如果不是两人同去，谁知道他什么时候回来？"

"是啊！所以我也正想跟亲家商量商量，在语堂出国前给两个孩子把婚事办了。不知亲家是不是同意。"林至诚想，既然结婚已经是顺理成章的事，自己先提出来比让女方说出要好一些。

廖悦发没想到林至诚先提了出来，心里一下子高兴了，是啊，由女方来催着结婚虽然也无不可，总显得好像身价似乎降了。

于是他连忙说："当然同意了。不知道亲家有些什么考虑？"

林至诚吸了一口烟说："我已经写信催语堂尽快回来。他一回来咱们就把日子选定下来。婚礼在圣公会协和礼拜堂举办，亲家看如何？"

"我看行。那个教堂是厦门最早的教堂，是专门供洋人和有地位的华人做礼拜的。够庄重，够气派。"

"那我就早点去登记一下，毕竟我做了几十年牧师，这点面子我想他们会给。"

看林至诚一支烟已快吸完，廖悦发又取出一支递给他，自己拿起火柴来要给他点上。林至诚连说着"不可，不可"，自己取过火柴把烟点着。

又吸了两口后，林至诚说：“新婚房按说应当安在漳州，可是离这里有些远……”林至诚觉得翠凤是富家小姐，把自己漳州那个小房子作为她的新婚房怕她受委屈。

“依我说，就别老远地折腾了，新婚房就安排在我这里，反正结完婚他们就出国了，在哪里也是临时的。”

“好，那就按亲家说的办吧。”林至诚的心里放下了一个负担，眼看语堂出国在即，正是需要钱的时候，由林家来安排新婚房，又是一笔不小的开销。

廖悦发又说：“语堂他们俩出国，花费肯定少不了，结婚这些费用我就全包了。我再给他们准备一千块大洋，算作翠凤的嫁妆，供他们出国以后过日子。”

廖悦发的话让林至诚感到十分高兴，这无异于雪中送炭。他心里想，翠凤这孩子就是带着福气，还没过门，就帮了林家这么大的忙。语堂你还有什么不称心的，这是你几辈子修来的福分。

两位亲家在十分融洽的气氛中把子女的婚事商定妥当，廖悦发留林至诚吃罢午饭，又一直把他送到了码头。

数日后，语堂回到漳州，老牧师把自己的鼓浪屿之行和他详述了一遍，最后说：“一个二十岁的大姑娘都让你拖到二十四岁了，你再不娶人家，说得过去吗？”

到了此时，语堂已是无话可说。老牧师征得亲家同意，确定半个月后语堂去迎娶新娘。

林至诚成天美滋滋、乐陶陶的。逢人便说：儿子要到大名鼎鼎的哈佛大学留洋，过些天就要迎娶一个钱庄老板的女儿，你们要帮我找顶大点的花轿，新娘子是胖胖的哟！

不知是谁把这话传到了翠凤的耳朵里，气得她当时就命人去买泻药要立刻减肥。

泻药是最峻猛而又有毒性的。连服三日之后，翠凤便一日数次腹泻起来，肠胃疼痛不已，而且变得厌食，脸色苍白，身体虚弱，两腿发软，走几步路都要喘息。

廖夫人起初没有注意，后来看女儿什么也不想吃，脸上没有一点血色，成天一副萎靡不振的样子，才慌乱起来。在廖夫人的反复询问下，翠凤才说明了原因。

廖夫人气得哭笑不得，开导她说："说你胖那是夸赞你，乡下人认为胖人有福气。"

"我就不愿意让人家说胖嘛！"

"你这算胖吗？你见过胖的吗？"

"反正我要减肥，减到他们没得说。"

"再这样你就得病倒了。难道迎亲的时候，你让语堂背着你啊！"

廖夫人强行制止了翠凤的减肥行为。

结婚的头一天晚上，语堂请求与母亲同睡一张床。小时候，他断奶晚，总喜欢腻在母亲的怀中，母子关系非常亲密。语堂意识到今后再也不能和母亲同睡一张床了，很想陪伴母亲一夜。

次晨，旭日东升，晴空万里，语堂带着迎亲队伍登上了鼓浪屿。走过陈家的别墅时，他向那暗红的屋顶瞥了一眼，有人曾告诉他，锦端已经出国，他已与那幢沉沉的房子再无一丝关系。前方突然鞭炮齐鸣，锣鼓喧天，他在众人簇拥下走进了鲜花簇簇、彩带飘飘的廖家。

女方家端给他一碗龙眼茶。龙眼茶本是象征"早生贵子"之意，新郎只要略品一口即可。正好口渴的语堂二话没说，一口气把"贵子"喝了个精光，还津津有味地嚼着龙眼的果肉。廖家的女人们看着这般不懂规矩的憨女婿，都笑了起来。

在喜庆的气氛中，婚礼依照中方的传统、按照西方的程序一步步进行着。

语堂看着身边的翠凤心想，锦端已成过去，旁边的这个女人已是自己的妻子，他要一心一意地和她度过此生。当他决心下定之后，就当着众宾客的面，拿出了婚书，对翠凤说:" 我要把它烧了！婚书只有在离婚的时候才有用，我们一定用不到。" 廖翠凤点点头。在婚书燃烧时举座哗然，翠凤的眼眶红了，她深深地为自己的选择庆幸。

晚间，一对儿新人并头躺在廖家布置的新婚房里。

二人久久没有说话，好像还在消化着这一天所进行的对他们一生都具有重要意义的活动。

翠凤忽然想起了圣玛丽女校的学生说语堂“也许有问题，根本对女孩子不感兴趣”的话，不禁笑出声来。

“你笑什么？”语堂不解地问。

翠凤告诉了他圣玛丽女校学生们说的话。

“她们那是胡说，我哪里会有问题？”语堂有点激动，维护着自己男子汉的尊严。

“真的没有问题？”

“当然没有。”

“真的？”

语堂一下子明白了，他不光应当和翠凤结婚，还应当履行做丈夫的义务。

3.4 痛苦的蜜月

新婚第四天，一身笔挺的白色西装的语堂，手挽着身穿艳红旗袍的翠凤，走出廖家别墅，去上海登船赴美读书。廖悦发夫妇及全家人把他们一直送到鼓浪屿码头。廖夫人含着泪一遍遍地给女儿说着相夫教子之道，廖悦发紧握着语堂的手一再重复着那句“阿凤就交给你了”，廖超照拥抱着语堂叮嘱他“有事给二哥发电报”。

在上海码头，“哥伦比亚”号远洋客轮已经鸣响了汽笛，清华学校的六十多名赴美留学生已经登船，林至诚还恋恋不舍地抓着儿子的手。老牧师自知身体一日不如一日，他既为儿子终于出洋留学而高兴，又担心这一走有生之年父子还能不能相见。

语堂和翠凤同时说着：“放心吧，放心吧。”

老牧师擦了一下眼睛说：“有翠凤这么好的媳妇陪着你，阿爸不担心，她会好好照顾你的。”

望着父亲难舍难分的表情，语堂一阵心酸。他想起第一次离开坂仔时，扁舟马上就要开了，林至诚央求船家稍等一下，他快步跑到小贩那里买了一堆零食，硬塞在自己手里，反复叮咛他路上不要挨饿。

船开了。语堂看到父亲仍然站在码头上望着他们，海风吹动着父亲的满头白发，他那枯瘦如柴的胳膊久久地向他们挥动着。语堂的泪水默默地流了下来。他哪里知道，这竟是他与父亲的最后一面。

“哥伦比亚”号远洋客轮在太平洋上乘风破浪地行驶着。语堂和翠凤的婚姻之轮也顺风开启，驶入航程。

风和日丽，波涌平缓，语堂和翠凤并肩站立在甲板上。大海是皎洁无比的蔚蓝色，天空也是清澈碧透的蔚蓝色，遥望天连水水连天的远方，海洋犹如一块缓缓隆起的蓝色大陆，海平线竟变成了一道美丽的弧形。娇艳的阳光照耀在海面上，就像有无尽的鱼群闪烁着光波万点的鳞片漫涌而来。清爽而潮湿的带着淡淡海腥味的微风迎面吹拂着，令人心胸无比豁亮和开阔。

翠凤感叹地说："你看这大海的蓝色，多么瑰丽，多么纯正，有人将它比作玉石，实际上翡翠与它相比颜色太浅，蓝宝石的颜色又太深，纵是最棒的画家，也难以描摹出这种大自然的色泽。"

语堂说："是啊！眼望着广阔无垠的大海，如此雄浑，如此苍茫，尘世的繁杂、人间的苦恼，全都抛到九霄云外去了。"

一名水手走到甲板上，招呼众人说："都回船舱去吧！暴风雨就要来了。"

有人指着碧蓝的天空说："这么好的天气，哪儿会有暴风雨?"

水手指着海平线那边一朵黑云说："看到了吗? 马上就会来到我们头顶。"

果然，那朵黑云迅速地增大着，海水也开始躁动，海风越来越大，接着天际传来隆隆的轰鸣声，平静的海水瞬时变得波涛汹涌。语堂挽着翠凤刚刚跑进船舱，天色便骤然变暗，随着电闪雷鸣，大海如同醒狮一般猛然发起威来，海风尖厉地啸叫着，海浪排山倒海般涌起来，轮船剧烈地颠簸着、摇晃着。

翠凤惊恐地扑入语堂怀中，语堂轻轻拍着她，不住地安慰着。幸好暴风雨虽然来势迅猛，退走的速度也很快，待风平浪静、天光放亮之后，语堂再拉翠凤到甲板去，她却怎么也不去了。

旅途漫漫，相似的背景和学历让清华人结成了一个团体，他们一起吃饭，一起聊着时下的话题。

廖翠凤是船上惟一的女人。她发现她的一举一动很容易引起人们注意。尤其是吃饭的时候，人们自觉不自觉地都会看她一眼。船上的饭谱以西餐为主，而她从小就不大习惯吃西餐，因而对西餐就餐时的基本规矩都不懂。为了不在人们面前丢脸，她开始细心研究起吃西餐的礼仪来。

太阳落山之后，西方的天空还是一片橘红的颜色。晚霞映照在一排排涌起的波浪上，浪峰变得又红又亮，就像一片片燃烧着的火焰。直到浪峰的火焰熄灭，天色完全暗了下来，语堂才依依不舍地回转船舱。

进到空间狭小的船舱里，他看到翠凤正在灯下往笔记本上写着什么，他走过去把笔记本拿起来，只见上边写着：

使用刀叉时，右手拿刀，左手拿叉。

不要将刀刃向外，更不要用刀送食物入口。

切肉时两臂不要抬起，要避免刀切在瓷盘上发出响声。

中途放下刀叉，应将刀叉呈“八”字形；刀叉放在一起，表示用餐完毕。

取面包应该用手去拿，然后放在旁边的小碟中或大盘的边沿上，不要用叉子去叉面包。

取黄油应用黄油刀，而不要用个人的刀子。黄油取出要放在旁边的小碟里，不要直接往面包上抹。

不要用刀切面包，也不要把整片面包涂上黄油，应该一次扯下一小块，吃一块涂一块。

语堂恍然大悟，翠凤是在学习西餐礼仪。

“记它干什么？时间一长自然而然就会了。”

“还说呢！你虽然吃惯了西餐，这些基本礼仪我看你总是弄错。你就是太不拘小节。”

“你从哪里知道这些的？”

“长眼睛干什么的？我就是通过用眼睛看，向周围的人学，慢慢积累的。”

语堂方才发现，翠凤竟是这般细心，这般聪明，不由地露出钦佩的神色。

天不亮语堂就悄悄起了床，但依然惊醒了翠凤。

“堂，这么早起来干啥？”

“看日出。一起去吧！”

“我不去，你一个人去吧，”翠凤依然心有余悸，“多穿一件衣服，甲板上这会儿一定很冷。”

甲板上已经聚集了很多人，在黎明前的黑暗中，只见人影憧憧。

满天的星辰渐渐稀疏。当只剩下东天边那颗金色的启明星后，天空中从海平线向上顺次排列出赤橙黄绿青蓝紫等一层层色彩。继而，海平线上显出一道橘红色的弧形亮条，一个又红又亮的火球慢慢露出头来，那链条也变成了金亮亮的。忽然，那火球猛地向上一跳，金色的链子被挣断了。火球向天空冉冉上升，万道光芒喷射出来，天空和海面上现出绚丽的红霞。

看罢壮丽的海上日出，语堂兴奋地回到船舱，看到已经起床的翠凤，手捂着腹部，紧皱着眉头，显得非常痛苦。

“凤，怎么啦?”

“这几天，总是肚子疼，可能是受了寒，你给我倒口热水吧。”

“我去请船上的医生来看看?”

“不用。又不是什么大病，不要去麻烦人家。”

这以后，翠凤总是腹痛，先是上腹部疼痛，特别是脐部周围，慢慢地疼痛部位逐渐向右下腹部转移，有时还伴随着恶心、呕吐。

看到翠凤痛苦的样子，语堂不忍再去甲板上看景色，而是整天陪着她，陪她聊天，讲些新闻轶事，给她端水，后来连洗衣服、收拾房间这些杂活都由语堂承担了。

每当翠凤疼痛难忍时，语堂就握住她的手，一边给她擦额头的汗珠，一边宽慰她。

同赴美国留学的有几位是语堂清华的同事，他们看见语堂夫妻总是关在船舱里不出来，这天敲门进来想邀请他们和大家一起活动，却见二人正握着手说话，于是急忙退了出去。语堂和翠凤听得他们在门外窃窃私语，间或阴阳怪气地嬉笑，二人相视一笑，也懒得去做解释。

之后，那几个同事见到语堂，总要做关心状近前提醒：

“细水长流，虽然是蜜月，也不要搞得太激烈了。”

“过密了伤身，身体要紧。”

“见你太太总是捂着肚子，你是不是不太得法?”

“该透透气还是要出来转转，这样才能保持旺盛的体力。”

语堂一心记挂着翠凤的身体，不愿浪费时间和他们纠缠。

这一天，翠凤疼得直在床上打滚，她实在忍不住了，只好同意语堂去请船上的医生。

船上的医生是一个身体健壮、带黑框眼镜的中年人，穿一件白色大褂，脖子上挂着听诊器，他问了几句之后，就让翠凤平躺在床上，手按着她肚子上的一个一个部位，慢慢地进行检查。

“这里疼吗?

“不疼。”

“这里呢?”

“不疼。”

“这里呢?”

“哎呀！就是这里，疼死我了。”

医生立起身，对语堂说：“你太太患上了盲肠炎。船一到夏威夷，要立刻下船做手术。现在我给她开点消炎药。”

语堂忙问：“还需要几天才能到达夏威夷?”

医生仰起头想了想说：“差不多还需要五六天。”

送走医生，语堂说：“这几天你再忍一忍，船一靠岸，咱们马上去做手术。”

翠凤有气无力地说：“堂，这个手术不能做的。”

“为什么?”

翠凤让语堂扶着她坐起来，又喝了口水，慢慢说：“我是在钱庄长大的，对钱的事比你敏感。你申请到的是半个奖学金，只有40美元，紧巴巴的只够一个人生活。现在，我们夫妻俩都来了，一人一月只有20美元，怎么够? 所以我爸爸给的那一千块大洋不能动，要靠它来贴补家用。如果我去做手术，手术费、护理费、住院费，这一千元就得花个七七八八，那到了美国怎么办?”

翠凤把这笔账详详细细地算给语堂听，语堂心里更加佩服翠凤，果然是银行家的女儿，对过日子竟如此精打细算。可是，翠凤的身体更重要啊！

语堂冲动地说："不管将来情况如何，眼前最重要的是给你把病治好。所以。到了夏威夷还是先做手术，钱花光了也要治病。"

翠凤急得眼泪都出来了："钱花光了，我们下了船就得喝西北风。无论如何你的学业不能耽误。"

"其实办法还是有的。北大的胡适先生曾跟我说，只要我回国后离开清华去北大，北大可以先垫付我的生活费用，将来回去任教时再从我的薪金里扣除。"

"虽然有这样的话，可是你们又没有说定，你回国后离开清华去北大也不知是否可行，关键是一到美国我们就要花钱，远水解不了近渴。"

看到语堂又苦思冥想其他办法，翠凤说："反正我这病是慢性的，先吃药撑撑看，到了美国实在不行了再说。"

语堂看着翠凤，深为她不顾病痛一心想着自己的学业而感动，便伸出一只手握住了翠凤的手。翠凤也伸出手把语堂的另一只手握得紧紧的，为他不顾一切只想着给自己做手术而高兴。

语堂和翠凤的婚姻之船刚刚进入航程，翠凤的盲肠炎就将他们紧紧地拴在了一起。

幸运的是，翠凤的病情慢慢减缓了，痛苦有所减轻，医生也认为暂时不用在夏威夷做手术。于是，他们顺利地到达了美国。

语堂和翠凤在波士顿赭山街 51 号租了两间房，真正开始在一起生活。

房东太太很健谈，在介绍她的租屋优势时一再指着前边的一幢建筑说："我这房子紧邻卫德诺图书馆。知道吗？卫德诺图书馆！那里的藏书如果一本书顶一本书地排起来，可以排好几英里呢！"

这个介绍正中语堂的下怀，他毫不犹豫地把房子租了下来。

哈佛大学成立于 1636 年，是一所私立研究型大学，由于历史、学术地位、影响力与财富等因素曾多次被评为世界上最享负盛名的学府之一。

语堂在哈佛进的是比较文学研究所。对研究所里深孚众望的白璧德教授所讲的歌德研究课程语堂很感兴趣，曾写了一篇《批评论文中语汇的改变》给教授看，教授给了很高的评语，说这篇可写成硕士论文。对于另一位总是穿着灯笼裤、身子笔直的基特里奇教授所讲的莎士比亚课程语堂却兴趣不大，只去听了一两次课。

修课写论文之余，语堂把所有的时间都花在了图书馆。卫德诺图书馆的藏书确如房东太太所言，数不胜数，少说有几百万册之多。他随心所欲地在知识宝库中攫取着营养。吃饭的时候看书，躺在床上看书，连上厕所都拿着本书。

语堂每天都泡在书里，对所有的外在生活都视而不见。有时候翠凤和他说话，没说上几句，语堂的心思就回到了书上。语堂看书看到精妙处，就会手舞足蹈，经常不管翠凤在做什么，就拉过她来给她大讲海涅的情诗、歌德的小说、莱布尼兹的哲学。翠凤大多时候听不懂，可她看着丈夫激动得涨红的脸，就会做出受感动的神情，或者随着他一起微笑。可以说，这是林语堂受益最大的一段时光。书就是他最快乐、最美好的世界，他已经达到了废寝忘食的程度。

波士顿的冬天很冷，室内的条件简陋，没有取暖的设施。两人哆嗦着蜷在床上，紧挨着相互取暖。冻得睡不着觉时，语堂就讲述坂仔的山水和小时候摸鱼捉虾的故事；翠凤就讲述逢年过节时，家里的女人们聚在一起做肉松的情景。

这天，语堂从图书馆回家比较早，一进门见翠凤不在。他看到桌子上有一张纸，近前一看，是翠凤书写的一张各个超市的价格对照表。上边详细记录着哪个超市的蔬菜便宜几美分，哪个超市的肉便宜几美分。想起这些天自己每天都能吃上美味可口的饭菜，而且天天不重样，再想到翠凤手里那点可怜的生活费，他感到眼睛有点发潮，拿着价格对照表的手有点颤抖。

翠凤回来了，看到语堂在家，脸上露出惊喜的笑容，说了句“你稍等一下，我这就去准备饭菜”，便去了厨房。语堂隔着厨房的玻璃看着翠凤忙碌的身影，听着她哼唱的小曲，他第一次深切地感受到了家的温暖和幸福。

翠凤做好饭菜端过来时，看到语堂没有像往日一样一进家就钻进书堆里，有些奇怪地问：“今天你这么了？是不是有啥事？”

看着翠凤关切的目光，语堂不好意思把自己心里的话说出来，忽然想起一事，便说："今天学校里告诉我，学校指定绥尔教授和他的太太负责照顾我们的社交生活。"

翠凤说："美国的学校还有这样的安排？"

语堂说："绥尔太太可不一般，她是美国现任总统威尔逊的女儿，大家都很羡慕我们。"

"是吗？"翠凤也有些兴奋。在美国，虽然总统的女儿远没有中国皇帝或者民国总统的女儿那般尊贵，但也毕竟异于常人。

"绥尔教授刚才托人来告诉我，请我们礼拜日去他家做客。"

"那我们要好好准备一下。"

到了礼拜日，翠凤把语堂精心打扮了一番，自己也穿了一件浅色旗袍。

来到绥尔教授家中时，个子又瘦又高的绥尔教授不禁一愣："语堂，林，你怎么来了？"

"教授，不是您邀请我们来的吗？"

"哦，你可能把日子搞错了，定的是下个礼拜。"

语堂和翠凤都很尴尬。

"没关系，坐吧，坐吧。"胖胖的绥尔太太走出来，招呼他们在客厅就坐。

语堂打量了一下客厅，只见墙上有一张威尔逊总统和三个女儿围桌而坐的画像。客厅里还摆着北极熊的牙。语堂猜测绥尔教授一定是个北极探险家。

"教授到过北极吗？"语堂试探着寻找话题。

"到过，到过。"果然教授来了情绪，兴致勃勃地讲起了自己年轻时的探险经历。

绥尔太太则催着佣人赶紧准备午饭。

这次拜访成了二人在教授家硬吃了一顿饭。走出教授家门，他们为这次失礼的社交笑了好久。

3.5 中国女人的内脏

在哈佛大学，语堂师从著名教授白壁德。白壁德最先倡导新人文主义，主张用古典理性对抗喧嚣的现代社会。他学识渊博，口才极好，很多学生就是被他雄辩的力量所折服，而成了他的信徒。白壁德在中国也赫赫有名，梁实秋、梅光迪、吴宓都出自他的门下。在哈佛大学的课堂上，语堂曾经和梅光迪、吴宓坐在同一条椅凳上聆听过白教授的高论。语堂总是笑话吴宓，学的是传统，长得像和尚，风流韵事却足以写一部传奇。

不久，白壁德和主张直觉主义的斯平加恩大打起口水战，波动了整个文化界。

这天，授完课的白壁德教授刚刚走出教室，同学们就围绕着新人文主义与直觉主义之争辩论起来。支持白壁德观点的学生较多，其中说话声音最高的是吴宓和梅光迪，支持斯平加恩的是少数几个美国学生。

起初语堂并没有加入辩论，他心里虽然是支持斯平加恩的，但一向对白壁德的敬重使他不愿意去站到白壁德的对立面。可是，后来听得吴宓的观点越来越与自己所想背道而驰，具有初生牛犊一般性格的语堂便奋然加入进去，辩论会渐渐成了他与吴宓的对决。

语堂在圣约翰大学时的辩才逐渐显示出来，他振振有词地说："对于一切批评都是'表现'的缘由方面，我的看法与意大利哲学家克罗齐的看法完全吻合，其他所有的解释都太浅薄。我也反对中国的文体观念，因为这会把好作品都打落在一连串文章句法严格的'法规'之中，不论是'传'，还是'颂'，或是'记'，甚至是一部长篇作品。殊不知苏东坡写作时，他别无想法，只是随意写来，如行云流水，"他忽而转用中文说，

"'行于不得不行，止于不得不止'，他心中哪有什么固定的文体义法？"

苏东坡的例证一时让吴宓语塞了。

梅光迪插进来问："你不是一向自诩为白璧德的门生吗？为什么反倒投入斯平加恩的阵营？"

语堂略一沉吟说："吾爱吾师，吾更爱真理。"

此次辩论成了后来语堂背离胡适，加入语丝的一次预演。

不过，总的来说，语堂并没有融入哈佛的学校生活。因为囊中羞涩，买不起球票，他甚至连哈佛对耶鲁的足球赛都没有看过，那可是每个哈佛人必修的"功课"。哈佛大学有着几十支参与不同运动竞赛的代表队，属全美大学体育协会甲组，卓越的竞技水平一向是哈佛人引以为自豪的事情。而语堂对此却一无所知。

除了上课，语堂的大部分时间都投入到了卫德诺图书馆。对语堂而言，卫德诺图书馆就是哈佛，哈佛也就是卫德诺图书馆。

这天近午，翠凤正在做饭，忽然肚子里一阵剧烈的疼痛，她双手捂住肚子，弯着腰，头抵着案板，使劲儿忍着。然而那疼痛却一阵紧似一阵，就像有无数把利刃在腹中搅动。她实在忍受不住了，急急忙忙扑到床上，捂着肚子在床上翻滚，她想大声叫喊，但又怕惊动了邻居，就一口咬住身旁的被子。一阵又一阵剧烈的疼痛袭上来，她疼得全身颤抖着，牙齿咬得被子咯吱吱响，大滴大滴的冷汗从额头落下来，一会儿被子就湿了一大片。

恰在这时，语堂开门进来，看到翠凤的样子，惊慌地问："凤！凤！怎么啦？"

翠凤听到语堂的声音，抬起疼得充满泪水的眼睛，大声哭了出来。

语堂一步跨过去，把翠凤搂在怀里问："是不是盲肠炎犯了？"

躺在语堂怀中，翠凤的痛楚微微减轻了一些，点头"嗯"了一声。

语堂二话没说，拉开抽屉抓起一把钱塞进衣服里，背起翠凤就走。

"去哪里？"翠凤有气无力地问。

"去医院，做手术！"

"不去！要花钱的。"浑身瘫软的翠凤用微弱的声音说。

“这是小手术，花不了多少钱。”语堂安慰着他，大步流星地向医院奔跑。

翠凤是那种丰满体型的女人，出嫁前本想减肥，可廖太太说乡下人喜欢胖一点的女人拦住不让她减。结婚后总是听到语堂说他是大山的儿子，心想他一定还是乡下人的秉性喜欢女人胖一点，所以一直没有考虑减肥的事。此时正是隆冬季节，她又穿了一身厚厚的衣服，所以尽管语堂身体强健，但背着翠凤没跑多久，就嘘嘘气喘起来。

寒风吹在翠凤脸上，刚才疼得昏昏沉沉的头脑渐渐有些清醒，肚子里虽然还在刀剜一样的疼着，但精神略好了一些。她搂着语堂的脖颈，看着他额头渗出的汗珠说：“堂，还是放下我来，搀扶着我走吧。”

“那怎么行？”语堂喘着气说。

“唉，要知这样，我早减减肥就好了。”

“减什么肥？你又不是很胖。”

“要是像陈家妹子那样就好了。”每次想到窈窕身材的锦端，翠凤总是非常羡慕。

“陈家妹子？”语堂重复了一句，立刻明白了她是在说锦端，便责备说：“你是不是不疼了？快闭上嘴，小心冷风。”

两人都不说话了。语堂心里闪过一个念头，如果背上的是锦端，那是一种什么感觉？他马上摇摇头，把这个念头压了下去。

翠凤却在想，锦端再好，可是现在我是语堂的妻子，他正火急火燎地背着我去医院，我还是比锦端幸福多了。这样想着，她先前爬了爬身子，把自己的脸紧紧贴在语堂的脸上。

语堂终于上气不接下气地跑进了医院。

接待他们的是一名天主教医生，个子魁梧，脸色惨白，一双小眼睛就像是用手术刀拉开的两条窄缝。见了男人横眉冷对，见了女人就满脸堆出笑来。

他简单做了一下检查，就告诉语堂夫妇是急性盲肠炎，并说送来的还算及时，再晚一点儿炎症加重后，盲肠就会充血水肿、变薄坏死以致破裂，肠里的污物漏出后会导致腹腔感染腹膜炎，腹部脏器受到感染还会引发多种病症，严重者就会致死。

他让语堂立即去交费，马上开刀做手术。

语堂想都没想，立刻支付了手术费、医药费和住院费。

进入手术室之前，他一再安慰第一次做手术的翠凤，割盲肠是个小手术，不用紧张。

翠凤进入手术室后，语堂拿出一本安格卢撒克逊文字的文法书，在手术室外阅读着。

三个小时过去了，手术室里依然没有动静。语堂觉得不对劲，割盲肠根本要不了这么长的时间。他坐不住了，在手术室门外焦急得来回走动。

后来语堂才知道，原来那名医生从来没有见过中国女人，打开腹腔后，他并不急于做手术，而是拿着显微镜细细翻动查看翠凤的脏器，花了三个小时的时间研究中国女人的脏器构造。当他最后确定中国女人的内脏和美国女人的内脏没有多大区别之后，才满意地放下显微镜，开始动手割盲肠。

手术总算结束了。翠凤还需要在医院休养一个星期。

语堂回到家，歇息了一阵之后，才想起虽然天已向晚，可是他连午饭还没有吃。进了厨房看到菜肴还是半成品，打开柜橱，里边空空如也，精打细算的翠凤从不购买多余的食品。于是，他决定自己去超市购买食物。

他翻遍抽屉和自己的所有口袋，一共只凑了13块钱。

来到超市，他　　查看着货架上食品的价格，最后得出的结论是，这13块钱要想维持一个星期，只能购买一盒老人牌麦片。

从这天起，语堂每顿饭只能煮点麦片充饥。头两天还勉强吃得下去，后几天，他闻到麦片的味道就想呕吐。然而在胃袋空空、饥肠辘辘之时，他还得捏着鼻子、闭着眼睛、硬着头皮去吞食麦片。

一个星期后，翠凤出院了。一路上，她不断地说："堂，多亏有你，把我从鬼门关又拉回来了。"

语堂轻轻地责备她说："要是听我的早把手术做了，就不会经历这么一场风险了。"

进了家门，一股浓浓的煮麦片味扑鼻而来，桌子上躺着一盒所剩无几的老人牌麦片盒子，翠凤拉开抽屉看到里边空荡荡的，她明白了，这次手术住院已经花去了他们的全部生活费。这一个星期，语堂就是靠着那盒老人牌麦片为生。

翠凤指着老人牌麦片盒子问："堂，你就是靠它度过了一个星期？"

语堂笑着说："你看到了，没有你这个太太我有多惨！"

翠凤扑过来，在语堂的唇上深深印了一吻，动情地说："苦了你了！都怪我，"接着她又问："现在咱们是不是连买麦片的钱也没有了？"

"是的。"语堂苦笑着。

"没关系，"翠凤却显得胸中有数，"你忘了我二哥说的话了？"

"对呀！他不是说，有事给二哥发电报嘛！"

"那我们现在就去发电报，让他尽快电汇一千元钱过来。"

发走了电报，翠凤犯愁地说："这几天怎么办？"

语堂笑呵呵地说："既然不几天钱就会到，这两天找谁也能暂借一点儿，你就不用操心了。"

廖超照真不愧是语堂的挚友，很快就汇来了一千元。二人的燃眉之急解除之后，语堂叮嘱翠凤说："切记到超市不要再买任何麦片，我现在一说都想吐。"

翠凤说："放心吧！不过我要好好犒赏你的。"她心里充满了幸福感，为了自己语堂竟强吞了一个星期的麦片，这是多强的毅力，其中包含着多少丈夫对自己的疼爱啊！

然而，事情并没有结束。由于那个天主教医生用了太长的时间研究中国女人的内脏，使手术的时间拖得过长，不久，翠凤的伤口发炎，需要做第二次手术，还要留院观察很长时间。

缺德医生的好奇心，给翠凤带来了巨大的痛苦，也给这个本就十分拮据的家庭带来了巨大的打击，廖超照汇来的一千元很快就所剩无几了。

病床边，看着语堂一脸烦乱的神情，翠凤把他的一缕斜落在额上的头发轻轻顺回头顶，安慰他说："我们再想想，总会有办法的。"

"你知道吗？我一想起那个天主教医生，就恨不得一拳打过去，把他那两道小细眼打得完全失明。"

“这可不像你说的话。你可是世界著名的哈佛大学的留学生。”

语堂叹口气说：“我本想和同学们借点儿钱，可是谁也没有多余的钱借给我们。我知道，在美国的中国留学生大都不富裕，我向他们借钱他们无能为力也是情有可原的。”

“是啊！可是我真的不想再和家里伸手了。我了解爸爸，他一向重男轻女，上次要不是二哥出面，他才懒得管已经出嫁的女儿呢！我如果再伸手，爸爸和亲戚们一定会说出难听的话来，对你和你家的声誉也会造成不好的影响。”

“我明白的。再说你父亲虽说是开钱庄的，可是钱也不能流水似地乱花！你出嫁给了一千，才几天又汇来一千，够不错了！你家兄弟姐妹多，要是都像这样他哪受得了呢！他的钱也不是白来的。你父亲的恩情我会记住的，将来我会还的。”

“还不还倒无所谓，主要是我觉得为了你咱们也得有点儿骨气。当初我母亲说你是一个牧师的儿子家里很穷时，我斩钉截铁地说过，贫穷算不了什么。我说得到就做得到。这一辈子无论你穷到什么程度，我都跟定你了，什么穷日子我都能过。”

翠凤的话让语堂很感动，这才是患难夫妻见真情啊！他拍着翠凤的手说：“将来我肯定会让你过上好日子的，等我们回国以后，”他忽然把话打住，一拍脑门说，“我怎么把胡适说的话忘了呢？他不是说，可以先为我垫付生活费嘛，我现在就去给他发个电报，答应他回国后就去北大任教，问他北大能不能预先支付工资。”

语堂起身去发电报了，看着他那急匆匆的身影，翠凤叹着气想，这也是没办法中的办法。

电报发出之后，二人忐忑不安地等候着。没想到，胡适很快就汇过来1000 美元。语堂捧着支票，高兴得大笑起来。

一直到次年二月，翠凤才病愈出院。

那天刚下过雪，到处银装素裹，粉妆玉砌，道路上好像铺了一条长长的洁白无垠的地毯，道路两旁高大的树木上如同挂满了朵朵含苞待放的白梅花，使人感觉一下子进入了充满诗情画意的童话世界。大雪净化了空气，深深地吸上一口那雪后的空气，顿感神清气爽，浑身舒泰无比。

语堂担心路滑，不知从那儿弄了一辆雪橇，自己拉着翠凤回家。他就像个孩子一样，高兴地喊着，跳着，飞速地滑着，有时还故意做一些惊险的动作。翠凤吓得心都快跳出来，她紧紧抱住语堂的腰，只听得风不断地从耳边呼啸而过，整个世界好像只剩下他们二人。在这冰天雪地里，翠凤却觉得异常的温暖，她所抱住的这个人虽然有时候孩子气、不懂事，却是她在这个世界上的唯一依靠。

一进家门，翠凤紧紧地把语堂搂在怀里，轻声问："这么多天了，你不想?"

"想的。"

翠凤撒娇说："我等不得晚上。"

"你呀！这哪像个大家闺秀?"语堂捏了捏翠凤的鼻尖。翠凤长着一个鼻梁挺直鼻头又尖的鼻子，这是她很感自豪的，每次语堂一捏她的鼻尖，她就很愉悦。

他们的夫妻生活开始甜蜜起来。

就在语堂接翠凤出院不久，从家乡漳州传来了一个噩耗，他那心怀世界的乡村牧师父亲，没能等待儿子学成归来，在久病缠身中终于油尽灯枯，撒手人寰。语堂向东方跪下来，遥祭对他寄予厚望、为他操碎心肝的老父亲，含着眼泪一遍一遍地念诵着《汉·韩婴·韩诗外传》中那句"树欲静，而风不止；子欲养，而亲不待"。翠凤也与语堂并列而跪，老牧师到他家商议婚事见到她时那满意的眼神、在她与语堂结婚时那由衷的喜悦、在上海码头送别时那不舍的神情，一幕幕显现出来，她不禁抽泣着说："公公，儿媳还没有好好孝敬您呢！"

晚上躺在床上，语堂给翠凤讲述起父亲的一生。讲述父亲舍不得吃下母亲特意为他做的猪肝面，总是留半碗给自己；讲述父亲看到自己八岁时编写的教材鼓励他将来一定要到德国、英国读书；讲述父亲为了给自己筹措上大学的学费去向自己的学生求助……清冷的月光从玻璃窗上透进来，映照着久久不能入眠的语堂夫妇，映照着他们脸颊上那闪亮的清泪。

在哈佛就读一年之后，语堂以全A的成绩通过了哈佛的考试。他还三度得到留美《哈佛中国学生月刊》的首奖。每次奖金为二十五美元。这在当时是很引人注目和值得自豪的事情。由于连续投了三次，每次都中了奖，虽然大家夸赞他、羡慕他，他自己反倒觉得不好意思了，就停止了投稿。

比较文学的系主任很看重林语堂，他认为，这么聪明的学生留在哈佛上课，是浪费时间，于是对语堂说，只要他愿意到德国的耶拿大学修一门莎士比亚课，就可以得到硕士文凭。

林语堂以他独到的眼光，对哈佛大学的不足也提出了他自己的看法，认为它的治学方法过于知识化、学理化、琐碎化，缺乏智慧、灵性、整体感，难以将学问和人生贯通起来。

3.6 旧战场捡靴

语堂在哈佛大学刚刚读了一年，一纸通知犹如晴天霹雳一般中止了他在哈佛的学习。

校方通知语堂，他的半个公费奖学金被取消了。

语堂急忙给清华学校写了封信，询问公费奖学金被取消的原因。由于路途遥远，一时之间得不到清华学校的回应。他四下打听，方才知道：清华学校在美国的监督施秉元一直把持着留学生的奖学金，他将这笔钱投资去做股票投机生意结果失败，而后他就上吊自杀了。施秉元原是清华学校的校医，靠着自己的叔叔施肇基是驻美大使，他才谋到了这份肥差。随着他的自杀，留学生们的公费奖学金全都化为乌有了。清华校方认为家丑不可外扬，采取大事化小的办法，没有对损失的留学生奖学金采取任何补救措施，这事就不了了之了。

翠凤买菜回来，见语堂躺在床上，端着烟斗正在抽烟。翠凤第一次看到语堂抽烟，有点吃惊地说："堂，你啥时候学会抽烟的?"

"早就会的。小时候阿爸抽烟时我们都免不了拿过来抽两口，一来二去就学会了。"

"怎么从来没有见你抽过？这烟斗是哪来的?"

"过去只是会抽罢了，平时并不抽。今天在路上看到一个中国小贩，正在兜售烟斗还附带送一袋烟丝，我就买了。凤，好像你家里没有人抽烟?"

"爸爸不抽，谁还敢抽。"

"那你会不会嫌这烟味太呛?"

“没事的，我会慢慢习惯。”

“我这太太，真是通情达理，善解人意。”

“少贫嘴！我也知道这样会把你越惯越坏。”

“凤，你不知道，我这是借烟解愁啊！”

“堂，别吓我，出什么事了?”

“我的那半个公费奖学金化为泡影了！”

“为什么呀?”

“掌管奖学金的那个施校医拿这笔钱去炒股，全赔进去了，他自己也上吊自杀了。”

“啊?”翠凤提在手中的菜掉落在地上，“这该如何是好?”

语堂只是“滋、滋”地抽着烟。

看着语堂的神态，翠凤又心疼起来，在床上坐下来劝慰着：“堂，没关系的，我们还有些生活费，再慢慢想办法。”

语堂还是“滋、滋”地抽着烟。

翠凤往床里推了推语堂，把他的胳膊放平，自己躺在他的胳膊上，轻轻地问：“堂，你有什么打算?”

语堂边抽着烟边慢慢地说：“美国是不能再待下去了。系主任也说我继续留在哈佛是浪费时间。我想按着他说的，去德国的耶拿大学修一门莎士比亚课程，以便拿到哈佛的硕士文凭，也不枉来哈佛一场。”

“这个想法好哇。你父亲不是总想让你去德国读书吗？我也想去德国看看。”

“为了筹措去德国的费用，我想向基督教青年会申请一个工作职位。”

“行。反正你走哪儿我就跟你去哪儿。”翠凤更紧地偎在语堂的怀里。

两天之后，“中国劳工青年会”聘用了语堂，让他到法国教中国劳工读书识字，而且无偿支付夫妻俩从美国到法国的旅费。

这真是天下掉下来的好事！

两人收拾好行装，就奔赴法德交界的乐魁索城。

当时正是第一次世界大战刚刚结束。

1914 年一战爆发，法国为抗击德军侵略，男人们上前线打仗，女人们走进工厂承担起繁重的工作。由于战争使法国劳动力严重缺乏，法国政府决定从殖民地国家招募一批劳工。1916年中国北洋政府和法国正式签订招工合同，先后共有十四五万中国劳工远渡重洋来到法国服劳役。中国劳工的工作主要是清理死尸、搬运军用物资、修路、挖战壕等繁重的体力劳动。战争结束后，由于法国男青壮年劳动力奇缺，很多中国劳工就留了下来，其中不少人还和法国姑娘结成了异国姻缘。

乐魁索城是法国的一个小城镇，因靠近德国，华工比较集中，这个地方在当时的中国人心目中还小有名气。

语堂和翠凤的新家就在乐魁索城“中国劳工青年会”的外面，是又宽敞又明亮的两间大房子。

语堂把行李往床上一扔，就在床上躺了下来。

“堂，快起来，要打扫一下的，你真是个脏猴。”

翠凤一边打扫一边评论着“地板挺平整”、“床太高了”、“床垫子好厚啊”，她忽然发现了一个大问题，“喂！堂，这屋子里怎么没有厕所?”

语堂走到后边的窗户跟前，指着外边说：“看，厕所就在后花园外面。”

“这可苦了我。”翠凤丰满的身材自然需水量大，每天喝的水是语堂的两倍，上厕所的次数自然也是语堂的两倍。

“谁让你像个蛤蟆似的总离不开水呢。”语堂幸灾乐祸地说。

“你才是蛤蟆呢!”翠凤举起手里的扫帚作势要打，语堂笑着跑了出去。

语堂到青年会了解了一下，这里的劳工都是文盲或半文盲，就动手编了一本千字文的课本，准备先从基本的入门知识教起。

翠凤得到彻底解放了，因为这里不用自己作饭，支付了不算太高的伙食费以后，他们每天就和青年会的三四个工作人员一起就餐，有一个中国厨子专门给他们做饭。吃饭时几个人围坐在一张饭桌上，有说有笑，其乐融融。只是那个中国厨子的一只手总是哆哆嗦嗦，他端着一碟菜走到你身边时，你搞不清他是要递给你，还是要递给你身旁的另一个人，因此常常闹出笑话，这也更增加了饭桌上的笑料。

到法国没几天，他们的钱眼看就要花光了。在这里举目无亲，跟谁都不熟悉，二人犯起愁来。

翠凤突然叫了一声说：“我怎么忘了我妈妈给我的陪嫁了！”

她急急忙忙找出了一个绿绸缎小包，打开一看里边包着七八件玉首饰，有玉吊坠、玉石指环、碧玉项链、玉钏、玉手环、玉臂环等。廖太太长得小巧，平时喜欢戴玉首饰。因为翠凤嫁的不是有钱人家，又要远走他乡，出嫁那天廖太太就偷偷地塞给翠凤这个绿绸缎小包说是妈妈的陪嫁之物。

受廖太太的影响，翠凤对玉件也甚是懂行。她拿起一件银镶嵌天然碧玉水滴吊坠给语堂说：“你看这个吊坠，浓、阳、俏、正、和样样具备，怎么也值一百多美元。你拿去卖了，我们先将就一段时间。”

语堂微微有些发窘，日子过到靠太太买首饰的程度，他实在心中有愧。

翠凤把吊坠在手中摩挲了一会儿，塞到他手里说：“快拿去吧！不卖下礼拜就没钱交伙食费了。”

语堂看着她心疼的样子，安慰他说：“我编的那本千字文，青年会准备印一批发到各劳工区去，到时会付我稿费。我再多编些教材，等有了钱，再买给你。”

翠凤推着他说：“快去吧！这些首饰我又不戴，放着也是放着，不用瞎想啦。”

当语堂将那晶莹剔透的吊坠拿给收购公司的经理时，那个经理看了半天竟不知这是什么东西，原来法国人很少使用玉器，法国妇女也很少有人佩戴玉首饰。语堂反复地对玉器做了介绍，最后那个经理只同意出十美元收购。

语堂不敢做主，回去告诉了翠凤。气得翠凤跺着脚抱怨法国人孤陋寡闻。但是抱怨归抱怨，现实问题还得解决，他们只得忍痛区区十美元就把玉坠卖了。

没有多长时间，现实问题又来了。翠凤又从绿绸缎小包里拿出了一个翡翠玉钏，对语堂说：“翡翠中上品绿色才是正品。你看这个翡翠玉钏，鲜艳明亮的碧绿色就如一泓秋水。这要在国内，买四百五十银元应该是没有问题的。也不知那个经理这次能出价多少。”

语堂跑去一问，这次经理反复掂量了一番，愿意出价三十美元。翠凤一声叹息，把一个上品翡翠贱卖了。

翠凤第三次卖的是一个红宝石指环，这个指环的浓浓的红色接近“鸽血”，其价值可想而知。收购公司的经理将指环套在小手指上，很是欣赏，终于出了五十美元的所谓高价。

没用多长时间，廖太太的陪嫁玉首饰就被这样“仨瓜俩枣”地用于解决现实问题了。语堂想，廖太太要是知道了这个情况，非得心疼得昏过去不可。

这天吃过饭后，给劳工上课的时间还早，语堂带翠凤散步来到附近的凡尔登战场。

翠凤在圣玛丽女校时曾听说过凡尔登战役，知道这次战役在一战中是最惨烈。到了那里一看，不过是一眼望不到边的空旷平野，连一棵树木也找不到，天上的白日照着地下的空寂战场，显得十分苍凉。

翠凤看着神情似乎很是感慨的语堂问：“这里就是那个发生过惨烈战争的地方?”

“是啊！1916 年德国想彻底打败法国，就把进攻的重点转向了西线，把法国在这里修建的凡尔登要塞作为了进攻目标。”

“为什么会把这里确定为进攻目标呢?”

“因为在整个协约国的军事防线中凡尔登的位置最突出，对德军深入法国和比利时有很大威胁，它又是通往巴黎的强固据点和法军阵线的枢纽。战役中双方共投入了一百多个师，整整打了十个月。”

“那伤亡一定很惨重了?”

“双方伤亡近 100 万人。由于伤亡惨重，凡尔登战场被人们称为“绞肉机”、“屠场”和“地狱”。法国自信坚不可破的马其诺防线，在德国的铁蹄下化为乌有。德国军事进攻的能力也从顶峰上跌落下来。然而，在战场上死伤的绝大多数都是普通百姓。就像元曲里唱的‘宫阙万间都做了土。兴，百姓苦；亡，百姓苦’。”

忽然，翠凤向前跑去，弯腰从土里拽出了一把刺刀，又前行了两步，拽出半截枪支。原来战争结束后，军队仓促撤退，来不及细细打扫战场，所以战争中的残余物品多处都是。

翠凤就像着了魔，拿着那把刺刀这里翻翻、那里找找，一会儿拽出一截军衣，一会儿拉出半个皮靴。

“你是想捡一件有意义的纪念品吗?”语堂对渐行渐远的翠凤高声说。

“不是。我看你的靴子裂了缝，不能穿了，我想给你捡一双旧靴子。”

看着翠凤聚精会神地在旧战场上翻找着，语堂的眼睛有些发热，想说句什么，咽喉却像是被堵住了，他强忍着不让眼泪涌下来。一个银行家的女儿，因为嫁给了自己，现在却要在旧战场上翻检靴子，生活如此清苦，她却毫无怨言，还是那么一心一意地跟着他，爱着他，照料着他。这样的妻子，自己还有什么不满足的呢?还有什么理由不全心全意地去爱护她呢?

这天之后，翠凤一没事就跑去凡尔登战场遗址，最后真让她找到了三双还算完整的靴子。她每天洗呀、擦呀，而且还上了鞋油，当看到语堂穿上那靴子后，她高兴得直拍手。语堂看着傻笑的翠凤，心里在默默流泪。

一天，翠凤见语堂抱回来一大摞资料，进了屋就伏在桌子上细细翻看，便问:“你是不是又接下了新工作?”

“不是，”语堂头也不抬地说。

“那你在看什么?”翠凤走过去，见那些都是劳工名册。

“我在找阿公。”

“找你阿公?你阿公也是劳工?怎么从来没听你说过?”

语堂放下资料，拉翠凤坐在身旁的凳子上说：“好吧，我现在就给你说说我阿公。”

翠凤倚着桌子，把手支在下颏上，看着语堂说：“好，讲得细点。我早就是你林家的人了，这些事你早该让我知道。”

语堂装满一斗烟，挤压好，慢慢点燃，抽了一口才开始说：“我阿公很早就失踪了。他原是漳州市郊五里沙的一个农民，当时正闹太平天国，在漳州大屠杀中，我阿公被太平天国的军队拉去当脚夫，此后就下落不明。不知从哪里传来的消息，说他到了法国。抓我阿公时，我阿爸藏到床下，得以幸免。我阿婆就带着我阿爸和两岁大的阿叔，逃到了鼓浪屿。”

“哦！你爸爸也到过鼓浪屿。”

“当然了，比你家到的要早许多。”

“那你阿婆和阿爸后来怎样呢?”

“我阿公失踪后，阿婆一直在苦苦等待他回来，但是多少年过去了还是杳无音信。阿婆只得把我阿叔送给了鼓浪屿一个姓吕的医生，自己带着我阿爸改嫁到卢家，不过我阿爸始终没有改姓。”

“那个吕医生我听说过，他家还出了一个举人。”

“那个举人就是我阿叔。阿叔的一个儿子后来到英国留学，回国后做了工程师。你看，我们林家的血统是不是很了不起呀！我家和吕医生后来一直相交甚好。我们兄弟三人去厦门读书时，都是吕家女人的教子，得到了他们很多照顾。其实，我阿婆也是很了不起的，她的臂力大得惊人，有一年十几个土匪进村抢劫，硬让我阿婆一根扁担把他们都打跑了。”

“你阿婆真棒，女中豪杰!”翠凤由衷地夸赞着。

“阿婆那时是很有名气的！她很早就加入了基督教，这也是我家信基督教的起点。”

翠凤指着摊了一桌子的劳工资料说：“你是想从这里边找到你阿公的下落?”

“是啊！不过，恐怕希望十分渺茫。据说往法国运送劳工的船，一船承载1600多人，从上海港出发，要经过两个多月的海上颠簸才能最终抵达法国马赛。劳工们被关在船舱的底层，整日看不见阳光。因为船上的条件恶劣，很多人还没到法国就已命丧黄泉。”

果然，语堂辛辛苦苦地查找了多日，并没有找到任何蛛丝马迹。看来。他的阿公永远地失踪了。

为了之后去德国耶拿大学学习，林语堂开始自修德语。他非常有语言天赋，又熟悉语言学，学起德文来得心应手，短短几个月时间，他居然能够用德文写信了。

在这段时间里，闲暇无事的翠凤也学起了法文。她认识了一位法国太太，就跟着她学习法文，她们二人后来成了很要好的朋友。

语堂编写的华工识字课本很受劳工欢迎，青年会便不断地翻印，送去华工相对集中的一些地方。语堂得到了一笔稿酬，加上他在青年会的工资，二人终于有了一些积蓄。翠凤不愧是钱庄老板的女儿，她敏锐地意识到，随着德国战败出现的马克大贬值，给他们提供了一个增加经济收入的好机会，于是就把所有的积蓄换成了美元，之后又把美元卖掉换成德国马克，这一番炒汇操作，使他们获得了一定的收益。可惜，她还是缺少经验，美元卖得太早，所以获益不够多。

当他们在乐魁索城有了一点积蓄后，语堂就写信给耶拿大学，申请入学学习莎士比亚课程。没过多久，耶拿大学给语堂复信，批准了他的入学申请。

3.7 引诱

刚刚踏入德国名镇耶拿，语堂和翠凤就被这里美丽的风光迷住了。

语堂拉着翠凤的手，一边奔跑跳跃着，一边指点着周围的建筑喊着："看，古城堡！看，大教堂！看那个天文大钟，那个一定是市政厅，那里一定是耶拿大学……"

语堂一下子爱上了这个带着古风遗俗的小镇。这里保留着欧洲旧大陆的风光，有着各具特色的建筑，狭窄的街道，闲适的居民。语堂对这里的一切着了迷，不断赞叹着这旧大陆的风光和声音。他想起美国，在那里不管走到哪儿都是一个模式，同样的冷饮柜台、同样的牙刷、同样的邮局、同样的水泥街道，远不如这里变化多端、富有情趣。

耶拿是大文豪歌德的故乡，语堂边欣赏着周围的景物，边体会着当年歌德走在这个迷人小镇上的心情，情不自禁地轻声诵读起《浮士德》中的名句：

初恋和友谊也一样被回忆、重温。
痛苦重新体验，怨恨复生出怨恨，
叹人生之旅，难逃出歧路、迷宫，
哀良朋挚友，一个个都先我而逝，
让眼前幸福骗去他们美好的光阴。
那些听过我早年的唱段的人们，
他们啊已听不到我以后的歌吟；
友好的聚会已是杳无踪迹，
唉，最初的回响也寂然无声。

……

吸引着翠凤的却是小镇异常的干净整洁，随处可见草坪、绿树和鲜花，满山都是黑压压的云杉树，阳光绚丽，空气清爽，这里简直就是一个巨大的天然休憩园。特别是随处可见的肥大的鸽子，由于太胖已经不能高飞，大多数鸽子都在人们的身周慢慢悠悠地踱着步，享受着善良的人们对它们的关爱。

他们来到租住的公寓，一个身形瘦小的房东老太太热情地把他们迎接进屋。

安顿下来之后，翠凤叫着："堂，你来看，这里有沿着墙造的砖炉子。"

"你呀，少见多怪，那就是壁炉，欧洲旧大陆家里普遍使用的都是壁炉。"

"屋里真有些冷，怎么使用这个壁炉呢?"

"你可把我问住了，我也只是从书上读到过。"

这时，有人敲门，是房东老太太，她见翠凤对着壁炉发呆，就问她："不会使用壁炉吗?"

翠凤的德语只是在来耶拿的路上由语堂教了她一些简单的日常用语，对房东老太太语速很快的德国话她根本听不懂，语堂忙走过来充当翻译。

"是啊，这个壁炉怎么使用呢？您能教教我们吗?"

"很容易使用的。你们这间屋子的壁炉是这些房子中最好的，容易点火，炉膛宽大，点着以后室内很快就会温暖，而且火种保持时间也长。"

于是，房东老太太就开始细心地教翠凤怎样点火，怎样调整火势，怎样用灰埋火保持火种。她还告诉他们，室内没有安装水管，洗浴时使用壶和盆。语堂忽然记起，歌德和席勒曾说过，他们就是用壶和盆洗浴的。

直到翠凤都听懂以后，老太太才转过身来，张着缺了半颗门牙的嘴巴指挥语堂去室外取水，语堂高兴地答应一声，拎着涂了绿色油漆的铁皮壶走了出去。一边拎水，他一边在想，大概歌德、席勒这些曾在耶拿生活过的大文学家、大诗人，就是靠拎水拎出来的灵感。

安排好生活之后，语堂就去耶拿大学报到。

耶拿大学是一所公立大学。成立于1558年。有许多著名的哲学家、文学家、科学家如黑格尔、费尔巴哈、魏格尔、席勒等，都曾经在这里任教。在很长一个历史时期，这里都曾是德国文化的中心。

德国大学生的生活让语堂惊叹不已。这里没有点名和小考的麻烦，听课十分自由，何时自己感觉功课准备好了，就随时可以请求考试，三年、五年甚至十年都可以。学校没有请假一说。学校告诉他，春天的时候，如果想去布拉格春游都行，只要给教授寄回一张明信片表示问候即可。德国大学生的生活何等自由！然而，尽管如此自由，每天上课的人数依然如常，每个学生照旧苦读，因为大家都是出于本心在自觉自愿地学习。

“凤，今天陪我去上课好吗?”吃罢早饭，语堂看着外边冬日少有的骄阳说。

“好啊！”翠凤高兴地答应着，打开衣柜，穿上那件在波士顿买的浅褐色大衣。那时她刚刚出院，语堂接到胡适给他汇来的一千美元后，就硬是给她买了这件大衣。翠凤对这件衣服非常珍爱，因为这是语堂买给她的第一件衣服，而且又是在那么困难的状况下买的，每当穿上它，她就从心里感到温暖。

“总让你穿你就是不穿，这件大衣穿上多漂亮。”确实，翠凤显得很精神。

“光靠衣裳漂亮有什么用，人又不漂亮。”

“我可从来没有说过我太太不漂亮。”

“哼！”翠凤本来想说“哪有锦端漂亮”，想了想又把这句话咽了下去。

二人手拉着手走在大街上。路过一个商店，翠凤告诉语堂：“耶拿的物价真便宜。别看商店不多，卖什么的都有，而且定期促销打折，幅度还很大。生活在这个小城里，真幸运啊。”

语堂的注意力却不在这些方面，他指着植物园旁边一个二层小楼说：“凤，那就是歌德的故居，里边那些银杏树都是他亲手栽种的。”

翠凤又说：“房东老太太告诉我，火车站的浴池相当不错，周末我们去那里洗洗澡好吗?”

语堂对这个建议马上表示同意，他说：“那咱们就过一个内容丰富的周末，上午到镇外郊游，下午去俱乐部观看决斗，晚上到火车站浴池洗澡。”

语堂选择的郊游地点还是一个古战场。

1806年拿破仑曾率领法军与普鲁士在耶拿会战，大败普军，带来了欧洲历史的转折。战斗起始于拿破仑的部队与霍恩洛厄亲王在耶拿附近的部队遭遇，后来双方加入战斗的部队越来越多，发展成为耶拿战役和泰特战役两个阶段，战役最后以普军大败而告结束。战斗中，普军共伤亡四万五千人，法军伤亡一万五千二百多人。

语堂拉着翠凤走到拿破仑指挥战斗的高地上。附近有一块纪念碑。旁边杂草丛生，没有什么树木。站在这里，可以俯瞰整个耶拿城区。

语堂对翠凤说：“据说，当年黑格尔曾亲眼目睹了拿破仑骑在白马上的英姿，激动不已。”他的眼前浮现出骑在白马上的拿破仑指挥若定的身形。

翠凤看着他那严肃的神情，笑着催促着他说：“不要感慨了！该吃午饭了。这里光秃秃的有啥好看的？再说这里什么东西都没有留下。”

语堂笑谑说：“你还想来这里捡靴子啊？”

翠凤挎起语堂的胳膊，边走边说：“要是有我就来捡。”

语堂心中一热，在翠凤的额头上吻了一下。翠凤笑靥如花，幸福地靠在语堂身上。

耶拿是个大学城，俱乐部里基本都是青年学生。这里几乎天天都有决斗，学生们的功课就是皮肤上的伤留下的瘢痕，似乎谁瘢痕越多，谁的学位越高。看了一会儿决斗，翠凤就感到厌烦了，央求着语堂赶紧离开这个嘈杂的环境。

在进入第三个节目，去火车站浴池洗澡时，翠凤才变得兴奋起来，而语堂对此却是一副应付差事的态度。当翠凤浑身舒畅地走出浴室时，早已洗完的语堂已经在等候室里睡了一觉。

晚上，疲累的语堂往床上一趟就打起呼噜来。睡梦中他忽然感到身上有些冷，睁眼一看，翠凤正撩开了被子看他，他困惑地问：“凤，你要干什么？”

翠凤“嗤”地一笑，猛然骑到他的身上说：“我要检查一下，你到底洗干净没有？”说着，就动手解开了他的睡衣。

语堂捏着她的尖尖的鼻子说：“鬼花样真多。”

在耶拿大学读了一个学期，林语堂就通过了莎士比亚课程的考试，获得了哈佛大学的硕士学位。之后，他转到以印欧比较语法学驰名的莱比锡大学，攻读语言学博士。

莱比锡位于德国中部，早在1160年就已经开始建市。她曾深深地影响整个欧洲的商业和人文生活达数个世纪之久。这座城市因“贸易博览会和商贸城市”、“音乐名城”、“艺术之都”而蜚声海内外。但是当语堂和翠凤进入这座历史名城时，却感觉这座历尽苍桑的古老城市显得灰蒙蒙的，毫无生气与灵感。

语堂二人租住在莱比锡郊外的一栋两层小楼里。因楼上做了杂物间，他们和女房东一起住在楼下，他们的房间靠里，女房东的房间靠外，所以他们进进出出都会从女房东的房门前经过。

女房东三十五六岁，名叫爱玛，身材不胖不瘦，长得不太漂亮也不太难看，已经守寡多年，有一个十六七岁正在读高中的女儿。他们入住那天，见到爱玛身穿一件旧的蓝色长裙，正独自一人在房间里一边抽着烟一边就着咸肉喝啤酒，素面朝天，一副懒散颓废的样子。看到语堂，爱玛眼睛一亮，顿时喜笑颜开。从那天以后，爱玛的衣衫日渐鲜艳起来，而且总是画着很浓的妆。

这天，语堂刚从学校回来，经过爱玛的门前，爱玛就高声唤他：“林先生，耽误您一会儿可以吗？”

语堂只得站住，只见爱玛从房间里出来，拉住他的衣袖说：“进来坐一坐嘛，我有事要请教您。”

语堂被拉着在沙发上坐下，他看到，爱玛穿着一件透剔的纱笼衣裙，衬显着她那丰满而健美的身材。她的头发还没有梳整起来，随随便便披在脑后，只有一缕金发零落地从额上垂下来，脚上穿着一双金色的脱鞋。

爱玛的皮肤柔嫩而细腻，有两片颇富肉感的丰满嘴唇。很明显，她的脸庞是经过了一番修饰的，画着眉线，抹着唇膏，两颊也浮泛着一片红润的色泽。

爱玛拿过一个笔记本来，翻开一页凑过来给语堂看。人没走近，语堂就闻到了一股混合着丰富复杂的芬芳的法国香水味。

语堂拿过爱玛手里的笔记本，看到上边的德文写得十分娟秀流畅，内容好像是一首诗。

爱玛把一只手放在语堂肩膀上说："这是我写的一首诗，林先生是博士，求您指教指教。我是初学，您不要嘲笑我。"

语堂看那诗的题目是《梦中的蔷薇》，诗体是模仿曾经风行于欧洲的十四行诗，诗句非常直白，翻译成中文就是"第一次见到你就放不下你，走着坐着都把你放在心里……"。不仅全无意境可言，而且除了每句凑着十一个章节外，全然不符合十四行诗的要求

于是他侧转了一下身子，既像是要郑重其事地给爱玛讲解，又巧妙地滑掉了爱玛扶着他肩膀的手。

语堂问："您是不是在仿写十四行诗?"

"是的，是的，林先生不愧是大博士，一眼就看出来了。"说着，她又凑近前来，还想去搭语堂的肩膀。

语堂示意她在对面的沙发上坐下，然后说："您要是想学写十四行诗，我就给您讲一讲十四行诗的诗体。"

爱玛只得在对面坐下来，不错眼神地看着语堂，那眼神分明表示出我真想把你一口吞进肚子里。

语堂不敢看爱玛的眼睛，举着笔记本指着爱玛那首诗说："十四行诗是一种格律严谨的抒情诗体。特别是莎士比亚的十四行诗，内容多以歌颂爱情为主，形式整齐，音韵优美。在他笔下的十四行诗，每首分成两部分：前一部分由两段四行诗组成，后一部分由两段三行诗组成，即按着四、四、三、三编排。每行诗句十一个章节，通常用抑扬格。而且作诗不能直白，要讲究意境。"

语堂讲罢，抬眼去看爱玛，却见她的眼中露出了喝醉酒的人那种迷离的光，嘴里喃喃着说："莱比锡的中国人很少，我从没见过像林先生这样长得如此迷人的中国人。"

语堂看她根本没有听自己讲解，连忙站起身来说："对不起，太太正等着我，我先走了。"

语堂站起身来就往外走，听得背后爱玛叫着"林先生"，他却没敢回头。

语堂快步抢进家门。翠凤惊奇地问："你为何如此慌张？"

语堂解释说："我在房东家耽搁了一会儿，怕回来晚了你不放心。"

"你去房东家干什么？"翠凤好奇地问。

"她写了首诗，让我给她看看。"

"她会写诗？"

"题目倒是挺好，叫什么《梦中的蔷薇》，内容却过于直白，而且完全不合诗体的要求。"

"她不会是借机亲近你吧？我见她一天比一天打扮得妖艳。"女人的直觉总是很敏感。

"快别瞎说。"语堂不愿意惹起矛盾。

"你以后还是离她远点好。"

这以后语堂有了经验，每次回家路过女房东家门时，就先喊一声"翠凤，我回来了"，不管翠凤听见没有，每次他都能顺利通过。

这天回家刚走到楼门口，一个男人从楼里匆匆走出，两人差点撞个满怀。语堂进了屋，只见爱玛正笑眯眯地站在门口。

他正要高声喊"翠凤"，只听爱玛笑着说："别喊了，您太太上街啦。林先生怎么总是故意躲着我呀？"

"没有，没有，您多心了。"

"那来我屋坐坐行吗？您太太回来了您再回去。"

语堂只好跟她进了屋。

"看到刚才出去的那个人了吗？"

"看到了，没看清楚。"

"他叫迪特尔，也是个天才，他的诗可与歌德媲美。"

"这么了不起，我倒没注意。"

"跟您说，"爱玛的神情略显扭捏，"他一直在追我。"

“要是合适，您也应该考虑的。”

“唉！可惜他也是有太太的，”爱玛的神情有些伤感地说，但是很快又变得兴奋了，低声说，“您知道吗？每次来他都非要和我亲热。”

爱玛将一杯水端在语堂面前，在她低头时语堂不经意地看到她那粉红滚白边的套裙里竟是空的，两个乳房在里边晃动。

爱玛在他坐的那个沙发的扶手上坐下，一下子把套裙拉起来，露出雪白的大腿和肉色的三角裤，她拍着大腿说：“每次他都要把我的腿从上到下一点一点地吻个遍，说是不愿放过一寸地方，您说他有多浪漫。”说着，她便放浪地笑起来。

语堂感到如坐针毡般的难受，赶忙站了起来，一边说着“对不起，我要去街上找找太太”，一边逃了出去。出门老远，还听得爱玛在放浪地大笑。

又过了几天，语堂回家路过爱玛的门口，忽见爱玛在地上侧卧着，两腿紧紧夹着两只手，不断发出呻吟声，好像非常痛苦的样子。连忙问道：“您怎么了？”

爱玛转过脸来，只见她的脸红通通的，额上还有汗水。

爱玛睁眼看到语堂，连忙呼唤他：“快来，快过来。”而后由侧卧变成仰卧姿势，撩起套裙，双手伸进三角裤中，呻吟着说：“快过来，求求您帮帮我，我受不了了。”

语堂扭脸高声喊着：“凤！快来帮帮房东，她说受不了了。”

爱玛狠狠瞪了他一眼，放下套裙从地上站了起来。

翠凤从屋里跑出来，语堂走过去拉着她回了屋，看着翠凤一脸疑惑的神情，就跟她讲述了刚才所发生事情的整个过程，翠凤笑得只在床上打滚。

这件事之后，语堂做了个决定，立即搬家。

3.8 庸医

语堂夫妻的新房东是个女音乐批评家，五十岁年轻，穿着庄重，戴一副镶银边的眼镜，显得很有气质。镜片后边那双灰蓝色眼睛总给人一种被审视的感觉。

女房东问语堂："林先生是来修学的吗?"

"是的，到莱比锡大学读博士。"

"莱比锡大学是欧洲最古老的学校之一，建校有五百多年了。"

"我知道的，莱布尼兹、歌德、尼采、历史学家兰克、让·保罗都曾经在这里就学。"

"林先生读的是什么专业?"

"语言学。我在哈佛进的是比较文学研究所，而莱比锡的印欧比较语法相当有名气。"

"设计了博士论文的题目了吗?"听女房东的问话，语堂猜测她可能也是一位博士。

"设计了。是《古代中国语音学》。"

女房东笑了，笑得很优雅，她微微摇摇头说："中国人来德国攻读古代中国的语音学，有意思。"

语堂解释说："在语言语音学方面，莱比锡几乎是无可比拟的。席柏、巴斯、高本汉这些国际级的语言专家都在这里任过教。教我的康拉迪教授对中国的文言文就很精通。特别是莱比锡中国研究室的中文书籍无计其数，有些版本在中国国内都难以找到了。所以，我觉得在这里学习研究中国古代的音韵学必然会有比较大的收获。"

女房东微微颔首说："你说得很有道理。跟林先生一起来的这位是您的妹妹吗？"不知她是从哪里得出的这个结论，大概是看他们没有领着孩子，通常中国夫妇走到哪里都带着孩子。

"这是我的太太。"

"对不起，我冒昧了，"谁知紧接着她就问了一个更为冒昧的问题，"林先生，你们婚姻上没有什么问题吗？"

语堂立刻笃定地回答："没有。"

晚上躺在床上，语堂看翠凤一直瞪着眼睛看着天花板不睡觉，就问："凤，你怎么了？"

"堂，我想，我们要是有个孩子该多好。"显然，白天女房东的话让她受了刺激。

"这不是水到渠成的事吗？不用急的。"

翠凤侧转身，紧紧搂住语堂说："人家就是着急嘛！结婚都这么长时间了，我这里怎么就一点动静没有？"她摸着自己的肚子，有点对肚子生气。

"会有的。该有就有了。"

"不。我现在就要！"说着，翠凤就腻上了语堂的身。

"你在上面是不好要的。"语堂笑着把她翻了下来。

可是，不管翠凤怎么天天嚷着要孩子，不管她上面下面怎么折腾，又过了好几个月，翠凤的肚皮还是没有任何变化。

这天，语堂正叼着烟斗，躺在床上研究《汉学师承记》，翠凤走过来把他的书轻轻拨开问："堂，你不是说莱比锡图书馆里的书应有尽有吗？你找一找，看有没有一本关于如何怀孕的书。"

语堂看到翠凤的神情非常认真，便打趣地说："你还真有一股锲而不舍的精神！"

"当然啦！谁像你这么漫不经心的。"

没过两天，语堂真的拿回了一本厚厚的书，题目叫作《阳痿及男女不孕症的治疗》，作者名叫弗利卡·鲁保，全书长达八百零四页。

听得语堂翻译了书名，翠凤嘟囔着："阳痿？什么叫阳痿？跟怀不上孩子有关系吗？我不会有什么阳痿吧？”

语堂哈哈笑起来，捏捏她的尖鼻子说：“你永远不会得阳痿的。”

“哦！那还好。”她长出了一口气。

她翻开书页，里边除了像启蒙课本一样，满是些令她脸红耳热的图片外，全是英文。她央求语堂说：“堂，你翻译给我听好吗？”

“这么厚厚的一本？”语堂拍拍桌子上《皇清精解》、《经解续编》等书籍说，“这些书我都需要尽快读完的。”

“堂，求你了，每天只占用你半个小时，而且只在你晚上睡觉之前。再说你也不用都翻译给我听，只捡那些跟我们怀孩子相关的。”

语堂无可奈何地点点头。翠凤高兴地跳着去做饭了。

真是开卷有益，翠凤很快学到了一堆名词，还懂得了经期和排卵期的关系。这些对于以后的人本该是很早就知道的东西，她却感到十分新鲜。因为她一直生活在一个管束非常严格的家庭，没有任何人给她讲述过男女间的那些事情，直到出嫁前廖太太才简要地对她进行了一次性启蒙教育。婚后她与语堂一直是简单的无技术操作，只是随着二人感情日深才渐渐感到些甜蜜，然而，夫妻二人无论夜话、日话，却从来没有这方面的研究性话题。

翠凤就像个刚刚开化的小学生，每当听到一个新名词就一定要弄懂，有时还要语堂对着书中的画图检查她是否存在问题。

这天晚上，语堂读到，性生活过于频繁不利于怀孕，她觉得很有道理，当即与语堂约定，二人只在排卵期行房。语堂对这些本就没有很高的积极性，自然表示同意。

翠凤却对这个约定极为重视。为了确保约定的落实，她在床中间拉起一道旧床单做的帷幔，以防止彼此控制不住会违反约定。

好容易等到了排卵期，她干干净净地洗了个澡，早早做好了一桌丰盛的饭菜，等候着语堂回家。然而，语堂却早将他们的约定置之脑后，很晚才回到家，而且因为和人打了一场激烈的网球，搞得浑身是汗，筋疲力尽。

翠凤有些不满，轻轻责备了语堂一句。语堂也觉得自己做得欠妥，表示饭后立即洗澡，晚上一定尽力。但翠凤为求稳妥，决定还是推迟一天履约。语堂自然表示同意，并说明天一定不参加任何体力活动，早早回家履职。

但是，不管翠凤如何郑重其事，怀孕的期望依然是杳如黄鹤，毫无声息。

“堂，我想去医院做个检查。”翠凤终于下定决心。

“凤，你这么健康，怎么会有问题？怀孕的事，咱们慢慢来。”

“还是检查检查的好，我都快得精神病了。”

“好吧。那我明天就陪你去。”

到了医院，一位个子高高的、脸孔白白的、眼睛小小的医生接待了他们，语堂一下子想起了波士顿那个天主教医生，二人竟何其相似！

这个医生对翠凤进行了半个多小时的检查，又问了些“是不是月经多、白带多”的问题，最后，他略显沉重地对翠凤说：“你患有子宫内膜炎，可能不能生小孩了。”

翠凤感到头脑里“轰”的一声，她什么话也没有说，机械地迈着步子走出医院，忽然身子一软晕厥在医院门口。

语堂惶急地呼唤着“凤！凤”，他抱起她正要返回医院，翠凤醒了过来。她的脸上没有一丝血色，只是有气无力地说：“堂，我们回去吧。”

语堂搀扶着翠凤回到家中。一进门，翠凤就扑倒在床上，放声大哭起来。语堂轻轻地抚着她的背，不住地说；“凤，没事的，没有孩子咱们不是过得挺好吗？”

翠凤的身躯在剧烈地抽动着，她感到无尽的委屈，泪水像绝了堤的河水，无休止地涌出来。哭着哭着，她一口气没有上来，竟然再次晕厥过去。

语堂抱着翠凤绵软的身子，焦急地大声呼唤着她。好容易翠凤又苏醒过来，“哇”的一声哭出声来，她紧抱住语堂的肩膀，把脸偎在他的胸膛上，显得万分痛苦。

语堂抱着这个甘心情愿和自己辛苦度日的女人，听着她无助的哭声，不由也悲从心来，呜呜地哭起来。

哭得昏沉沉的翠凤被语堂的哭声惊醒，她连忙直起腰来，拍着语堂的背抽抽噎噎地说："堂，你不要哭嘛，你哭我难受。"

"你哭我也难受，你不要哭了好吗？"

翠凤使劲儿压抑着心中的痛苦，但哭泣的神经一时不能平和，时不时地抽泣一下。

语堂起身拿来沾湿的毛巾，给翠凤擦了擦脸，扶她在床上慢慢躺下。

一直到暮色悄然降临，翠凤才彻底停止了哽咽之声，坐起身来准备去做饭。

语堂按着她说："今天你就不要动了，我去把旧饭热一下，咱们对付吃点儿。"

"那你就自己热一点儿吃吧，我实在吃不下。"

晚上临睡前，翠凤侧身对着语堂，把他的手拉过来，双手握着说："堂，咱们离婚吧！"

语堂大吃一惊："凤，你是不是哭得神志不清了？"

"我很清醒。你看，我连个孩子都不能生，你们林家那么优秀的血统不能在你这里断了，你再娶个能生养的女人吧。"

"凤，千万不要胡思乱想。我还有哥哥弟弟，林家的香火不会断的。再说我早把婚书烧了，你想离也离不了的。"

"那个问题好解决。我一个不能生养的女人你要着干啥？我想过了，你不是在坂仔有个青梅竹马的柏英吗？那时她有个阿公拖累着，现在可能她阿公也不在世了，你娶上她不是挺好吗？这叫再续前缘，我想她不会嫌弃你是离过婚的。"

"亏你想得出，这种陈年往事我早都忘了，你居然还记着。柏英早结婚了，孩子大概都有好几岁了。"

"那你就娶上锦端。听说她根本没听他爸爸的话嫁给那个'金龟婿'，而是一个人去了美国。你去美国找到她，你俩就在国外结了婚，回去生米煮成了熟饭，她爸爸也无可奈何。我想，以你和锦端的情分，她也不会在乎你离过婚。"

"你再瞎说，我可不理你了。"

“要不然你就在这里找个外国女人，生个混血孩子也挺不错的。那个爱玛倒是对你有情有义，就是成天喝酒抽烟，年纪比你大点儿……”

语堂伸手堵住了翠凤的嘴说：“凤，我看你真有点精神病了，我们可是患难夫妻，常言说‘一日夫妻百日恩，百日夫妻一辈子情’，你对我就一点儿感情也没有了？”

“我有多爱你，你不知道？”翠凤的眼睛又红了，“这一点我也想过了，不论你和谁结了婚，我就去你家做佣人，我不要工资，只要有口饭吃就行，只要每天能看到你就行，我给你们做饭、洗衣服、看孩子……”说到这里，翠凤再也抑制不住，又呜呜咽咽地哭起来。

语堂伸臂把她紧紧搂在怀里，哽咽着说：“凤，我跟你发誓，不论你能生孩子也好，不能生孩子也好，我都会好好对你，绝不会和你离婚，我林语堂这一辈子，就你廖翠凤一个妻子。”

这件事之后，翠凤更加尽心竭力地关爱语堂，细心地照料他的衣食住行，尽力地给他增加营养，而且每天都要语堂保持整洁的外表，逼着他换衣服、剪头发。而她对自己却非常俭省，从到了莱比锡之后，她没有给自己买过一件衣物，没有给自己多花过一分钱。

语堂除了上课之外，经常和翠凤手拉着手去参观圣尼古拉教堂的哥特式教堂大厅和托马斯教堂及合唱团教堂，参观约翰·塞巴斯蒂安·巴赫博物馆和各种画廊，到大型音乐厅去听音乐或参加广场露天音乐会，到集市广场的花市去看生机盎然的各色鲜花，到老市政厅后面的小吃广场品尝用胡萝卜、豆角、豌豆等一锅煮的蜚声世界的“莱比锡大杂食”。

他们还曾去近郊参观了“战胜拿破仑纪念碑”，那是莱比锡著名建筑之一，正式名称为“民族大战纪念碑”。此纪念碑是为纪念在大胜拿破仑军队的莱比锡战役中阵亡的联军士兵而建的。1898 年开始动工，1913 年才竣工揭幕。碑高 91 米，全部由大块花岗石砌成，碑的外表饰有巨大的人像浮雕。顺 50 级石梯盘旋而上，可俯视莱比锡全貌。

有一天起床之后，翠凤感到腹中一阵疼痛。

看着翠凤捂着肚子忍痛的样子，语堂有些担心地问：“会不会盲肠炎又犯了？

翠凤想了想说："不会吧，手术都做了，又修养了那么长时间，怎么可能又犯？这次疼痛和那时疼痛的感觉也不一样，而且很短时间就过去了。"

语堂给翠凤倒了一杯热水，嘱咐说："今天静养一下，不要走动，中午饭我买回来吃。"

这天以后，每天早晨翠凤都会疼一阵，不过时间都很短，疼痛过后，她就感到很疲乏，躺在床上很快就睡着了，有时中午语堂买回饭来她还在睡觉。

语堂不放心，又催着她去医院。但是几天之后，这种疼痛却消失了，不过翠凤仍然感到很乏力，总想睡觉。

又过了一段时间，翠凤就开始呕吐，吃什么也吐，她感到非常难受。语堂担心她得了病，就强行拉着她到医院检查。

给翠凤看病的还是那个长着两只像手术刀拉出来的小眼睛的医生。莱比锡中国人很少，他马上认出了他们。

他给翠凤做了一番检查之后，眉头皱了起来，他问翠凤："你这个月的月经来了吗？"翠凤说："我一向不是很准，月经经常推迟来，算来好像有两个多月没来了。"医生摸了摸下巴上稀疏的胡须，又开具了一张化验单。

化验结果出来以后，他拿着化验报告单连连说着："奇怪，奇怪！"

语堂忙问："我太太得的是什么病？"

那个医生的眼睛使劲儿睁了一下，语堂才看到他眼睛的颜色是灰色的。医生把报告单递给他说："你太太怀孕了。"

语堂和翠凤同时惊叫了一声，语堂问："她不是不能怀孕吗？"

医生说："我也不知是怎么回事，子宫内膜炎怎么可能怀孕呢？奇怪，奇怪……"

语堂不再理睬那个连呼"奇怪"的医生，拉着翠凤跑出了医院。到了街上，他一下子把翠凤高高抱了起来不断转动着身子，连声喊着："我太太怀孕啦！我太太怀孕啦！"

翠凤让她快放下自己，别让路人笑话。

语堂放下翠凤后，她却哭了起来。

语堂忙问："怎么了？是不是刚才弄疼你了？"

翠凤带着哭音说："都怪那个庸医，害我白哭了那么一场。"

语堂说："他不是又让你高兴得哭了吗？别跟他计较了。"

一连几天，两人都乐得合不上嘴。

语堂对翠凤说："知道吗？你现在已是莱比锡大学的名人，我告诉了每个认识的人，我太太怀孕了。"

翠凤说："别光顾着高兴，咱们应该想想以后怎么办？有了这两次教训，我真的不相信外国的医生了，而且这里的医院花费太高，咱们还是回国去生吧。"

语堂说："我也是这么想。咱要是把孩子生在这里，咱孩子不就成了德国人了，这可不行，"他像下定了决心一样举了举拳头说，"我抓紧准备，提前进行博士论文答辩。我还需要抓紧去预订回国的船票。"

当时正是德国最热的季节，为了准备博士考试，语堂每天挥汗如雨地紧张准备着。翠凤则尽心竭力做着后勤保障工作。

船票订好了，根据时间推算，他们必须在已经确定的论文答辩那天的当晚离开。也就是说，语堂必须背水一战，确保通过，当晚才能坦然地踏上归国之途。

那天清晨，准备出门的语堂对放心不下的翠凤说："你就放心收拾行装，通过博士论文答辩，对我来说是易如反掌。"

上午，收拾好了行李的翠凤来到学校，坐在教室外的台阶上等着语堂。看着语堂走出一个教授室，又迅速地进入另一个教授室，她的心一直在胸口悬着。

中午十二点，语堂站在了翠凤面前。

"考得怎么样？"翠凤急切地问。

语堂脸上绽放出笑容："论文答辩通过！"

翠凤一下子把语堂拥入怀中，给了他一个响亮的吻。

当晚，他们就离开了莱比锡。

3.9 遵命，司令官！

孩子难产！

翠凤在生死线上挣扎着。她疼得几乎不懂人事了，肠子抽得似乎马上要断裂，嗓子叫得已经嘶哑，脸色起初是灰白的，后来转成蜡黄，最后竟如同白纸一般，她流着汗也流着泪，已经奄奄一息了。

接生医生头上大滴大滴地渗出汗水，一旁的护士忙不迭地给她擦着。

产房外，语堂也在忍受着巨大的痛苦，翠凤撕心裂肺的喊叫声早已让他眼泪汪汪，此刻翠凤的不再喊叫和产房里的片刻安静更让他有着一种不祥的预感，他的腿软得已经不能来回走动，只是把两只手抵在墙上，支撑着不让自己摔倒。

这个注定了要让他们在鬼门关徘徊的孩子，在二人都即将要崩溃的时候，才姗姗出世。

语堂给这个来之不易的女儿起名如斯。

此时语堂已经履约到北大担任英文教授。当他向校方还钱时，校长蒋梦麟却说："胡适从没有为你向校方借过钱。"语堂方才知道当年寄钱是胡适自掏的腰包。他后来将钱还给胡适却未向别人说起，直到胡适去世才将此事公布于众，他把对胡适的尊敬和感激藏在了心底。

然而，当文化界分为接受北洋政府的胡适一派和与政府为敌的《语丝》一派时，他却加入了以鲁迅为代表的《语丝》派，他的思想还是那句：吾敬胡适，但吾更爱真理。

语堂住进了东城区的船板胡同。两口之家变成了三口之家，家务事自然多起来，翠凤像个司令官一样指挥着父女俩。

“堂，你去厨房洗碗。”

“如斯，收拾好你的玩具，上床睡觉。”

语堂打个立正：“遵命，司令官。”

如斯学着爸爸的样子，口齿不清地说：“命命，官官。”

二人各自跑向自己的岗位。

翠凤正在得意，忽听厨房里“啪”的一声，接着又“啪啦”一声，她急忙跑进厨房，她刚买的一个青花瓷碗和一个金边红花磁盘碎裂在地上，翠凤一阵心疼，瞪着语堂说：“算啦！还是我洗吧。”

语堂捏捏她的鼻尖，说了句“你的鼻子真漂亮”，就喜笑颜开地去床上抽着烟斗看书了。翠凤看着他那高兴的样子，心中不禁怀疑：他是不是故意打碎的？

到了星期日，翠凤便指挥着进行一周大清扫。这时，语堂再怎么赞美翠凤的鼻子，也无济于事了。他在书房里刚打开一本书，翠凤就开着真空吸尘器像坦克一样轰隆隆地驶了进来，“你来吸书房，一会儿再去洗厨房的地板。”

语堂跳着脚说：“啊呀，凤啊，等我看完这一章再做，可以吗？”

“不行！”翠凤说，“我不是司令官嘛！”

“是！”语堂无精打采地答应一声，从翠凤手中接过“坦克”，轰隆隆地开动着。

早晨，语堂出门去学校，翠凤在门口拦住他，就像司令官审视去出操的士兵一样上下打量着。

语堂学着她的口吻说：“堂呀，你有眼屎，你的鼻孔毛要剪了，你的牙齿给香烟熏黑了，要多用牙膏刷刷，你今天下午要去理发了……”

翠凤不仅不生气，反而得意地说：“我有什么不对？面子是要顾的嘛。”

语堂看着笑吟吟的妻子，一种温馨的感觉充盈着他的整个心房。

1925 年底，受南方革命浪潮的影响，北京发起了盛况空前的“首都革命”，“驱逐段祺瑞”的口号响彻了古城内外。林语堂参加了游行，与军警对打，结果被当局雇来的流氓打中了眉头，鲜血直流。他想起阿婆一条扁担赶走十几个土匪的气概，依然在与流氓搏斗。

当林语堂满身是血地回到家，翠凤又是心疼又是生气地说：“你还要不要命了？以后不许参加游行了。”

可她正怀着第二胎，行动不便，一不留神，语堂又偷偷摸摸地带了一袋子石头出门去了。

来势汹汹的“首都革命”使身居要职的官僚政客们逃去了天津租界。林语堂以为彻底胜利了，主张对“落水狗”实行“费厄泼赖”（宽大）精神。有着更清醒头脑的鲁迅在《论“费厄泼赖”应该缓行》中点名批评了林语堂，主张要痛打“落水狗”。

北京的白色恐怖一日甚过一日。两个说话大胆的记者邵飘萍和林白水未经审问就直接被杀害。林语堂也被列入要捕杀的五十名激进教授名单。

这时正是翠凤生下二女儿林太乙不久，看到不怕死的丈夫每天还在案桌上写那要命的文章，翠凤就催他：“堂，你怎么还不去躲起来？”

语堂从阁楼里拿出一个自制的绳梯说：“必要时，就用它来跳墙逃走。”

翠凤急了：“还是尽快离开吧！真要有事，我抱着一个，手里拖着一个，怎么跟你跳墙？”

他们先去躲进了东交民巷的一个法国医院，后又住到友人林可胜家。林可胜的父亲林文庆时任厦门大学校长，便邀请林语堂来厦大做文科主任。

翠凤第一个赞成。她一直提心吊胆，每晚都做噩梦，生怕语堂哪天出去了回不来。现在有了去厦大的机会，正好可以避避风头。她对语堂说：“你就是不考虑自己，也得想想刚出生的女儿！”

语堂的二哥玉霖在厦大做教员，兄弟俩好多年没见了。玉霖一连发了好几封电报，催弟弟南下。

于是，在北京危如累卵的情势下，语堂连诀鲁迅、孙伏园、顾颉刚等北京的众多教授南迁到厦大。

众多文化界的名人来到厦大，厦大如同开了锅般地热闹起来，校园里拉满了横幅，各色的彩旗迎风飘扬，欢迎标语贴满了每个墙面。

欢迎大会上林语堂讲话，他每说一句话，学生们就鼓一次掌。短短十几句话，竟然用了半个小时。林语堂那时刚过三十岁，身穿灰长袍黑马褂，梳着亮亮的头发，俊秀英惠之态，可谓光彩照人、慧气逼人。

当鲁迅讲话时，掌声持久而热烈地响起，礼堂的吊顶似乎都快被震翻了。很多同学拿出准备好的条幅，“鲁迅，厦大欢迎你”的字样到处都是。不知道是谁先发起，学生们开始有节奏感地喊起"鲁迅！鲁迅"来。

语堂回家后，对翠凤讲起欢迎会上的趣事，翠凤啧啧称奇。大女儿如斯已经睡去，二女儿太乙却颇有乃父之风，夜虽已深兀自声音洪亮地大哭不止。语堂抱着她，推开窗，欣赏厦大的夜景。南普陀寺隐在黑幕里，轮廓隐约可见。深蓝色的海面此时变成了暗褐色，海浪拍打着海岸，永久不息。咸湿的海风阵阵吹来，语堂像吃了人参果一般心旷神怡。这里有他的家，有坂仔的气息，他要为父老乡亲们好好干点事！

然而，由于校方无故砍去了文科的经费，加上理科主任刘树杞的倾轧，孙伏园、鲁迅等先后离开厦大，语堂最终也不得不离开。离开厦大时，他回望厦大后面的南普陀寺，听着阵阵钟声在山顶悠然响起，在空中不断地传扬飘荡开去，语堂口中就像吞啮着不熟的野果一般苦涩。

之后，语堂受邀担任了武汉国民政府外交部秘书长，因看不惯官场争斗，半年后辞职到了上海。时任南京政府中央研究院院长的蔡元培聘请他担任英文编辑。这是个闲职，平时没有具体的工作，俸禄却每月有300个光洋。

有了这笔人情月俸，林语堂把翠凤和女儿们接来，在上海安了家。由于有了经济能力，语堂在家中办起了图书室。

看着翠凤盯着图书室那不满的眼神，语堂伸臂挡在门前说：“司令官，家中唯有此地为私人空间，望千万不要插手。”

图书室里已经乱到不能再乱的程度：语堂每次看完书就随手一扔，常看的就在眼睛看得见的地方；不爱看的就打入冷宫，埋在层层的书堆下面。书桌乱七八糟地堆满了书，只够铺开稿纸和伸开两支胳膊的地方。他进房间后的第一件事就是把椅子上的书拿开，一屁股坐下来，双腿搁在书桌上，随手拿起一本，可能是阿加莎·克里斯蒂的《东方快车谋杀案》，也可能是牛顿的力学理论，或者是莎翁名著。

语堂想起一事，嬉皮笑脸地说：“有件事想请示一下太太。”

翠凤不知他葫芦里卖的什么药：“又有什么古怪念头？”

语堂说：“我想在天花板上装一个佛家的油灯笼，这样书房中既有油烟味，又有发霉的书味，混合成一种无以名状的气味才更有情调。”

“去去去！乱七八糟就够了，还要加上乌烟瘴气！”

语堂又显示起论辩才能来：“我这叫做乱中有治。你知道女人为什么会让人感到美丽吗？是她们能给人一种莫名其妙又遍寻不着的感觉，就像古老的城市巴黎与维也纳，你在那里住了10年，也不确知哪个巷子中会有什么东西出现。一个图书室也是同样的道理，有一层神秘而可爱的轻纱笼罩着书室，你始终不会知道你伸手会找到什么，你的书室就如同美丽的女人和古老的城市一样。”

翠凤说：“上次你说，有个留学生的图书室仿照大学图书馆的方式，给图书分类贴标签，你去借书，他一下子就找到了。你为什么不学他？”

语堂用烟斗一敲翠凤的后脑勺说：“分类是科学，读书是艺术，怎能混为一谈？”

语堂在鲁迅和郁达夫合办的《奔流》月刊上发表了他的独幕话剧剧本《子见南子》，许多学校纷纷排演。惹起孔子的六十户后代联名状告山东省第二师范演出《子见南子》是丑化孔子，成为震动全国教育界的大官司。最后二师败诉，校长宋还吾丢职。

《子见南子》的官司虽然输了，林语堂却赢了。他的名字一下子红遍了十里洋场，声名大振。《中国评论周报》英文版请他做专栏作家，专写一些评论短文。林语堂的小品文取材包罗万象，写得妙趣横生，茶余饭后读来，满口余香。这些文章又掀起了一个小小的林语堂热，人们都想先睹为快。

翠凤万万没有想到，语堂写的这些一向被她视为“邋遢讲”（厦门话，意为“胡言乱语”）的文章竟然可以赚钱。她嫁到林家已经10年了，过得都是紧巴巴的日子，现在他们居然可以搬到法租界的花园洋房里。

这天晚上，语堂搂着翠凤说：“凤，跟着我这些年，你受了很多苦，过去我没有能力，现在条件好了，我不想再让你受累了，咱们明天请个佣人吧。”

“堂，请佣人花费很大的，我又不是做不了。”

语堂握住她的手轻轻摩挲着说：“凤，看看你的手，都变粗了，这里都起了茧子。”想到一个银行家的女儿跟着自己，手上都有了茧子，语堂心里很不是滋味。

“堂，你知道的，只要能跟你在一起，吃点儿苦受点儿累都无所谓的。”

“唉！我的傻太太。”语堂把她紧紧搂在怀里，“凤，佣人是一定要请的，我不能让你做光杆司令啊。”

“谁说我是光杆司令，你和两个女儿就是我的兵士。而且，我好像又有了。”

“是吗？太好了。看来我的命中率很高啊！”

翠凤忽然想起了那个德国小眼睛医生，“噗”地笑了出来。

“你笑我？”

“不是。我想起那个德国庸医，当年竟说我不能生育。”

语堂也笑了说：“那时还害得我们大哭了一场，”停了停又说，“凤，你生完这一胎之后，咱们就此打住吧。”

“就此打住，什么意思？”

“我不能让你再受苦了。想起如斯出生时的情景，我到现在还心惊肉跳的。”

“那这胎如果又生个女儿怎么办？‘不孝有三，无后为大’，我如果生不出儿子，你们廖家人就会笑话我只会生女儿，不能传宗接代。”

“凤啊，没有关系，我不想儿子的，我才不在乎什么传宗接代呢！”

“堂，你真是个好丈夫！”翠凤很激动，就腻上了语堂的身。

“凤，你又要欺负我。”

“不欺负你欺负谁？”

“你不是说你有了？”

“我比你懂。”

不久，翠凤生下了第三个女儿相如。而后语堂就让医生给翠凤做了输卵管结扎手术，在西医还不是很普及的年代，这是相当极端的避孕法。从此，翠凤再也不用忍受生育之苦了。

语堂名声日隆，社交圈子也大起来，常常有人请吃饭。语堂凡事不深究，吃完了，道两声“谢谢”就走人。翠凤就得跟在后面收拾烂摊子：哪些需要回请？在家里请，还是上馆子？

设家宴回请友人越来越频繁，不过这对于本来就喜欢热闹的翠凤倒不觉得厌烦。凭着家传的手艺，翠凤在社交圈里比语堂还受欢迎。她最拿手的清蒸白菜肥鸭，鸭子蒸烂了，肉又嫩又滑，鲜得让人恨不得连舌头都吞下去，白菜在鸭油里浸煮得透亮，放在嘴里就化了。他的朋友常常不请自来，有时翠凤来不及买菜，就烧上一大锅厦门卤面，配上猪肉、虾仁、香菇、金针、菠菜，用鸡汤慢慢地熬。几个大男人端着碗，围着灶头吃得满嘴都是油。还有的时候翠凤做厦门菜饭，把猪肉丝、虾米、香菇、白菜、菜花、萝卜煸炒，混进饭里焖熟，吃的时候撒点胡椒、黑醋。翠凤喜欢看着客人们把所有的东西都吃得盘碗朝天，她的脸上才流露出笑容。每当客人们赞叹着果腹而去，语堂总要乘无人时送给翠凤一个响吻。

语堂自己滴酒不沾，翠凤却是海量。语堂很喜欢看着太太喝酒。每有应酬，必带翠凤出席，他往往手持一杯白水，却不停地调兵遣将，点名叫人与翠凤对饮，鼓励大家相互较量。每当翠凤喝多以后，他总是格外地体贴关照妻子，帮助她解酒、洗涮，非常富有耐心。

语堂后来出版了散文集子《剪拂集》，因为文风犀利劲捷，有人评价说：“林语堂生性憨直，浑朴天真，假令生在美国，不但在文学上可以成功，就是从事事业，也可以睥睨一世，气吞小罗斯福之流。”

在法国时，语堂曾为中国劳工编过一个千字文课本，觉得是一件有意义的事情。于是就联系到开明书店的老板，想编一套英文教材和读本，双方一拍即合。很快，语堂完成了一套三本的《开明英文读本》送交教育部审定。此书一经面世，销售奇好，许多学校以此作为教材。语堂也获得了丰厚的经济效益。之后，他又编写了《开明英文文法》，结果同样热销。

林语堂一家搬入了一个四合院里。院子里，种了一棵石榴树，还有一个很大的金鱼缸。当然，照料金鱼是翠凤和佣人的工作，语堂只是负责闲下来的时候观赏罢了。如斯很乖巧，语堂喜欢逗她玩，给她洗澡。看着如斯蹬着小胳膊小腿在水盆里嬉戏，他就感到很满足。

这一年，语堂担任了《论语》的主编。以“不反革命、不附庸风雅、不登香艳词等”为戒条，大力提倡幽默文学。后来又创刊了提倡闲适的《人间世》。以鲁迅为首的左翼作家严厉批判林语堂的幽默文学是“麻醉文学”，并办了一个名叫《太白》的刊物，专门批判林语堂的闲适小品。被他的幽默杂文开罪的右派作家也一哄而上，恶言恶语地声讨起来。

加入《语丝》以来林语堂一直在骂别人，这样被骂还是头一次。可他天生就性格执拗，别人越骂得凶，他越要坚持，号称“欲据牛角尖负隅以终身”。一时之间他便成了过街老鼠，人人喊打。

语堂心底也很懊恼，每到夜晚总是难以入眠。这时翠凤总会一边抚爱他一边劝导：“堂，我相信你，支持你，总有一天，人们会公正地对你。”语堂在他人生最低谷的时候没有倒下，翠凤实在是居功至伟。

3.10　大男孩

有了女儿，语堂经常随着女儿管翠凤叫“妈”。

他从书房出来，总是像小孩子般地问：“妈在哪里?”

有时他也腻烦翠凤的管教说：“我以为我早就小学毕业了。”翠凤不说话，笑眯眯地看着语堂，他就乖乖地去做翠凤交代的事。语堂喜好随兴，东西随处乱放，一个不小心就忘了把烟斗放在什么地方，没有了烟斗他就像丢了魂，满屋子地乱翻、乱喊：“我的烟斗，我的烟斗在哪儿?”

翠凤急得直叫:" 堂，我刚收拾了屋子，不要乱翻乱动好吗?"

“烟斗！我的烟斗！”

“你刚才不是把它放在餐桌上了吗?”

语堂从餐桌上拿起烟斗，一边爱惜地抚摸着，一边告诫“以后不要随便离开我了”。翠凤还得去收拾他搞乱的残局。

语堂刷牙不肯用牙膏，觉得麻烦，还骗女儿们说用不用牙膏都一样，结果有了蛀牙。翠凤让他去看医生，他坚决不去，自己弄了一点油灰，塞在牙里，以为没事了。结果油灰总是掉下来，没有办法，只得去找医生补牙。

语堂和翠凤之间经常会有这样的对话：

“堂，你的头发该剪了。”

“不！还好哩。我从未见过有人像我这样整洁。”

“但是太长了。你去照镜子看。”

“你来看镜中的我，并不长。我要是太整洁就不像作家了。”

“堂，你应该自己明白头发是太长了。”

“但是我刚在两星期前剪过发。我不去，除非自己觉到太长了。”

“但你的头发是太长了。”

“我要使我的头发像那个音乐指挥的一样长，但不像他那样用发乳，也不用天天去梳它。”

“请你听我的话。你明晚要去演讲。我见你这样长的头发站在讲台上，我要觉得惭愧的。”

“假使让听众见到林语堂的头发那样整洁，我也要觉到惭愧的。”

“穿上大衣吧。街上拐角有一个理发店，很近的。”

“我知道。但我不要给他们做生意。”

到了第二天，对话继续：

“你到理发店去吗?”

“不。我要预备演讲。”

“请你吃过中饭去吧。”

“不。”

“那么在下午散步的时候去吧。”

“请你不要烦，我不是你的儿子。”

“但你也许是的。”

“我不是。”

“乖，不要生气。去吧。”

“我当然很乖的。我就去吧。”

“这就对了。不要忘记叫他们洗洗头，真的太脏了，还要告诉他们剪去半寸长。”

“好的，吻一个。”

“奖励你一个吻!”

朋友相聚时，语堂常常深有感触地说：一个才华过人的作家和一个平实精明的女人在一起生活，起支配作用的往往不是那个作家丈夫，而是那个平实精明的妻子。不过他知道自己是甘心情愿被妻子支配的，并以此为乐，个中原因就是他越来越爱自己的妻子。

一天，诺贝尔文学奖得主赛珍珠给语堂打来电话，要求见个面。语堂于是邀请这位美国知名女作家来家里吃顿便饭。

赛珍珠刚满三个月就随父母传教到中国，在以后的四十多年里，她大部分时间都呆在中国，先是在安徽，后来到南京，算是在中国长大的。那时在美国，有不少所谓的“中国通”，但都是挂羊头卖狗肉，以揭露中国的丑陋习俗为主要卖点。在他们的书中，中国人几乎成了懒惰、愚蠢、长辫子、畸形的代名词。有人翻译《水浒》，竟然把武松打虎时称老虎为“大虫”硬译成“大的虫子”，李逵口中的“鸟官”译成“鸟的长官”。于是赛珍珠精心翻译了《水浒》，书名译为《四海之内皆兄弟》。

那是一个晴朗的下午，赛珍珠来到语堂家的四合院，她化了个淡妆，头发像中国旧式妇女一样，挽在脖子后面。

语堂夫妇在门口恭迎。赛珍珠看到一身蓝色旗袍的翠凤和长袍布鞋、手握烟斗的语堂，憋不住笑起来。

语堂用标准的英语问：“您笑什么？”

赛珍珠用地道的中国话回答：“我本以为林先生是西服革履，一副洋派头。谁想到是一位中国乡村的老绅士。”

一笑之间彼此的距离拉近了。语堂在书房里接待了赛珍珠。

赛珍珠指着书房门上的匾额“有不为斋”问：“这是什么意思？”

语堂笑答：“古人云‘有所为有所不为’，我办事或着写文章也是这样，有所为有所不为。”

“有趣，有趣，”赛珍珠笑了起来，“我今天来，是想让你给外国讲讲中国文化，你是‘为’呢还是‘不为’呢？”

于是，赛珍珠告诉语堂，她想请语堂写本书，用英文向西方介绍古老的中国，并由她负责出版。语堂欣然答应。

这天翠凤招待客人的主菜是焖鸡。先用姜、葱、蒜头把鸡块爆香，再加入香菇、金针、木耳、酱油、酒糖，用文火焖几个小时。菜还没上桌，鸡和香菇的混合香味就弥漫在屋子里。席间，赛珍珠连连夸赞女主人的厨艺高超。

林家进入备战状态。语堂准备写一本介绍中国文化的通俗读本，预设为十章，书名为《吾国与吾民》。

以前忙完工作，他总会翠凤拉拉家常，逗逗孩子，现在一回到家，就扑进“有不为斋”书房，一呆就是半天。翠凤一般不进书房，实在有事要和语堂商量，就轻轻地进去，出门又轻轻地合上。她叮嘱孩子们，爸爸在办大事，谁也不准烦爸爸。

活泼好动的二女儿太乙探头探脑地徘徊在书房门口，不断从锁孔里偷偷看，看看怪里怪气的父亲到底在搞什么鬼。平素高朋满座的林家变得门可罗雀，小孩子咯咯地笑时也捂住嘴，走路蹑手蹑脚的。翠凤把忆盘路的林家寓所打造成了一个孤立的小岛，她要给丈夫一个安静的写作空间。

林语堂把《吾国与吾民》的大纲抄在纸上，撕成一条一条，贴在书桌上，每天对着进度表，一丝不苟地完成。有时候写不下去，他就将灯熄灭，点燃烟斗，深深吸一口，再用力地吐出来。烟火在黑暗中时暗时亮，语堂全身放松，闭上眼睛，两脚抬在桌子上，脑海中一片空灵。屋外万籁寂静，只有邻居家的狗偶尔狂吠几声。半刻钟之后，他精神抖擞，重新开灯，文思便如泉涌。

到了7月中旬，天气炎热，语堂决定和家人去庐山度假，专心写书。

“一山分江湖”的庐山，兼有大江的气魄、大湖的胸襟、雄山的刚毅、秀山的温柔和灵山的潇洒，伟岸的山体、飞流湍泻的瀑泉、扑朔迷离的云雾、钟灵毓秀的山城、冰川遗迹的神韵、西式别墅的音符，形成摇曳多姿的情韵，定格为流润千古的一道道文化风景线。

语堂租了个单独的别院，三面都是树林，门前是碎石铺就的小径，曲曲折折通向山峦的深处，正是写作的绝佳之处！

吃过早饭，语堂没有去书房写作，却叫着三个女儿跟他到院子里去。

“你又要搞什么名堂?”

翠凤顾不得收拾碗筷，也跟着一起来到了院子里。

语堂不知从哪里搞了一把锄头，他把孩子们带到院中的一股泉水旁说：“咱们挖个池子，把清凉的泉水蓄起来，在这里洗脚好吗？”

“太好啦！太好啦！”女儿们高兴地拍着手跳着脚。

在暑气蒸人的夏日，有一眼清泉洗脚，确实是一件美事。翠凤对语堂的奇思妙想也深表赞同。

足足忙活了一整天，语堂终于垒成了一个一尺见宽的小水潭。

他正要脱去鞋袜享受一番，但看着清澈无比的水潭，又觉得用来洗脚有点暴殄天物。

“那就把它当成‘土冰箱’如何？”翠凤建议，“傍晚放些密封好的酸梅汤进去，隔天就可以喝到冰镇的饮料了。”

语堂和女儿们自然全都赞同。

晚上，语堂拿起笔准备写字，手却抖个不停，这一天的劳累使他的胳膊又酸又疼。翠凤好生怜惜，一边给他揉搓着胳膊一边不断地说：“真是可怜的孩子！”

几个女儿也学着妈妈的样子，一边在他身上胡乱揉搓着，一边娇声嫩语地叫着“真是可怜的孩子”。

庐山的晚上也很热，语堂就让翠凤弄了两床席子，和孩子们幕天而睡。夜色肃穆，万籁寂静，天上的星星就像嵌在天鹅绒的缎子上，仿佛一伸手就可以摘得到。如斯和太乙是第一次露宿，兴奋得睡不着，拉着爸爸数星星。语堂困得哈欠连连，又不忍心拒绝女儿的要求，硬着头皮一颗颗地数。才数到30来颗，他就进入了梦乡。两个女儿一会儿一会儿地摇醒他，他只得求饶说：“可怜可怜爸爸好吗？”

受着庐山灵秀之气的感染，语堂的写作进展得很顺利。英文打字机的哒哒声响，和着林间的山风，宛如清脆的小调。写作之余，语堂带领全家踏遍了庐山的名胜古迹，凭吊了白鹿洞书院，观赏了陶渊明故居，瞻仰了白居易礼赞过的大林寺，自然也浏览了线装书比比皆是的贸易集市。

江西号称瓷器之都，景德镇瓷器名满天下，这里瓷器店面极多。

“凤，今天我们去逛逛瓷器店如何？”语堂提议。

翠凤透过窗户向外看了看天空，满天都是棉絮一样的云彩，太阳不知被哪块云彩遮蔽了，正是适宜逛街的好天气。

翠凤嘱咐说：“逛街可以，不能买啊！”

“不买，不买，只是让孩子们开开眼。”语堂带领着他的娘子军出发了。

谁知一看到精致的器皿，语堂的脚就迈不动了，非得买一些。翠凤说：“堂啊，瓷器容易碎不方便带的。”

“不嘛！就要买。”语堂像极了想要买糖果的小孩。几个女儿也跟着起哄，学着爸爸的样子扭动着身子说：“不嘛！就要买。”翠凤只得同意。

语堂喜滋滋地拿起一个天蓝色的花瓶，瓶口处雕有一条同色系的小龙，很别致。他问过价，就要付钱。

“慢着！打对折，否则我们不要。”翠凤拦住鲁莽的丈夫。

“这位太太，杀得太狠了，不卖！”

语堂很着急，直揪翠凤的衣服。翠凤瞥了他一眼，继续振振有词地还价。语堂瞪大了眼，平素木讷的翠凤竟然有着如此好的口才。

店主始终不肯让步。翠凤拉着语堂作势要走。

“算了，算了，卖给你！”店主装出痛心的样子。

翠凤得意地抿嘴笑了。

语堂对于妻子欲擒故纵的手腕，吃惊得嘴张得老大。他在《吾国与吾民》中专门写了一段中国人的还价艺术。

十个多月的苦战，《吾国与吾民》终于完稿了。该书在美国出版后，短短四个月内重印了七次，登上了畅销书排行榜。西方人在辫子和小脚之外看到了有血有肉的中国人，一个遥远的东方国家揭开了神秘的面纱，以美好的姿态展现在美国人面前。这本书被译成多国文字，同样被抢购一空。林语堂在西方世界出名了！中国文坛也震动了。这可是破天荒的头一次，从来还没有哪个中国人用英文写作，而在国外产生了这么大的影响力。一夜之间语堂又成了香饽饽，不断有团体来请他做演讲，新闻报章天天打电话要求做专访。

美国夏威夷大学聘请语堂去做客座教授。赛珍珠三番四次催促语堂赴美讲学。语堂和翠凤商量后，决定去美国。

语堂是个大男孩，说句走就闲心不操，一个人跑去北京，与清华、北大、雕栏玉砌的宫殿、古朴的四合院道别去了。

语堂深爱北京。他认为，住在北京就等于和真正的中国社会接触，可以看到中国的真相。北京清朗的蓝色天空、辉煌的庙宇与宫殿，给人一种舒适的感觉。古都自有着古都的气派，不论时世如何变幻，卧佛睡在西山，玉泉山喷射着晶明的清泉，鼓楼守夜者总是警醒，黄色屋顶的宫殿、赤褐色的庙墙、内蒙古的骆驼以及静静的长城、明陵依旧。

语堂去游玩了，那些收拾家当、孩子退学、房子退租、家具处理等繁杂的事情，翠凤只得自己全权操办。

语堂回到上海，《中国评论周报》的两位编辑包下了远东地区最高的国际饭店第14层宴会厅为他送行。出发的时候，送别的人络绎不绝，花篮摆满了船舱。想到不久前自己还是被四面楚歌围困的项羽，现在却成了众星捧月的刘邦，语堂心中百感交集。

初到美国，经济情况不比国内，佣人也没有了，翠凤一个人担负着一大家子的衣食住行。翠凤惯于吃苦，一声不吭，每天默默地忙碌着。语堂心疼妻子，一有空闲就主动要求帮忙。他还教育女儿们要疼爱母亲，洗完澡要自己清洗浴缸。很快，如斯学会了炒鸡蛋、冲咖啡、烤面包；太乙承包了拿牛奶、拿报纸、收拾房间、擦拭桌子；小相如也做起了倒烟灰的工作。

这天，语堂带着三个女儿站在街角，观察擦皮鞋的黑人小童怎样把鞋擦得蹭亮。看着看着他双手腾在空中，现场模仿起来。四个黄皮肤的中国人站在那里已经够扎眼了，语堂还要手舞足蹈，路人频频回头观看。女儿们已懂得害羞，拉着父亲要走，语堂却像个不懂害臊的大男孩，非要继续比比划划。

回到家中，他拿出鞋来，拉开架势学着黑人小童的样子，用软布把鞋打得啪啪作响，还笑得洋洋得意。

翠凤看着他说：“堂，往后你就负责擦鞋吧！”

他立刻笑不出来了。

相如7岁生日那天，语堂大清早爬起来，跑到厨房用糖霜在蛋糕上一笔一划地写下“生日快乐”。当如斯和太乙唱起生日歌时，他突然泪流不止。翠凤以为有灰进了他的眼睛，起身要给他吹，他摇着头说，是孩子们的声音太动听，感动得他不能自已。他抱起相如，亲个不停，还破例给了她一块钱。

爱玩的语堂和三个女儿创造了一个持续很久的游戏——滴蜡油。先在桌上画好要做的物件，把蜡烛油融了，滴在模型里，当然必须小心翼翼，不能滴出了画界。他们第一次试验滴了一只鸭子，此后父女四人的兴趣越来越狂热。他们买了各种颜色的蜡烛，先是颜色搭配，继而用小刀雕刻或切割，最后居然还可以做出立体的各种东西。最成功的要属四人合作做成的房子。一次翠凤生病进医院，语堂做了一个翠凤的脸，女儿们都说很像。不过，每次游戏之后，语堂带头四人一声不吭地逃之夭夭，费力的清洗工作自然是由翠凤来做，因为蜡烛油滴在桌上，是很难刮干净的。所以每次父女们着迷地做游戏，翠凤便在一旁生气地瞪着他们。

一年后，语堂全家移居欧洲。

途经意大利的维苏威火山，远远看到火山口腾起的巨大气柱，语堂指给孩子们说：“那里是世界上著名的火山，我们去探探火山口吧！错过了会终身后悔的。”

三个女儿齐声说：“我要去！我要去！”

翠凤嗔怪着：“堂，有危险的。”

但是翠凤拗不过一个大男孩和三个小女孩。在向导的带领下，一家人向火山口进发了。

脚下是冷却凝固后滑溜溜的大石，周围所有的石缝里都在冒着烟和水雾，空气中的含硫气体散发出呛人的味道，轰隆隆的巨响骇人心魄。

女孩子们的腿开始发软，紧张地拽着爸爸妈妈的手臂，眼睛里露出惊恐的神色。翠凤也越来越心惊胆战，不住地催促着语堂“回吧，回吧”。兴致勃勃的语堂本来想带领大家下到火山口里，但是大家都不愿意往前走了。

向导听着轰隆隆的声音，高声对语堂说：“这声音和往常不大一样，我们赶紧退到安全区去。”

他们刚刚到达安全区，火山就喷发了。红通通的岩浆喷上高空，落下来后顺着山势急涌而下，几乎追到他们脚边。他们的鞋底全烧焦了，太乙的腿在奔跑中也严重擦伤。这是一次让全家人心悸了许多年的冒险。十岁的太乙就此写了一篇《探火山口》，居然在上海的《西风》月刊发表了。

一家人来到了美丽的巴黎，他们早将火山遇险的惊悸抛在脑后。语堂拉着三个女儿情绪高昂地游览着富丽堂皇的巴黎圣母院、美轮美奂的罗浮宫，戴着中国式的草帽在赛纳河边钓鱼，在露天的餐馆里品尝精致的饮食。翠凤跟在他们身后，不断地提醒着他们注意安全。

他们走进了阴森森的天主教堂。里边没有灯，只点着蜡烛，蜡光不住地摇曳晃动，映在墙上的人的身影也在漂浮晃动着，如同鬼魅一般，而且墙角边还摆放着很多古人的石椁，使气氛更加阴森恐怖。语堂走到石椁前面，仔细地研究着上面那些鬼魅的石刻雕像。三个女儿却实在受不住了，合力拽住玩心很重的父亲，一路把他拉扯出教堂，拉扯到阳光下面，方才放手。

赛珍珠的丈夫、出版商华尔希来找语堂，说据他调查美国人最喜爱《吾国与吾民》的“人生的艺术”一章，希望语堂专门写一本反映中国人的“人生艺术”的书。

由于翠凤的全力支持和配合，语堂写作《人生的艺术》一书从容不迫、得心应手，一夜安眠后，他烟斗在手、香茗在口、漫步房间、灵感飞动，三个多月便已完成。此书出版后比《吾国与吾民》获得更大成功，几乎成为美国家喻户晓的一本枕边书，并被译成多国文字，“红遍天下”。

抗战爆发后，语堂魂系祖国，笔战日本，写出长达六万言的《日本必败论》，并写出《啼笑皆非》一书严厉批评美英政府的远东战略和对华政策的失误。为了支持丈夫，翠凤也走出家门，担任了纽约华侨妇女发起的救济会的副会长，向纽约的贵妇人们宣传抗日，开展募捐活动。

在语堂的文学人生如日中天时，有很多仰慕者。一次，语堂全家外出游玩，有个30多岁的忠实读者一直尾随着，怎么都甩不掉。林语堂不堪其扰，租了条船划到河心。跟随者居然脱了个精光，一丝不挂地跳进河里，跟着他们的船一道游泳。语堂一家都傻了眼。

有一位相识多年的交际花来访。趁着翠凤出去买菜的空当，那位女子居然直接坐在林语堂面前的写字台上，骚首弄姿，卖弄风情。林语堂立即起身，夺门而出。交际花只得悻悻地走了。

当时的文化名人大多抛弃了旧家庭的发妻，另找了时髦的知识女性。翠凤逗着语堂说："人家出了名的，一窝蜂地离弃了黄脸老妻，娶了新潮女生，你就不想赶这个时髦?"

语堂摇摇头："离了你，我活不成呀!"他拉过翠凤的手真诚地说："凤啊，你放心，我才不要什么才女为妻，我要的是贤妻良母，你就是最好的贤妻良母。"

3.11 芸娘与姚木兰

对《红楼梦》情有独钟的语堂打算着手翻译这部中国名著，可是书中语言之精妙，很难转译成简单的英文，他于是想，不如借鉴《红楼梦》的写法，自己创作一部长篇小说，反映中国的现实生活。

他把这个想法告诉了赛珍珠，赛珍珠喜出望外，连声赞同，但又怀疑地问："林，你从来没有写过小说，一下子写这种大部头的作品，可以吗？"

语堂又和翠凤商量。翠凤说："你写小说应该早一点嘛。我听说写小说必须从年轻时开始，你已经四十三了，现在才开始，是不是有些晚了。"

语堂说："我记得在哈佛时，白璧德教授曾说过，西方有几位作家，都是四十岁开始写小说的。我认为写长篇小说，不是世事人情经阅颇深，反而不易写得出色。我虽然以前没有写过小说，但久蓄志愿，我一定要写一部人物繁杂、场面宽阔、篇幅浩大的长篇小说。"

翠凤说："如果你一定要写，我百分之百地全力支持你。"

于是，语堂又整天泡在图书馆，不分昼夜地查找翻阅各种书籍、影像、资料，进行了长达五个月的精心构思，从人物的设计、结构与题旨、表现的技巧等方面都做了周密的斟酌与安排。这部书定名为《京华烟云》（另一译名是《瞬息京华》），其与《红楼梦》有直接的血缘关系，书中的木兰似湘云，莫愁似宝钗，红玉似黛玉，桂妹略似凤姐，迪人似薛蟠，珊瑚似李纨，宝芬似宝琴，雪蕊似鸳鸯，紫薇似紫鹃，暗香似香菱，喜儿似傻大姐，李姨妈似赵姨娘，阿非则远胜宝玉。

这其中，最倾注心血的是对主人公姚木兰的刻画。

在语堂心目中，中国文学里最可爱的女人是《浮生六记》中的芸娘。她一心陪着丈夫沈复读书，不仅能促膝畅谈书画，还憨厚而宽和。她心中只想着沈复好，看见漂亮的歌妓，想方设法让沈复娶她为妾。歌妓被达官贵人抢走，芸娘竟然气死了。语堂曾把《浮生六记》翻译成英文，让国外的人们也知道这位芸娘。出于敬仰，他还专门跑到江南烟雨之地苏州，去寻找白芸娘的墓地。只是没有找到，抱憾而归。

语堂常常将翠凤比作自己“终日痴昏”的芸娘。所以，在塑造姚木兰时他赋予了她芸娘和翠凤的影子，让她成为聪慧贤德、豁达包容、勇敢坚韧的风范。

书中的木兰和丈夫荪亚是一对儿青梅竹马的恩爱夫妻，他们既有旧式夫妻的相敬如宾，也有新式夫妻的浪漫情趣，经常在一起谈诗论史，游山玩水，笑逐颜开，和谐相处，在淡雅雍容中演绎了夫妻之间的情感。他们的夫妻生活波澜不惊，轻松快乐，虽然在各自的内心深处，又都有隐秘空间，也曾出现了些许涟漪，但木兰对生活一直抱着一种积极的态度，能主动化解彼此间的不和谐，化解可能出现的感情危机，因而巩固了婚姻围城。

尤为可贵的是姚木兰的大度、宽容。她对待丈夫用婆婆的话说就像宠孩子一样，对待第三者曹丽华则像朋友一样，甚至和她书信往来；在恪尽本分的同时，她努力做好丈夫和男友的工作，劝男友离去另觅幸福，劝丈夫回心转意。最后，在苦劝无望的情况下，她决定牺牲自己，选择离婚，成全荪亚和丽华。

在现实生活中，翠凤确实是一个包容、大度的女人。她知道语堂心里一直装着另一个人，但她始终能够坦然接受，从容面对，波澜不起。从她选择他的那天起，她就决定接受另一个女人。

这“另一个女人”就是陈锦端。

锦端与语堂的恋情被陈天恩封杀之后，锦端并没有按照父亲的安排去嫁给那个“金龟婿”福建茶王的公子。她常常站在楼上的窗前向外寻觅着语堂的身影。许多贵胄才子前来求婚，锦端都不屑一顾。闻得语堂与翠凤定婚之后，锦端仍不肯与父妥协。她远渡重洋，去美国霍柏大学攻读西洋美学，回国后在上海中西女塾教授美术。她一直独生，在痴痴地等待着她自己也说不清的东西。

还是在上海时，翠凤忽然接到了锦端打来的电话，她们简单地相互问候之后，翠凤将话筒递给语堂。

语堂问："谁打来的电话？"

"你自己听。"

语堂不明所以地对着话筒说："喂，我是林语堂，请问是哪位？"

话筒里寂静无声，语堂正要放下话筒，里边却传来了一声颤抖的呼唤："语堂。"

语堂听出了是多年未见而又经常在梦中相见的锦端的声音，他像触电般地错愕了，半天才颤声说："锦端吗？"

话筒的另一端在饮泣。

语堂感到心很痛，强忍住泪水问："你好吗？"

"我们能见个面吗？"

"行。"

"下午四点，在霞飞路如梦茶馆见。"

"好的。"

那头电话已经挂断，语堂还如同在梦里一般，痴痴地抓着话筒不放。

整个下午，语堂一直坐立不安。

翠凤取出擦得锃亮的皮鞋往语堂面前一放说："不就是想见陈锦端吗？去吧，否则你我今晚都不得安生。"

语堂换上皮鞋打好领带出门了。快到约会地点时，语堂突然不想见了，翠凤不就是我的芸娘吗？这样好的妻子到哪里去找？他仄转身回了家。

这就是林语堂的可贵之处，他始终能够正确处理感情与婚姻的关系。他挚爱锦端，但深受"得之我幸，不得我命"的道家"顺生"思想影响，尤其懂得珍惜已经拥有的身边之人。

"怎么又回来了？"翠凤疑问地看着他。

"不想见了。"

“哦，”翠凤微笑着说，“那就哪天请她来家里坐坐吧。”

四点半，锦端的电话打了过来。

“真是抱歉，我突然有事不能去了，”语堂嘴里有些发涩，“你能来家里坐坐吗？”

“好的，”锦端并不抱怨，“那就后天下午吧。”

两天后，锦端如约而至，还是一袭素雅的碎花长裙，还是一头微微飘摆的瀑布般的长发，还是那样的年轻漂亮，语堂却一直不敢正眼看她。

翠凤热情地招呼锦端进屋。

她呼唤着如斯：“带着妹妹们出去玩耍，让你爸爸好好陪陪锦端阿姨，他们可是多年没有见了。”

接着笑对锦端说：“晚上在家吃饭，尝尝我的厨艺。”

又瞪了一眼手足无措的语堂说：“我去买菜，你好好陪锦端聊聊。”

屋中只剩下了两个人，语堂依然紧张不已。

“看都不敢看我一眼？”

语堂嗫嚅着：“哪里？你这些年过得好吗？”

锦端眼圈红了：“你说我过得好吗？”

语堂又无话可说了。两人默默相对，彼此却能听得到对方的心跳。

锦端先打破了沉默：“你太太很体贴你。”

“翠凤确实是个好太太。”

“我好羡慕她，我却没有这个福分。”锦端差点落下泪来。

“还是单身吗？”

“哪里再能找到合意的。”

“还是成个家吧。”

他们就这样有一句没一句地对答着，平平的，淡淡的，但彼此却能感觉得到对方心中的火热。

之后锦端经常上门做客，每次翠凤都会诚心诚意相待。语堂却每当锦端来访就激动不已，逐渐连孩子们都看出来了。

笔耕之余，语堂常常作画，他每次画的少女，总是长长的头发，用一个宽大的发夹别着。女儿们问他，为什么总是这副打扮？语堂回答，这是他第一次看见锦端阿姨时她的打扮。他的目光迷茫起来，仿佛回到了十几年前，那个阳光照耀的下午，一个用发夹别住头发的少女在微笑着向他招手。

女儿们将此事告诉翠凤，她坦然微笑着说："孩子们，你们知道吗？当年嫁给你们爸爸的应该是锦端阿姨。"接着就给孩子们讲锦端阿姨的爸爸怎么不要你们爸爸，我把你们爸爸捡上了。语堂每每听到这些，脸就会羞红，而翠凤就会咯咯地笑个不停。

32岁的锦端最后嫁给了厦门大学教授方锡畴，婚后她没有生育，最终领养了一男一女。人们猜测，她可能是不愿意为自己不喜欢的人传宗接代，真实情况就不得而知了。

语堂晚年腿脚不便，常年坐在轮椅上。有一回，锦端三哥希庆的太太来看他。语堂又问起了锦端，陈夫人告诉他，锦端还住在厦门。久坐轮椅的语堂竟然激动地站了起来说："你告诉她，我要去看她！"

翠凤急了："堂，你在说什么瞎话！你路都走不了，怎么去厦门！"

语堂颓然地倒在椅子上。

语堂病逝香港后，锦端闻讯，不久也病逝了。

在《京华烟云》中自然也有锦端的影子，不过没有固定在一个人身上。

女主人公木兰与立夫的情感，酷似语堂和锦端的相交。书中立夫与木兰彼此相爱却失之交臂，在木兰与荪亚订婚时，"……立夫和木兰相互举杯敬酒，幸福与忧愁，快乐与痛苦竟如此之相似……木兰的眼睛可以说是正目而视，她说'立夫哥'的时候，声音有点儿颤抖。木兰这很大胆的注视，立夫觉得是一支飞来的无形的箭，分明有言外之意，是温柔真挚的情意"。而后来立夫身陷牢狱，木兰不顾自身危险，身入魔窟，只身去救立夫。不过，最终立夫和莫愁结了婚。

书中的曹丽华身上也有锦端的影子。她们一样的绮年玉貌，学的也都是美术。曾荪亚初见丽华，惊于丽华的美艳，几乎立刻发生爱情，也很像语堂和锦端的初次相见。

写作《京华烟云》时，正值中国人民抗日战争如火如荼，语堂在给郁达夫的信中说："纪念全国在前线为国牺牲的勇男儿，非无所为而作也！"这就是《京华烟云》的主旋律。书中讲述了北平曾、姚、牛三大家族从1901年义和团运动到抗日战争30多年间的悲欢离合与恩怨情仇。他将此书题献给"英勇的中国士兵"。

爱好文学的如斯、太乙是最早的读者。每天一放学，姐妹俩连大衣都来不及脱就冲进父亲的书房，抢着看最新写就的章节，情节的跌宕起伏让她们欲罢不能，伏在桌子边，催促着。

如斯着急地问："爸爸，快告诉我，木兰后来怎么样了？"

太乙问："爸爸，曼娘死了没有？"

"以后你们就知道了。"语堂轻轻敲着女儿们的脑门。

那天，性急的太乙没有敲门就跑进了书房，看见语堂泪流满面，双肩抽搐着，正像个婴儿似的在伤心地大哭。

"爸，你怎么啦？"太乙摇着爸爸的肩膀。

"红玉死了。"语堂用手帕擦着眼，肩膀还是一耸一耸的。

看着流泪的父亲，太乙好生感动，那一刻，她感到天下没有什么职业比做一位作家更高尚的了。

写到后来，为了完全静下心来，语堂一个人搬去城外松树林的小木屋里住。他摆了个桥牌桌子在树下，专心致志地伏案写作。翠凤每天给他送饭。

"堂，你的头发已经好几个月没有剪了，就像个街头的流浪者。"翠凤爱怜地抚着他的长发。

"凤，不写完，我是不理发的。"

1939年8月8日，语堂向家人宣布，下午6点完稿。一整天他都没有停过笔，稿纸一页页地翻过，手酸了，揉两下，接着写。翠凤和女儿们在附近等他，谁也不敢发出丁点声音。

写到最后一页，语堂的眼泪又收不住了，滴落在稿纸上。他写着：抗日的军队高唱着："山河不重光，誓不回家乡！"此时他的泪已不再是为某一个人的悲切，而是为伟大的民族，为伟大的国家而流！

划上最后一个句号，语堂双臂一挥，大叫："写完了！"翠凤和三个女儿跑着围过来，一家人抱成一团，又蹦又跳。翠凤还提议，让小女儿相如唱了一首歌为爸爸庆祝。

这部书寄给赛珍珠，赛珍珠很快复电："你没意识到你的创作是多么伟大！"

美国《时代周刊》发表书评："《京华烟云》很可能是现代中国小说的经典之作。"

1944年，1972年，1973年，1975年《京华烟云》四次被提名诺贝尔文学奖。

当《京华烟云》第一次获得诺贝尔奖提名那天，翠凤从外边买菜回来，看见语堂和孩子们站成一排在欢迎她，她瞪着语堂，不知他又要搞什么鬼。

语堂让她放下手中的菜，闭起眼睛："你猜猜，我要送给你什么礼物？"

翠凤一睁眼，居然是一枚自己向往已久的3.3克拉的钻石戒指，她一边珍爱地抚摸着钻戒，一边说："堂，很贵很贵的。"

语堂说："凤，你知道吗？《生活的艺术》和《京华烟云》给我们增加了四万两千美元的收入。"

女儿们齐声叫着；"妈妈戴上！妈妈戴上！"

翠凤戴上了钻戒，钻戒在阳光下闪烁着瑰丽夺目的光芒。

语堂说："记得在莱比锡，你为维持家用，把你母亲给你的陪嫁玉饰全部忍痛卖掉了，当时我说，以后有了钱，我一定再买给你。想不到时隔二十年，我才实现了诺言。"语堂如释重负地长出了一口气。

翠凤说："那时我还以为你是在宽慰我，想不到你一直记在心上。"

语堂语重心长地说："如果没有你陪伴着我，我绝不会有今天的成就。我是金命，喜欢冲刺磨砺；你是水命，包容万有，惠及人群。我就像一个气球，你就是气球的牵线，没有你，我早不知飞到哪里去了。"

翠凤一手拉着语堂，一手揽着女儿们说："我们全家就像一条船，你就是我们的船锚。不管风浪多大，有你，我们才有依靠，才有定心丸。"

3.12 发明的代价

翠凤和语堂在床上平躺着。翠凤随手翻看着语堂的笔记。看到其中有这样一段：

“一点痴性，人人都有，或痴于一个女人，或痴于太空学，或痴于钓鱼。痴表示对一件事的专一，痴使人废寝忘食。人必有痴，而后有成。”

翠凤转头问语堂：“堂，你的痴性是什么？”

语堂装上一斗烟，一边按实，一边说：“我的痴性你想不到的，是搞发明。”

“搞发明？”

“我幼年时，阿爸修建了一座新教堂。因为新教堂太高，跨度太宽，渐渐出现了倾斜，这在整个漳州教区可是一件大事。于是，西溪教区主事的英国传教士范礼文博士决定坐镇坂仔，亲自解决这一问题。他带来了大批钢筋，组织人手，加固屋顶。”

“范礼文？我也听过他的名字。”

“他的到来引起了不小的轰动。坂仔人都听过这个‘红毛鬼子’的大名，可谁也没有亲眼见过。我也是第一次看见外国人。那时我们一窝蜂地围在教堂的边上，伸长了脖子看这‘红毛鬼子’是不是长得三头六臂？当时我看到那些钢条被用一只大钉固定在中间，那只大钉可以把钢条旋转到所需要的适当长度。它们连接在支持屋顶的木条上，螺旋钉一扭紧，钢条把木条牵拉在一块儿，教堂的屋顶就被提高了几英寸。真神奇！我的兴趣一下子也被提起来，科学太精妙了！”

语堂点着烟斗，使劲儿抽了一口。翠凤放下笔记本，专心听他讲述着。

语堂吐出一口烟雾，继续说："再一个影响是阿爸对新知识表现出的强烈兴趣。世界上第一架飞机试飞成功时，阿爸就头头是道地给我们讲起飞机的制造原理、形状、飞行情况来，因为他读了所有关于飞机的文章。那时在我听来就像是天方夜谭，连续几晚我都在想那个铁头怪物的样子。

"年纪又大一些，我就搞起发明来。我看到从井里提水上来浇地是个繁重的工作，就画了上百幅草图，企图发明抽水机，结果没有成功。后来我又读了几本入门的医书，上山去采药，磨制了一种治疗外伤的白色药粉'好四散'。可惜我二姐就是不肯用。"

"要是我也不会用的，治坏了怎么办?"翠凤笑了，"你现在又想发明什么?"

"我早就想发明一架中文打字机。我看过商务印书馆使用的中文打字机，是以康熙字典检字法分类排列的，机上有2500个印刷铅字的常用字盘，遇上冷僻字，得去备用的3040个字盘里找，再安放在机器预留的空白处。打字员需要学习三四个月，才能熟练地打字。这样的打字机太笨拙了！我一定要发明一个人人可用、不学而能的中文打字机。"

翠凤对语堂的这个计划虽然心中没底，但想到语堂在文学创作上的屡屡成功，便说："那你就搞你的发明吧！真要是成功了倒也是件很了不起的事。"

语堂在美国已是最有影响的华人作家，版税提高了，生活也越来越好。语堂对钱看得不是很重，他一直在照顾着众多亲属的生活。那时廖悦发的豫丰钱庄由于与之来往的海外和内地的公司欠巨款不还，最终恶性倒闭。讨债者查封了廖家的所有产业。翠凤的大哥吸鸦片死了，余下的二十多口人都没有工作，靠着廖悦发早年的一点积蓄维持着坐吃山空的日子。语堂的姐夫去世了，留下大姐和8个孩子；大哥也走了，留下孤儿寡母；二哥玉霖失业，他有7个孩子；三哥处于半失业状态，三嫂体弱多病，医药费开支很大……所有这些，都是靠语堂补贴。

抗战期间，语堂为国内难民多次慷慨解囊，并以每年720法郎的花销收养了6个中国孤儿。他还雇人为坂仔村民修学堂，买低洼田地挖大鱼塘，买田园，买台湾的甘蔗种苗、柚子苗、树苗给乡民栽种。语堂教育女儿：“钱藏在我们自己的口袋里，而不去帮助别人，那钱有什么用处呢？钱必须要用得有价值。”

由于语堂所创作的书一本接一本地畅销，他已经聚集了十几万美元的家产，有了发明打字机的财力。年过半百的语堂仿佛又回到青春年少的岁月，兴趣盎然地刻苦钻研起来。他找出英国制造打字机的设计图，每天早上五六点就起床，坐在书房的大皮椅上，排字、拆字、画图。

数月之后，在晚餐桌上，滴酒不沾的语堂却让太乙给每人倒了一点葡萄酒，他端起酒杯兴奋地宣布：“我已经攻破了检字难关！”

全家人都举杯相庆。

语堂接着说：“打字机最重要的就是要有一个人人可以操作的键盘，中国的汉字结构复杂，我的第一步就是找出一个简明的方法能让人们迅速找出需要打的字，经过这几个月的研究，我终于找到了一条捷径。”

女儿们同时问：“爸爸，您找到的什么方法？”

语堂细细地告诉孩子们：“我这叫做上下字形检字法。就是取每个字左边最高笔形和右边最低笔形，放弃笔顺，并且用窗格来显示这上下笔形组合出的字体，很快就可以找到要用的字。”

聪慧过人的太乙立即领悟了这一检字法的奥妙之处，抓着爸爸的胳膊说：“爸爸，您真神，太了不起了，全世界恐怕只有爸一个人能想到这样的方法。”

翠凤对这些听不大懂，也懒于弄懂，她只是爱怜地看着语堂眼角显露出的皱纹说：“发明出来就好，以后再也不用这么操心劳累了。”

语堂睁大眼睛看着翠凤说：“这才是第一步，还得制模型，造零件，一直到把打字机做出来才大功告成。”

“啊！还要搞？”翠凤脸上显出茫然的神情。

语堂没有受过专业的机械训练，便亲自到唐人街找人排字做模，然后请一家小型机器工厂制造打字机的零件。他还专门请了一位意大利的工程师协助解决机械难题。美国的人工之贵，难以想象，而且打字机也不是一天两天就做得好，新问题不断冒出来，拆了装，装了拆，语堂耗尽了所有的时间、精力，那十多万美元的存款也流水般地没了踪影。

翠凤的脸上渐渐失去了笑容，有时一个人坐在窗前嘟哝着："我们没钱了，没有钱了。"不过她心中明白，语堂已经是骑虎难下、欲罢不能，所以既不劝阻，也不抱怨。

语堂不得不去向富裕的老朋友赛珍珠夫妇借钱，要求预支数万元版税，但华尔希却毫不留情地拒绝了。语堂方才领教到美国式的人情冷暖。他向银行贷款，又向古董商卢芹斋先生借了一笔钱，总算把打字机制造出来了。

那是1947年春天一个阳光明媚的下午。语堂小心翼翼地把他命名的"明快打字机"从工厂抱回了家，摆放在客厅的桌子上。

这架打字机高9英寸，宽14英寸，长18英寸，64个键取代了庞大的字盘，每个字只需打三个键，一分钟可打50个字。

语堂上下摩挲着打字机，就像抚摸着自己新出生的孩子，怎么也看不够。这个孩子，不仅花去了他12万美元的半生积蓄，而且使他外债累累，可这是他的梦，一个美丽的梦，现在实现了，所有的代价都是值得的。

全家人围在打字机旁。翠凤在擦着总也擦不完的眼泪，她既为语堂的梦想实现而高兴，又为巨额资金的花费而心疼。如斯最能体谅妈妈的心情，扶着她的手臂一声不语。太乙惊叹爸爸的神奇发明，看着打字机眼中闪出兴奋的光。小相如围着这个靓丽的机器来回蹦跳，就像欣赏着一个崭新的玩具。

语堂随手拿起一张报纸说："太乙，你来试试！"

太乙紧张得手心发汗，任意挑了几个字，"嗒"、"嗒"、"嗒"，文字清楚准确地打在报纸上，真的是一架不用学习就人人可用的中文打字机！

"爸爸，您终于成功了！"太乙兴奋地一把抱住父亲。

语堂向美国专利局申请了专利。专利书长达8万多字，蓝图39幅，已经戴起老花镜的语堂逐字逐句地仔细斟酌。历时六年半，这项专利才获批准。

雷明顿公司来信说对打字机有兴趣。要求当面去做示范表演。

语堂心花怒放地对太乙说："跟爸爸去做帮手好吗？"

太乙高兴地答应一声，父女俩正要出门，忽然间，一道电光亮起，一阵巨雷滚过，粗大的雨点儿落下来，打在玻璃窗上叭叭直响。雨越下越大。透过玻璃窗向外望去，天地间像挂着无比宽大的珠帘，迷蒙蒙的一片。转瞬之间，地上已经积水成河。

语堂不时看着手表，焦急地来回走动着，门外的雨线就像一条条鞭子在抽打他的心。最后他下了决心，把宝贝打字机放进木箱，再用油纸层层包好，紧紧抱在怀里，对太乙说声“走”，就要出门。

翠凤着急地喊声“慢着”，急急找出雨衣给语堂穿上，如斯也帮太乙把雨衣穿好。父女俩冲入了倾盆大雨之中。

雷明顿公司长方形的会客厅里坐了十几位高级职员，角落里放置着一张小桌子，太乙把打字机放好，立在一旁。语堂先简单说明了汉字打字机的广阔市场及其优点，然后指示女儿开始打字。

会议室里安静无比，十几个美国人张大了眼睛，想看看以文才著称的林博士有怎样奇妙的发明。

太乙拧开电钮，按了一键，打字机没有反应。她再按了一键，还是没有反应。太乙慌乱地看了父亲一眼，接连按了几个键，打字机依然半点动静都没有。

语堂几步并作一步赶到太乙身边试打，还是同样的情况。他心里翻江倒海，紧张得微微颤栗，噼里啪啦地试按不同的键。办公室里一片寂静，只听见打字机键盘“嗒嗒”的声音，美国人开始不耐烦了，交头接耳，窃窃私语。试了几分钟后，语堂停了下来，向大家鞠躬致歉。

他默默地抱起打字机，一言不发地走出了办公室。太乙小跑着追上父亲。

外面还下着雨，汽车驶过，溅起大片的污水。太乙想帮年迈的父亲抱那不争气的笨东西，语堂不肯，执拗地往前走。太乙分明看到，父亲的腿和手都在发抖。

好不容易打到出租车回了家。卸下湿漉漉的油纸，语堂点了一袋烟，大口地抽着，气恼地说：“怎么回事？昨天在家里还好好的！”

全家人都静静地围着他。

翠凤给语堂端来一杯茶水，低声说：“也许是路上跑着，什么地方受了震动。”

语堂看了翠凤一眼，拿起电话打给那个机械工程师。那人来了以后，用螺丝刀拧了几下，打字机就运作如常了。

语堂和全家人的脸上现出了笑容。

第二天，语堂召开了记者会，他不无自豪地说：“这是我送给中国人的礼物！”

纽约各大报章以显著标题刊登了林语堂发明打字机的消息。林家家门开放三天，欢迎各界人士前来参观。很多中国留学生、商人、华侨纷纷赶到林府，拿着纸片对着太乙喊：“林小姐，林小姐，打这个！”

鲜花、贺电纷至沓来，把林府装点得热闹非凡。林语堂心满意足，得意洋洋。

“明快打字机”虽然赞誉连连，但是叫好不叫座。国内战乱频仍，美国的公司没有一家肯于投产。直到4年之后，林语堂才把打字机的发明权连同艰难诞生的“明快打字机”卖给了默根索拉公司，仅得25000美元。他却高兴得手舞足蹈，连连说，“我的发明有用了！有用了！”由于造价太大，无法批量生产，默根索拉公司将这架打字机闲置了十九年之后，最终丢进了垃圾站。

翠凤心灰意冷了，躲进了自己的小世界，每天只是重复地念叨着：“我们没有钱了，我们欠人家钱。”

语堂心疼地抓住她的手说：“凤啊，我们从头来过。你别担心，我这枝邋遢讲的笔还可以赚两个钱。”

为了帮助翠凤疗养身心，语堂搬进了法国南部卢芹斋的一幢小别墅“养心阁”。“养心阁”坐落在山坡上，不远处便是碧波粼粼的地中海，院子里种满了高大挺拔的棕榈树和色彩艳丽的九葛丹，花色缤纷，蜜蜂飞舞。夫妻俩经常冲一壶浓郁的咖啡，欣赏着海上日落、渔人晚归，清风徐来，心神宁静，早将外界的喧闹和巨额的欠款置之脑后。

在这闲适幽静的环境中，语堂又重新开始写作。他一连写了《唐人街》、《老子的智慧》、《美国的智慧》等书籍。虽然销量不太理想，但毕竟是赚了钱，慢慢把银行和卢芹斋的债务都还清了。

在语堂为了搞发明几至倾家荡产时，翠凤始终对语堂不离不弃，和他一起度过难关。所以，语堂对妻子终生抱有感激之心，每当翠凤生气时，语堂总是默不作声，忍耐承受。他曾向朋友传授夫妻之道：怎样做个好丈夫？就是在太太喜欢的时候，你跟着她喜欢；可是太太生气的时候，你不要跟着她生气。

不过，每次翠凤生气过后往往都会后悔，看到短短两年间，呕心沥血的语堂已经慢慢显出老相，头发已渐渐稀疏，眼角现出皱纹，身体日渐干瘦，她一阵心疼，不由得走过去，一把将语堂抱在胸前，不住地说："堂，我以后再也不生气了。"

3.13 念如斯

林家客厅，张红挂彩，贺客络绎，一派喜气洋洋的情景。语堂的大女儿如斯即将与年轻有为的中国医师汪凯熙结婚。

如斯从陶尔顿学校毕业后对父母说，她不愿因为是林语堂的女儿而享受特殊待遇，要回国为抗战服务。语堂赞许女儿报效祖国的心愿，出面联系了昆明军医署，让她在旧相识林可胜医生的手下做事。回国不久，如斯认识了汪凯熙医生，语堂夫妇也很满意这个年轻上进的小伙子，经双方家长商定，让他们来美国结婚。

如斯是翠凤婚后四年才生下的头一胎，出生时难产，母女俩险些丢了性命，所以夫妻二人格外疼爱这个来之不易的女儿。如斯从小就很听话，学习好，又漂亮，像个小大人，帮做家务，照顾妹妹，没让语堂夫妇操过心。

语堂、翠凤和整洁帅气的汪凯熙在客厅门口迎送着客人，却迟迟不见如斯的身影。语堂示意佣人去楼上找如斯来。

佣人没有找来如斯，却拿来了一封信。信是如斯写的，说她总是不能忘怀美国同学狄克，实在对不起父母和凯熙，她和狄克私奔了。

语堂、翠凤和汪凯熙都惊呆了。汪凯熙愤愤不已地回了中国。语堂、翠凤挂着笑脸忍受着人们的猜测和讥讽。

夜晚，语堂一直在抽着烟，一句话也不说。

翠凤则一边流泪一边叨念：“这孩子怎么就中了邪，那个狄克就是个地地道道的小混混，中学没毕业就让学校开除了，整天无所事事、游手好闲，长得又平平常常，就仗着一张嘴甜言蜜语，讨女孩子欢心，早就跟她说过，不让她跟狄克来往，现在她居然跟他私奔！”

语堂磕去烟斗里的灰烬，气愤地说：“如斯这孩子一向懂事，我想破头也搞不懂，她为什么要这样做？”

翠凤看着语堂说：“也不知道她去了哪里？她身上没有多少钱，狄克更没有钱，她吃啥喝啥呀？”

语堂用烟斗敲着桌子说：“饿死了最好！省得为了她丢人现眼。”

可是，当晚上躺在床上时，语堂却说出了完全不同的另外一番话：“这个憨囡囡，怎么做出这样的事来？我现在特别想她，想到她吃不好喝不好，我心里直疼。”

翠凤喃喃地说：“只要女儿肯回来就好了。”

语堂和翠凤天天倚门张望，盼着女儿能够回家。终于有一天，过着居无定所、穷困落魄日子的如斯熬不住了，羞惭地回了家，还带来了狄克。

狄克的神态却很自然，一进门就叫爸叫妈。如斯告诉他们，二人已经注册结婚了。她还说，狄克准备写作，还准备做生意。

每次如斯和狄克回家，语堂就交代翠凤什么也不准说，还要格外整出一桌好菜，待女婿如同上宾一般。“吃，吃啊！”夫妻俩热情地劝着，作出喜欢的样子，生怕女儿心里难受。

这桩不体面的婚事很快走到了尽头。狄克竟和如斯莫名其妙地离婚了。如斯生性敏感，有什么事都闷在心里，抛家私奔却换来这样一个结局，她实在接受不了，从早到晚发呆，就像失去了灵魂的木偶，扯 下动一下。语堂虽然觉得女儿离开狄克是件好事，但更着急的是如何尽快使女儿从目前的心境中解脱出来。

语堂在温暖的坎城租了一套普通的公寓，带着翠凤和受伤的女儿前往疗养。这时太乙和丈夫黎明已去往伦敦定居。语堂买了一辆小汽车，带着翠凤、如斯和相如在欧洲游历。他一直在宽慰悲痛欲绝的如斯：“这个世界假使样样照逻辑发展，生活就没有趣味。人如果没有弱点，没有不可抗拒的情感，没有不可逆料的意欲，便没有文学。人容易犯错，所以生命才会千态万状。如果我们都是理性的，我们就会沦为机器人了。”

欧陆的风光梦幻一般美丽，他们不买明信片，不照相，随性所致，漫无目的地游逛。如斯还是难以振作，语堂又见缝插针地劝导：“如斯啊，回到美国后，找份工作，你不是喜欢诗吗？可以试着翻译唐诗。你还年轻，离婚又不是天要塌了。”

游玩了几个星期，如斯的情况有所好转。如斯和相如一同去了美国。如斯真去找了一份工作，闲下来时就翻译中国诗歌。相如则去哈佛大学研究院攻读生物学的博士学位。

女儿们都走了。老俩口在坎城过着无拘无束的恬淡生活。他们穿着普普通通的衣服，手牵着手到菜市场买菜。翠凤的法语水平不高，买菜时语堂就帮着她一齐讨价还价。做了一道好菜，两人能像小孩子似的，边笑着边一道欣赏。翠凤还在阳台上种起了马铃薯。坎城人友好和善，谁也不知道这个每天提着菜篮子溜达的中国老头就是大名鼎鼎的作家林语堂。

语堂在翠凤面前还像个长不大的孩子，有时走在大街上，他会突然兴奋地大叫；坐在露天的咖啡馆里，会大大咧咧地大打哈欠，别人看他，他毫不理会，一副随心所欲的样子，仿佛是很有趣味的游戏，乐此不疲。

翠凤常常像教育小孩子一样地拍着他的头说：“堂，这么老了还是这么调皮?”

他却哈哈笑着说：“老婆对我不嫌老，既不伤春也不悲秋，俯仰风云独不愁。”

这天两人正要出门，忽听门外传来两声清脆的叫声：“外公、外婆”。

“是小妞和小宝!”夫妇俩脸上乐开了花，连忙迎了出去。

果然，太乙带着两个孩子来看外公外婆了。

语堂唤着：“全世界最乖的小妞来啦!”。梳着两个“朝天撅”小辫的小妞早已扑入了语堂的怀里、

翠凤唤着“小宝!”，一把把脸蛋胖嘟嘟的小宝抱了起来。

小妞和小宝的到来使屋子里充满了欢笑声。语堂埋头写作的时候，小妞会爬过去，钻进书桌下面扯他的裤脚，语堂乐得一把抱起亲个不停。

他带着小妞上街，看见了一个蚂蚁窝，小妞大叫：“外公，好多的蚂蚁。”

“你数一数有多少蚂蚁啊?”

小妞蹲在地上，瞪大了眼睛认真数起来“一个、两个、三个……”，最后数不清了，小妞就叫着：“有一百多个啦！”

语堂哈哈大笑着：“我的小蟑螂真是聪明哩！”

翠凤出去买菜了。语堂把两个孩子叫过来，让他们看手里的照片。原来他将两个孩子的照片和自己小时候的照片剪下来贴在一起。

小宝指着语堂小时候的照片说：“外公，他是谁呀？”

“他是外公呀！”

小宝看看眼前的外公，再看看照片里那个外公，一时弄不明白。

小妞摆出姐姐的架式说：“你真笨，这是外公小时候的照片。”

语堂搂住两个孩子说：“以后我们仨就是三个小孩，你外婆和你妈妈他们是两个大人。”

小宝乐了：“对，三个小孩，两个大人。”

语堂忽然听到外边翠凤在和谁说话，忙说：“咱们藏起来。”

他把小妞和小宝的鞋放在饭桌上，拉着两个孩子躲进衣橱里。

翠凤进门后只看到饭桌上的鞋找不着人，屋里屋外地叫唤：“人呢？怎么回事？”

“别出声”，语堂告诫两个孩子，他自己却忍不住了，一边大笑着一边拉着孩子们一起冲出来扑到翠凤身上。

“堂啊，你怎么尽带着孩子们胡闹！”翠凤沉下脸责备，语气却充满温柔快乐。

语堂驱车带着两个外孙从市场上带回一只大白鹅，车里有鹅的大叫声，小宝害怕的哭喊声，加上喇叭的鸣叫声和路人的笑谑声，组成了一幅翁孙同乐的美妙画面。

远离了大都市的混乱，远离了人世的繁杂，语堂好像进入了“只知有汉，未知有晋”的桃花源。他逐渐萌生了一个念头，何不写一部乌托邦式的小说，以表达自己心中的梦想。于是，他的两部幻想类小说《远景》和《奇岛》问世了。

《远景》题材新颖，构思独特，不过在思想和艺术上难以得到高度评价。然而《奇岛》却有着不同寻常的意义。《奇岛》写的并不是现实的世界，而是五十年后发生在太平洋上一个不为人知的小岛上的故事。这种穿越变幻的历史时空的写作方法在中国现代小说史上并不多见，可以说，对于后来泛滥成灾的科幻小说和穿越剧来说，《奇岛》起了某种开启先河的作用。

这天午后，太乙陪着父亲在花园里晒太阳。语堂仰躺在藤椅上，微闭着眼，暖暖的阳光洒在他的身上，他的面容是那样安详、平静，好像那许许多多的烦恼在阳光的照耀下都蒸发到空气中了。

太乙想和父亲探讨一个至今无解的难题："爸爸，人死后还有没有生命？"

语堂睁开眼看看四周，坚定地说，"你看这花园里的树木、花草、蝴蝶、蜜蜂，处处都是生命，大自然每时每刻都在大量生产制造着生命。有新生命的出现，就会有旧生命的死亡，这是大自然的循环规律。你听过苏东坡的这首诗吗？"

他侧过身，转向太乙，轻声诵读着：

"人生到处知何似？
应似飞鸿踏雪泥。
泥上偶然留指爪，
鸿飞那复计东西。"

太乙叹了一口气说："人生既然这么短暂，那么，活在世界上有什么意义呢？"

"我向来认为生命的目的是要真正享受人生，"语堂说，"我们知道终必一死，人终会像烛光一样熄灭，这是件好事情。这使我们冷静，而又有点忧郁。不少人因此更使得生命富有诗意。正因为我们知道生命有限，就更应该明智地、有意义地生活下去。"

停顿了一下后，他接着说："苏东坡每逢遇到悲哀挫折时，他总是微笑面对，人们都应当像他那样豁达，'事如春梦了无痕'。"

太乙好生感动，她明白了，外在的困顿不可能叫这位老人低头，他会微笑乐观地面对，因为他相信，一切终会雨过天晴。

因为翠凤念女情切，两人在坎城住了一年多，又搬回纽约了。这一段时间语堂创作了《武则天传》、《中国人的生活方式》等书。他还发表了《从异教徒到基督教徒》一文，宣布再度皈依基督教。他解释说：人类为着自身的生存，需与一种外在的、比人本身伟大的力量相联系。这就是我回归基督教的理由。在美国等地生活了数十年，语堂情愿付高房租也一直没有买房子，情愿不断重新签证也不加入美国籍，主要是为了有一天叶落归根，回到中国。七十岁以后，他归心似箭。1966 年回到了台湾。

夫妻俩惟一牵挂的还是如斯，他们把如斯带到身边。每次出门都要反复叮咛。

“爸爸妈妈要去中南美，你会好好地照顾自己吗？”如斯刚住了一段时间的医院，翠凤怎么也不放心。

“当然可以的，你们放心去好了。”如斯挽住父母的胳膊，做出很开心的样子。

“要是有什么事，你去找妹妹好了。”

“可是妹妹在波士顿！”

“对啊，堂，要不然我不去了，你一个人去吧。”翠凤转过身对语堂说。

“爸，妈，你们尽管去好了。我不会有事的。”

“你一个人住要小心，不认得的人不要开门让他进来。”

“我知道，我知道。”

“你钱够不够用？”

“够了，够了。”

语堂轻轻抚摸着如斯的头说：“你要好好地照顾自己，不要胡思乱想，知道吗？你身体好，又聪明，年龄也不大，你会有很好的前途的。”

太乙经常回家来看望父母，当她问妈妈的情况时，语堂小声地说：“我把妈妈照顾得很快乐。然而，你的姐姐在慢慢摧毁她。”

如斯的情况越来越坏。她患了功能性的脑损伤，时刻焦虑恐惧，逐渐与现实生活脱节，完全沉溺在个人幻想的世界里。她不愿意年迈的父母痛苦，常常一个人把自己锁在房间里。

夫妻俩常常为如斯忧心。

“我们生了三个女儿，同样照顾，为什么就是她有问题？是不是她小时候我做错了什么事，使她这样？”翠凤愁苦地问。

“不，凤，你不能怪自己。她会好起来的。爱她，照顾她，不要批评她。她没事的。”语堂抚摸着翠凤的肩头，极力地安慰。

如斯无论如何也振作不起来。这位继承了父亲的才华、但婚姻不幸、郁郁寡欢的林家长女，选择了一个很极端的方式，在台湾故宫博物院的窗帘杆子上上吊自杀了，清洁工人发现时，茶杯还是温的。遗书上写着：

“对不起，我实在活不下去了，我的心力耗尽了。我非常爱你们。”

听到这一消息，语堂夫妇如晴天霹雳，一下子跌倒在地，说不出一句话来。过了好一会儿，语堂艰难地站起来，拿起话筒给太乙打电话。他的声音听起来很平静：“你姐姐今天早上自杀了。你不用担心，我会照顾妈妈。”

当电话那端响起太乙的哭声后，翠凤才撕心裂肺地哭出声来，语堂的身子猛地晃动了两下，他赶忙紧紧扶住桌子才没有摔倒，但已天旋地转起来。

太乙和相如赶到医院，语堂和翠凤早已哭成了泪人，他们一人抱住一个孩子，泪水如江河涌流一般不绝地流下，一声声的哭喊让人肝肠寸断。哭到没有力气了，眼泪还在往下掉，他们相互搀扶着，一边抹眼泪一边说：“我们不要再哭了。我们不哭了。”

可怜白发人送黑发人，一夜之间，两人老了好几十岁。

亲友们帮忙料理了如斯的后事，太乙姐妹俩接父母到香港小住散心。在浅水湾吃饭时，语堂的杯子始终拿不稳，茶水不断溅出来，把上衣全打湿了。孩子们在阳光明媚的沙滩上嬉戏，一向酷爱孩子的语堂只看了两眼就站起身，踉踉跄跄地回到了汽车里。太乙对相如说：“爸爸已经变成了一个空壳子，姐姐掏去了他的心灵。”

翠凤没有眼泪，面色灰白，她睁大了眼睛，时时刻刻盯着丈夫和女儿，生怕灾祸再次发生。她不再说英语、国语，只说厦门话，似乎只有躲在厦门廖家的世界里才觉得安全。她失眠、恐惧，一直担心家里来了小偷，即使是送信的邮差也不让进门。

心痛不已的语堂，常常思念女儿整夜不眠。忧伤难耐时，他提笔写下了一首《念如斯》：

东方西子，饮尽欧风美雨，不忘故乡情独思归去。

关心桑梓，莫说痴儿语，改装易服效力疆场三寒暑。

尘缘误，惜花变作摧花人 乱红抛落飞泥絮。

离人泪，犹可拭，心头事，忘不得。

往事堪哀强欢笑，彩笔新题断肠句。

夜茫茫何处是归宿，不如化作孤鸿飞去。

3.14 永远的情人

语堂首先从失去爱女的痛苦中恢复过来，他是一家之主，还有脆弱的妻子和孩子需要他去照顾。虽然他常常泪眼婆娑地久久凝视着全家合影上面的如斯，但总能压抑住悲痛投入工作。

五年前语堂开始主持编纂《当代汉英词典》，浩繁的工作量加上语堂精益求精的工作态度，使他每天工作少则七八个小时，多则达十二个小时，他拼了老命以神圣的使命感来完成着这项宏大工程。

此时，正当《当代汉英词典》的校样下来，他就投入了繁重的词典校对工作。

翠凤一直处在失魂落魄的状态中。她尚未从发明中文打字机造成的倾家荡产的打击下完全解脱，就堕入了失女之痛的悲苦深渊。她整天痴痴呆呆，对周围的一切视而不见，意识似乎都已丧失。

从结婚之后一直深受着翠凤关爱和呵护的语堂，感到了从未有过的孤寂。特别是当他感到身体不适想要服药时，习惯地伸出手，桌上却空空荡荡，既无翠凤早就给他准备好的药，也无给他准备好的水。

太乙回到家，看到父亲坐在那里发呆，连忙问："爸爸，您没事吧？"

语堂默默地摇摇头。

太乙看到，爸爸的两鬓已经全白，头发开始谢顶，额头横列着数条深深的皱纹，她心中一阵惭愧，以往都是爸爸照顾和疼爱她们，她们却很少关注爸爸。

她轻声问："爸爸，您心里是不是很苦？"

语堂看了女儿一眼，说出了一句让她震撼的话：“爸爸有时感到很寂寞，因为没有人爱我了。”

太乙安慰说：“爸爸，您别那么想，我们都很爱您，”她明白爸爸不适应没有妈妈照顾的生活，就提议说，“爸爸，我在家的时间少，您能不能停一停工作，常跟妈妈说说话，好好开导开导她。”

语堂深感女儿说得有理，就经常把翠凤拉到身边，握着她的手，给她讲述他们过去生活中的那些趣事。渐渐地，翠凤的脸上也开始有了生气。

“凤，还记得我们庆祝结婚五十周年那天的情景吗？”

翠凤显出回想的神情。

“咱俩本来想悄悄庆祝一下。晚上，我们刚刚点亮那对儿喜烛，猛然间，太乙、黎明、相如和附近的邻居们没有敲门就冲了进来，原来他们早就商量妥当，一同来为咱们庆祝金婚。”

翠凤眼中露出了笑意。

“他们非要我讲一讲结婚五十年来的最大感受。记得我当时说的话吗？我说，我最大的感受就是谁说先结婚后恋爱不可以？我和太太的婚姻是旧式的，是由父母认真挑选的。我们结婚后才开始相识、相知，慢慢地相爱。婚姻就像穿鞋，穿的日子久了，自然就合脚了。”

翠凤的手微微颤抖着，从胸前取下了那枚金质胸针。

“对啊！凤，这就是那天我送给你的金婚纪念，是为了感谢你当年义无反顾地决定嫁给我和五十年来为咱们这个家付出的牺牲，”语堂指着那枚胸针说，“这上面铸了三个字，叫做‘金玉缘’，就是说，咱们的婚姻是真正的金玉良缘！”

翠凤把胸针翻转过来说：“这上面还刻了诗。”

“对！那是詹姆斯·惠特坎·李莱的不朽名诗《老情人》，我把它翻译成了中文的五言诗。”

语堂的情绪有些激动，他站起身，一字一句地背诵着：

“同心相牵挂，

一缕情依依。

岁月如梭逝，
银丝鬓已稀。
幽明倘异路，
仙府应凄凄。
若欲开口笑，
除非相见时。”

翠凤的脸上浮现出笑容。

翠凤的情绪一天天好转了。语堂的眼睛却越来越看不清楚了。太乙给他买了一个带电灯的放大镜，他一个字一个字地慢慢校对着。

语堂对翠凤说：“凤啊，你帮帮我好吗？我每校完一页要盖图章，你来替我盖。”

夫妻俩并肩坐在一起，语堂一个字一个字地校对，翠凤一页一页地盖章。有时他们一天都不说一句话，周围很安静，只有昆虫在树上鸣叫着。在这宁静祥和的气氛中，他们感到彼此的心又贴在了一起。

渐渐地，翠凤的面色恢复了红润，眼睛也有神了。语堂拉着翠凤去逛菜市场，买回来二斤刚刚砍下来的嫩得出水的竹笋和一只老母鸡，翠凤下厨炖汤。语堂嗅到了弥漫在空中的香气，放下校稿，顺着香味一直走到了厨房，看到翠凤正在搅动着汤锅，他走过去揽住她。

“堂，你干什么？”翠凤微笑着说。

“我闻到了，闻到了！这是鼓浪屿廖家的味道，多少年没有闻到过了！”

翠凤转回身，倚靠在语堂胸前。夫妻俩心中都浮起了思乡之情。

太乙知道了这件事，她很明白爸爸妈妈的心，便把他们带到了新界落马洲。许多游客、怀乡客就是在这里的山峰上，远远地眺望大陆。

语堂搀扶着翠凤，两人踮起脚尖，极力地向前看去，看那片片梯田和无尽的山峦，看那山峦后边的远方，眼前浮现出青山环抱、绿水蜿蜒的坂仔，浮现出碧水中央、郁郁葱葱的鼓浪屿。语堂心中默念：我的大山，我的家乡，你们知道游子盼归的心情有多么强烈吗？

在翠凤的帮助和陪伴下，语堂终于完成了繁重的书稿校对工作。语堂十分激动，搂着翠凤的臂膀说：“我的工作完成了！从此我可以休息了！”

1972 年，按照语堂创造的“上下形检字法”顺序编排的《林语堂当代汉英词典》由香港中文大学出版。语堂说，这是他写作生涯的巅峰之作。香港中文大学校长李卓敏在序中写道：“没有一部词典敢夸称是十全十美的。这一部自不能例外，但人们深信它将是迄今为止最完善的汉英词典。”

然而，已经 77 岁的语堂，还是不肯罢手，他说还要再编一本国语词典，并几次找到开明书店的经理商量。

“堂，我坚决不同意。”

语堂从来没有看见翠凤这样生气过，低声说：“趁我的身体还好。”

“你的身体还好！忘了你刚在医院里躺了两个月？医生说你‘操劳过度，有中风的初期症状’。你要是出点差错，你让我怎么办？”

翠凤哭起来，哭得很伤心。语堂很失望地张张嘴，终于没有争辩，走近前不住地宽慰妻子。

语堂夫妇最后共同生活的居所是台北市阳明山士林区的永福里。这是一个宽敞而又洁净的四合院。院内的面积很大，有水池、假山、花草，房子是一个二层小楼，周围还有回廊。居所建在小山坡上，下了山坡就是大片的草地，可以种菜养鸡。语堂买了十几尾鱼养在水池里，平日里就和翠凤喂鱼聊天，生活就像山间老人。他心血来潮，还想养一只鹤，想过那种“梅妻鹤子”的隐士生活。

每天吃罢饭，夫妇俩收拾停当，就手挽手来到市里游玩。这里随处可以遇见闽南人，随时可以听到乡音，如同回到故里一般。到了一个五金店，老板说着一口地道的西溪话，语堂和翠凤兴奋地和他聊起故乡的硿水桃、鲜牛奶，又聊起江东大石桥，感觉亲切极了。之后，语堂总会买一堆没有用的东西。

翠凤悄声说：“家里的小仓房都堆满了。”

语堂低声回答：“没关系，可以再盖一间仓房。”

1975年，语堂80岁，他被世界国际笔会选为副会长，同时《京华烟云》第四次被大会推选为诺贝尔文学奖候选作品。

语堂衰老的速度却加快了，记忆力日渐衰退，走路要靠拐杖，瘦得皮包骨头，手上胳膊上的青筋也一根根清晰地显露出来。

这天太乙来看爸爸妈妈，在大门口碰见了女兵作家谢冰莹。

当初语堂在汉口外交部担任秘书时，曾结识了女兵谢冰莹，成为他汉口之行的一大收获。可以说，谢冰莹的的文学之路在那时开启，与语堂的引导是分不开的。这以后，谢冰莹一直对林语堂执弟子礼称他为“师父”，且与语堂的女儿们过从甚密，成为与语堂关系最亲近的作家之一。

谢冰莹和太乙亲热了一番之后，悄声对太乙说：“我几年不见师父，他怎么变得老态龙钟了，连手脚都不利落了。谈起当年的往事，师父也已大半忘记了。。”

太乙简要讲述了父亲编纂《当代汉英词典》的辛劳和姐姐自杀带给他的伤痛。

谢冰莹担忧地说：“师父不能再受折磨了。你最好把他接到身边去，精心加以照顾。”

分手时，她再三叮嘱太乙要尽快把师父接到香港去。

语堂开始大把大把地掉头发，愈加干瘦、老弱。翠凤摸着他身上的嶙峋瘦骨，常常心疼得整夜睡不着觉。

根据谢冰莹的建议，太乙把爸爸妈妈接到了香港。

她领着他们去吃香港有名的烧鹅，吃饭时语堂很有兴致，和两个外孙玩得不亦乐乎。但是刚刚吃完，他就开始吐血。

太乙急忙叫来救护车，把父亲送进医院。医生诊断，是身心疲劳引起的十二指肠脱垂。

一番救治之后 ，语堂被送进了病房。

翠凤坚持自己在医院陪护，并且嘱咐太乙先不要让相如知道。

一连几天，翠凤白天晚上都守候在语堂身边。语堂劝她说：“你千万不能累倒了，让女儿们来替换你一下吧。”

翠凤说："我没事的。女儿各有自己的事要做，我们不要搞乱她们的生活。再说不论谁照看，我都不放心。"

语堂紧握住翠凤的手颤声说："我这一辈子，全都在靠你照料。"

出院以后，语堂依旧住在太乙家，翠凤寸步不离地守护着他。

语堂的生命在慢慢逝去，他舍不得离开这个世界，百倍珍惜地感受着这个世界的美丽。气候风和日丽，他会流泪；鸟儿啁啾地鸣叫，他也会流泪。

圣诞节，太乙用轮椅推着他去百货商店，看着大人小孩们喜气洋洋，听着欢乐的圣诞歌曲在回旋播放，他努力睁大着浑浊的眼睛，不愿意放过些微的快乐景象。到了柜台前，他突然抓住一串假珍珠链子，用干瘪的双手摩挲着，仔细看着，眼泪不自觉地流下来。

年轻的店员鄙夷地看着这位瘦小的老人。太乙气得胸膛快要炸开，她真想对那无知的店员说，你要读过他的书，知道他多么热爱生命，你就知道他为什么会落下眼泪。

圣诞节过后，语堂的情况越来越糟。每次患病，就会失去一部分身体机能。后来只能卧床静养，他看着翠凤和太乙说："我真羡慕你们，想去哪里就去哪里。"

1976年3月23日，语堂胃部大量出血，被送进医院抢救，情况有所好转。三天后，心脏病突发。女儿们赶来时，他半抬起手，像要抓住什么，用尽力气想说话，却发不出任何声音。在最后的时刻，他只是紧紧地抓着翠凤的手。

医生叫亲人们守候着。

——打强心剂；

——肾功能失灵；

——脑部已经死亡，但心脏仍然跳动；

——心脏停搏；

——心脏恢复跳动；

——心脏停搏；

——心脏恢复跳动；

……

一连 9 次，他尽了最后的努力，无可奈何地放弃了生命。他赤裸裸地平躺着，只盖了一个单薄的被单，他赤裸裸地出生，又赤裸裸地去了。

“堂啊——”翠凤一声长久的哭喊，凄惨的哭声在病房里在宇宙间回荡着。

翠凤和女儿们扶着语堂的灵柩，从香港回到台北下葬。下葬那天，天空飘着凄凉的春雨，似乎是语堂在诉说着什么。

语堂走后，翠凤又呆痴了，孤独地生活在她自己的小天地里。又过了十一年，即 1987 年 4 月，语堂的妻子翠凤逝世于香港，享年九十岁。